이름 없는 왕

어둠 속의 빛

이름없는 왕 어둠 속의 빛

초판 1쇄 : 2025년 09월 30일
지은이 : 김인석
펴낸이 : 이희열
펴낸곳 : 바이블네비게이션 ㈜
출판신고 : 2006. 12. 07. NO 272
홈페이지 : www.biblenavigation.com
전화 : 010-4822-3217
판권소유 : 바이블네비게이션 ㈜
ISBN : 978-89-93667-28-8 (03230)

저작권자의 허락 없이 이 책의 일부
또는 전체를 무단 복제, 전재, 발췌하면 저작권법에 의해 처벌을
받습니다.

이름 없는 왕

어둠 속의 빛

이전 이야기 …

이름 없는 왕
사르그 왕국

사르그는 산을 배경으로 원형을 이루며 세워진 거대한 신정 도시였다. 모든 길은 중앙의 석상으로 이어졌고, 열 개의 구역은 각기 다른 교리와 색을 띠었지만 결국 하나의 질서 아래 묶여 있었다. 도시 한가운데 서 있는 엘루아의 석상은 침묵 속에서 절대적 권위를 내뿜었다. 그 받침대에는 "너의 내면이 곧 너의 법이다"라는 문구가 새겨져 있었고, 사람들은 그 앞에 무릎을 꿇었지만, 그 기도는 하늘이 아니라 자기 내면을 향한 메아리에 불과했다.

사르그의 사람들은 정해진 시간마다 기도하고 회개하며 보고서를 쓰는 삶을 반복했다. 침묵과 절제가 미덕이 되었고, 서로를 감시하며 경건을 흉내 내는 질서는 습관처럼 굳어졌다. 겉으로는 완벽한 신전과 질서였으나 속에는 죄책감과 두려움과 공허가 가득했다. 사람들은 더 정결해지려 애썼지만, 그럴수록 채워지지 않는 허기만 깊어졌다.

광장에 모인 사람들 앞에는 세 명의 설교자가 차례로 단상에 섰다. 파스토는 율법을 강조하며 행위 없는 믿음은 없다고 외쳤다. 그의 설교는 은혜가 아닌 조건으로, 사랑이 아닌 심판으로 들렸다. 앤젤로는 사랑을 외쳤고 눈물 흘리는 자를 위로하라고 했지만, 죄를 꾸짖지도 책임을 묻지도 못했다. 그의 말은 따뜻했으나 방향이 없었다. 마지막으로 골든은 복과 번영을 약속하며 헌금과 긍정을 복의 씨앗이라 말했다. 그의 설교는 광장을 축제처럼 만들었으나, 신앙은 욕망을 이루는 도구로 전락했다.

그날 광장은 눈물과 열광으로 가득했지만, 리안은 더 깊은 공허를 느꼈다. 그는 모범적인 청년 교사였고 사람들에게 경건하다고 평가받았지만, 마음속에는 오래된 갈증이 있었다. 세 설교자의 말은 각각 달랐지만 결국 하나의 이름 안에서 모아졌고, 그 이름은 실체가 없는 빈 껍데기 같았다. 그는 속으로 자신이 지금껏 섬겨온 신이 누구인지, 진짜 신이 존재하는지조차 의심하기 시작했다.

그날 밤 리안은 꿈을 꾸었다. 안개 낀 들판에서 세 사람을 만났다. 로딘은 율법을 지키려 애쓰지만 기쁨이 없는 길가 같은 사람이었고, 스토니는 감정만 가득한 돌밭 같은 인본주의자였다. 스팅스는 복과 성공만을 좇는 가시덤불 같은 기복주의자였다. 그들은 결국 바람에 흩어져 사라졌다. 마지막에 나타나

구디는 내면이 깨어지고 자신 안의 왕좌를 하늘의 진리께 내어 드린 고백을 전했다. 그의 고백은 말이 아닌 실제였고, 그 모습은 좋은 밭의 사람이었다.

꿈에서 깨어난 그는 사르그가 새로운 눈으로 보였다. 거리의 사람들은 여전히 정해진 의식과 말을 반복했지만, 그 속에는 생명이 없었다. 이름은 넘쳤으나 실체는 없었고, 회개의 고백은 있었으나 실제 그 돌이킴의 방향은 제각각이었다. 도시는 율법주의, 인본주의, 기복주의라는 세 기둥 위에 세워져 있었고, 그 안에서 더 많은 분파와 교단이 갈라졌지만 모두 공통으로 진리를 배제하고 있었다.

한때는 은사주의적 열풍이 도시를 휩쓸기도 했다. 어떤 이는 천국과 지옥을 보고 왔다고 주장했고, 사람들은 눈물로 회개하고 환호했지만, 검증은 없었다. 그 체험은 불길 같았으나 곧 꺼지고 남는 것은 없었다. 그러나 사람들은 새로운 계시라며 다시 열광했다. 리안은 흔들리지 않는 진리를 찾고 싶었지만, 도시는 끝없이 흔들리고 있었다.

그는 도서관으로 향했다. 도서관 벽에는 "진리를 고안할지니, 그 진리가 너를 자유롭게 하리라" 라는 문구가 새겨져 있었다. 하지만 그것은 왜곡된 선언이었다. 책들 속에는 시대마다 같은 사상이 반복되고 있었다. 진리는 외부에서 주어지는 것이 아니라 사람의 내면에서 기록된다는 말이 반복되었고, 그것이 체제와 권력의 기초가 되었다. 도시를 처음 세울 당시에는 순전했던 무리가 시간이 지나며 제사장을 세우고 해석을 권위로 삼으며, 진리를 대신한 인간 중심의 해석이 신앙의 기초가 되었다. 그렇게 사르그는 진리를 제거하고 사람을 중심에 둔 체계를 세워 하나의 왕국이 된 것이었다.

리안은 충격 속에서 알게 되었다. 도시는 단순히 길을 잃은 것이 아니라, 의도적으로 진리를 제거한 왕국이었다. 겉으로는 하늘의 이름을 말하지만, 그 본질은 다른 것이었다. 계속 이 구조 안에 머문다는 그것은 결국은 진리를 거부하는 것이었다.

그 무렵 리안은 트루드라는 이름을 듣게 되었다. 그는 경전을 해석하는 사람이 아니라, 경전 전체를 열어 보여주는 사람이라고 했다. 리안은 경전을 알고 싶다는 갈망에 이끌려 그 모임에 나갔다. 소박한 공간에서 트루드는 진리는 이론이 아니라 살아 계신 한 분의 인격이라고 전했다. 계명은 규칙이 아니라 그분의 살과 피이며, 죽은 심장은 반드시 살아 있는 심장으로 바뀌어야 한다고 말했다.

리안은 깊은 충격을 받았다. 그동안 붙잡았던 모든 신념과 기준이 사실은 죄의 법이었다는 사실이 드러났다. 진짜 회개는 단순한 반성이 아니라 주권의 교체였고, 내면의 왕좌에서 죄가 내려오고 진리가 왕이 되시는 사건이었다. 그는 처음으로 내면의 성이 흔들리는 것을 느꼈고, 눈물이 흘렀다. 그것은 감정이 아니라 오래된 왕국이 흔들리는 울림이었다.

트루드는 덧붙였다. 진리의 영은 사람들이 만든 죄와 의와 심판의 개념을 무너뜨리실 것이며, 그분 안에서만 참된 죄와 참된 의와 참된 심판이 드러난다고.

그 순간 리안의 마음 깊은 곳에서는 진리라는 글이 기록되고 있었다.

CONTENTS

CHAPTER 1
용과 두 짐승   11

CHAPTER 2
짐승의 수 666   51

CHAPTER 3
그분의 이름   158

CHAPTER 4
죄의 길   249

제 1 장
용과 두 짐승

트루드의 설교를 들은 후, 리안은 깊은 충격에 사로잡혔다. "말씀은 하늘의 아들의 인격이다" 라는 한마디가 그의 가슴을 뚫고 들어왔고, 그는 자신이 지금껏 무엇을 붙잡고 살아왔는지를 돌아보지 않을 수 없었다.

그의 삶은 늘 경전에 매여 있었다. 경전을 통해 규칙을 익히고 질서를 지키려 애썼으며, 그것이 곧 신을 따르는 길이라고 믿었다. 그 길 위에서 흔들리지 않으려 발버둥 쳤지만, 돌아보니 그것은 규칙에 기대려는 자기 힘이었고, 지식을 움켜쥐려는 자기 노력에 지나지 않았다.

그러나 트루드가 전한 말씀은 그 모든 토대를 무너뜨렸다. 말씀은 규칙이 아니었고, 지식도 아니었다. 그것은 스스로를 드러내시는 인격이었으며, 만나 주셔야만 만날 수 있는 살아 있는 분이었다. 리안은 처음으로 진리가 살아 있는 존재라는 사실 앞에 서게 되었고, 그 순간 혼란과 동시에 설명할 수 없는 갈망에 사로잡혔다.

지금까지 경전의 의무와 규칙을 붙잡으며 그 속에서 안정을 구했던 그 모든 것이 무력하게 느껴졌다. 자유의 문을 눈앞에 본 듯했으나 정작 그 안으로 들어가지 못하는 막막함이 그를 감쌌다. 그러나 그 막막함은 곧 새로운 갈망으로 바뀌어 갔고, 그는 더 이상 규칙이나 지식을 좇지 않고 인격이신 말씀을 직접 마주하고 싶다는 강렬한 소망을 품게 되었다.

그날 이후 오랫동안 리안은 거리를 헤매며 생각에 잠겼다. 사람들은 여전히 종교적인 의식과 규칙을 지키며 웃고 있었지만, 그의 눈에는 모두가 껍데기만을 붙잡는 것으로 비쳤다.

'말씀이 하늘의 인격이시라면 그분을 인격적으로 만난다는 의미는 뭘까?'

그는 스스로에게 수없이 물었으나, 손에 잡히는 확실한 대답은 돌아오지 않았다. 밤이 되면 무겁게 눌린 가슴을 안고 어둠 속에 누웠고, 날이 갈수록 리안은 점점 더 깊은 갈망과 두려움 속으로 빠져들었다.

÷ ÷ ÷ ÷ ÷

그렇게 혼란과 공허 속에서 지내던 어느 날 밤, 그는 지쳐 쓰러지듯 깊은 잠에 빠져들었다. 처음에는 단순한 피로가 주는 쉼 같았으나, 곧 몸이 무겁게 가라앉더니 의식이 깊은 물 속으로 빨려 들어가는 듯했다. 주위의 소리가 하나둘 사라지고, 어둠이 온몸을 덮자, 그의 마음이 몸으로부터 점점 멀리 떨어져 갔다. 마치 보이지 않는 손이 그의 눈을 가리고, 또 다른 세계로 이끄는 듯했다.

어둠 속은 한없이 고요했으나, 그 고요 안에는 묘한 긴장감이 숨어 있었다. 시간이 멈춘 듯한 정적 속에서 리안은 자신이 끝없이 내려가고 있다는 것을 느꼈다. 바닥이 없는 심연을 지나 어느 순간, 발치에 빛이 스며들기 시작했다. 그 빛은 희미하게 깜빡이다가 점점 넓어졌고, 마침내 시야를 가득 채우며 형태를 드러냈다.

눈앞에는 산과 같이 높은 계단 위에 커다란 보좌가 드러났다. 그 계단 아래에는 수많은 무리가 무릎을 꿇고 그 보좌 위의 존재를 경배하고 있는 듯한 광경이 나타났다. 그 보좌에서는 찬란한 빛이 흘러나왔다. 보좌 위에 앉은 존재가 고개를 들었다. 그것은 일곱 머리와 열 뿔을 가진 붉은 용이었다. 일곱 개의 머리에는 왕관이 씌워져 있었다.

용은 한마디도 하지 않았다. 그러나 그 침묵은 단순한 고요가 아니었다. 말이 없는데도, 그 침묵은 곧 명령처럼 번져 나갔고, 사람들의 마음 깊은 곳을 건드렸다. 그러자 사람들은 저도 모르게 반응하며 고개를 숙였다. 누구도 강제로 시키지 않았지만, 마치 오래전부터 정해진 길을 따라가듯, 모두가 같은 움직임으로 그 앞에 엎드렸다.

리안은 그 모습을 바라보자 몸이 떨렸다. 귀에 들리는 말은 하나도 없었지만, 사람들은 분명히 그 존재의 명령을 듣고 따르고 있었기 때문이다. 침묵이 곧 말이 되고, 그 말이 사람들의 영혼과 맞닿아 있다는 사실이 리안을 두렵게 만들었다.

÷ ÷ ÷ ÷ ÷

그러자 바다에서 또 다른 존재가 천천히 올라왔다. 바다는 어두운 소용돌이로 끓어오르고 있었고, 그 한가운데에서 한 형체가 점점 드러났다. 그는 존재는 표범의 무늬가 뒤덮인 몸을 가졌고, 곰처럼 무겁고 둔탁한 발이 바다 위를 짓눌렀으며, 입은 사자의 포효처럼 크게 벌어졌다. 머리는 일곱이었고, 마지막 일곱 번째 머리 위에는 열 뿔이 있었으며, 각 뿔에는 빛나는 왕관이 씌워져 있었다. 그 모습은 괴이하고 두려웠으나 동시에 사람들의 시선을 끌어당겼다. 리안은 숨을 죽인 채 그 장면을 바라보았다. 바다에서 나온 그 존재는 단순한 짐승이 아니었다.

마치 하늘에서 내려온 왕처럼 보였고, 세상의 모든 권세를 등에 업은 듯한 위엄이 풍겨 나왔다.

그 머리 중 하나는 깊은 상처를 입어 거의 죽게 되었으나, 기이하게 회복되었다. 죽음에서 돌아온 듯한 그 짐승은 군중의 시선을 단숨에 사로잡았다. 수많은 사람들은 놀라움과 흥분에 사로잡혀 환호성을 터뜨렸고, 어떤 이는 눈물까지 흘리며 외쳤다.

"죽었다가 살아난 자다!"

"누가 이 통치자와 같으랴! 이보다 큰 이가 어디 있으랴!"

그 외침은 마치 파도처럼 번져 나갔다. 작은 울림이 삽시간에 거대한 함성으로 퍼져 나가자 그 열기에 휩싸인 사람들은 하나가 되어 움직였다. 그리고 순식간에 여러 나라에서 모여든 수많은 군중이 일제히 그 앞에 무릎을 꿇었다.

÷ ÷ ÷ ÷ ÷

그때 땅에서 또 다른 짐승이 올라왔다. 그는 어린양처럼 두

뿔을 가졌으나, 입에서는 용의 말이 흘러나왔다. 겉모습은 온순한 듯 보였지만, 그 입술에서 터져 나오는 말은 사람들의 영혼을 흔드는 힘을 지니고 있었다.

그는 하늘에서 땅으로 불을 내리며 기적과 이적을 행했다. 번쩍이는 불길이 하늘을 가르자, 그곳에 모인 군중은 일제히 함성을 터뜨렸다. 어떤 이들은 눈물을 흘리며 땅에 쓰러졌고, 어떤 이들은 웃으며 손을 들었다. 누군가는 몸을 떨며 예언을 말했고, 또 다른 이들은 환상을 보았다고 외쳤다. 심지어 몇몇은 손을 얹자 병이 나았다며 기적을 선포했다. 그 순간 군중의 열기는 폭풍처럼 휘몰아쳤다.

사람들은 그 앞에서 하늘의 은사가 자신에게 주어진 듯한 착각에 사로잡혔고, 스스로 새로운 계시와 능력을 받았다고 믿었다. 그러나 그 모든 기적과 이적들은 진짜 하늘의 영으로부터 온 것이 아니라, 둘째 짐승으로부터 흘러나온 것이었다. 그는 첫째 짐승의 모든 권능을 그대로 행하면서, 결국 땅에 거하는 자들로 하여금 첫째 짐승을 경배하도록 이끌고 있었다.

그러던 순간, 장면이 흔들리듯 바뀌었다. 사람들의 환호와 함성은 희미하게 멀어지더니, 마치 커다란 장막이 걷히는 것처럼 눈앞의 풍경이 달라졌다.

÷ ÷ ÷ ÷ ÷

　이제 리안의 눈앞에는 세 짐승이 함께 모인 찬란한 회의장이 드러났다. 그것은 하늘의 회의를 흉내 낸 아주 화려한 공간이었다. 하늘에서 내려온 것처럼 보이는 화려한 문양의 기둥들 사이로 수천 개의 등불이 떠 있었고, 이 등불의 빛이 바닥에 비추며 어지럽게 빛을 반사하고 있었다.

　그 회의장의 중심에는 하늘의 아들의 십자가를 막지 못하고 쫓겨난 존재가 있었다. 그는 분한 얼굴로 하늘의 보좌를 흉내 낸 왕좌에 앉아 있었다. 그는 바로 '용'이었다. 그 옆에는 부활을 흉내 낸 존재와 불을 내려 기적과 이적을 행하여 사람들을 속이는 존재가 함께 앉아 있었다. 세 존재는 겉모습을 거룩하게 꾸몄지만 속마음은 속임수로 가득 찬 자들이었다.

　먼저 용이 입꼬리를 올리며 말했다. 그의 눈은 불길을 내뿜는 화구처럼 무서웠다.

　"하늘의 신이 계획한 십자가를 막지 못했어. 결국 그 길이 열리고 말았지. 사람과 하늘을 잇는 생명의 길 말이야."

　이에 부활을 흉내 낸 첫째 짐승이 조심스럽게 말했다.

　"우리는 그 계획을 막을 수 없었습니다. 그러니 이제는 방향을 바꿔야 합니다. 진리를 막을 수 없다면, 그 진리를 흉내 내 겉모습을 사람들 생각에 맞추어 진리보다 더 진리같이 만들어야 합니다. 사람들로 하여금 진리를 말하는 줄 알게 만들되, 실제로는 다른 길로 가게 해야 합니다."

둘째 짐승인 불을 내리는 자가 말을 이었다.

"맞습니다. 사람들의 감정을 먼저 움직여야 합니다. 위로나 따뜻한 말로 다가가면 사람들의 마음은 쉽게 열립니다. 그때 그 마음속에 진짜가 아닌 다른 것을 넣어주는 겁니다. 겉으로는 하늘의 진리처럼 보이지만 사실은 사람 중심의 말이지요. 이렇게 되면 사람들은 자신들이 진리를 따른다고 믿게 될 것입니다."

용은 고개를 끄덕이며 웃었다.

"에덴에서도 그랬지. 진짜 생명나무에는 시선을 두지 못하게 하고, 보기 좋고 먹기 좋아 보이는 것을 주목하게 했지. 결국 그 둘은 진리를 버리고, 우리가 원하는 길로 갔네. 지금도 똑같아. 진리의 문은 막을 수 없지만, 사람들이 그 문을 찾지 못하게 만들 수는 있어. 사람들이 좋아하는 더 화려하고 감동적인 문을 진리의 문보다 앞서 보여주면 돼."

그는 조용히 속삭였다.

"십자가는 이제 숨길 수 없으니, 오히려 우리가 더 많이 십자가를 말하자. 진리와 연합하기 위해 지는 십자가가 아니라, 자기 감정을 채우는 십자가 말이지. 희생을 통한 감동적인 이야기, 멋진 헌신, 사람을 중심에 둔 그런 십자가 말이야."

첫째 짐승인 부활을 흉내 낸 자도 고개를 끄덕이며 말했다.

"네, 그렇습니다. 진리를 말하는 것처럼 보이게 하면서도, 사람들을 진리의 문이 아닌 다른 문으로 이끄는 게 핵심입니다. 그러면 사람들은 진리를 쫓는 줄 알면서도, 실제로는 진리와는 점점 멀어질 겁니다."

그는 조심스럽게 덧붙였다.

"진리라는 단어도 마찬가지 입니다. 진리라는 단어를 없앨 수 없으니, 차라리 수많은 '가짜 진리들'을 만들어 퍼뜨리는 겁니다. 그러면 사람들은 혼란에 빠져서 진짜 진리를 못 찾게 되죠."

그들의 계획은 아주 정교하고 치밀했다. 리안은 이 모든 장면을 보고 있었다. 그의 마음은 점점 조여 왔다. 아니, 조인다는 표현보다 가슴이 찢어지는 것 같았다.

'이건 그냥 생각이 아니고, 꿈도 아니야. 실제로 이런 일이 벌어지고 있어.'

리안은 두려움에 떨며 뒷걸음질 쳤다. 손이 차가워졌고, 숨

쉬는 것조차 어려웠다.

'내가 속았구나. 그 모든 감동적인 헌신의 말들, 사람들을 위로해 주고 높여주는 말들. 그게 진리가 아니었어.'

그는 눈을 감았지만, 오히려 더 선명하게 사르그에서 보았던 사람들의 얼굴이 떠올랐다. 기뻐하며 손을 들고 울던 사람들. 방언을 하고, 기적을 구하고, 열심히 예배하던 모습들이 선명하게 그려졌다.

리안은 세 존재가 서로 은밀한 대화를 이어가는 것을 들으며 몸을 움츠렸다. 그 세 존재는 소리를 낮춰 말하고 있었지만, 그 조용함이 오히려 더 무섭게 다가왔다. 사람들의 선택을 존중하는 척하며, 실제로는 그 영혼들을 삼키려는 속셈이 그 안에 도사리고 있었다.

'수많은 영혼이, 수많은 사람들이, 이들에게 이끌려서 스스로 옳은 길을 따라 걷는 줄 알고 걷다가 끝없는 어둠으로 들어가고 있잖아.'

리안은 자신을 비롯하여 사랑하는 이들이, 친구들이, 자신처럼 진리를 알고 싶어했던 많은 이들이 이 거짓 체계 속에서 속절없이 사라질 수 있다는 생각에 견딜 수 없는 고통이 밀려왔다.

÷ ÷ ÷ ÷ ÷

그때, 회의장에서 둘째 짐승인 불을 내리는 자가 일어났다. 손에 들린 두루마리를 천천히 펼치며, 고개를 숙이고 음흉한 웃음을 지었다.

두루마리의 맨 위에는 굵은 글씨로 '보급서의회' 라는 제목이 적혀 있었다.

그 아래에는 경전에 포함되지 않은 수많은 말들이 덧붙여져 있었다.

어떤 말은 하늘의 아들이 했다고 주장되는 말이었고, 어떤 것은 꿈속에서, 또 어떤 것은 환상 중에, 또 어떤 것은 죽음의 문턱에서 받았다는 계시라고 적혀 있었다. 또 어떤 내용은 개인이 느꼈던 감정이나 체험을 바탕으로 진리처럼 여겨진 이야기들이었다.

둘째 짐승인 불을 내리는 자가 의기양양하게 그 문서들을 가리키며 말했다.

"저는 사람들에게 이렇게 말해왔습니다. '내가 하늘의 영이다. 내가 하늘의 아들이다. 그러니 내 말을 들으라.' 라고 말입니다. 그러자 사람들은 감동했고, 아무 의심 없이 받아들였습니다. 왜냐하면 그들에겐 기록된 하늘의 말씀보다, 자기 감정이 훨씬 더 중요했기 때문입니다."

그는 두루마리를 천천히 말아 쥐며 말을 이었다.

"저는 이미 많은 이들 속에 들어갔었습니다. 지금도 그들 안에서 일하고 있고, 앞으로도 계속 들어갈 것입니다. 어떤 이들에겐 불처럼 임했고, 또 어떤 이들에겐 손을 얹는 자로, 또 어떤 이들에겐 말을 전하는 자로 다가갔습니다. 제가 그들에게 능력을 주니, 그 능력을 받은 자들은 자신을 하늘에서 보내심을 받은 자로 확신하고 우쭐해하며 말하고 행동해 왔습니다. 그래서 그들의 입에서는 '하늘의 신이 이렇게 말씀하셨다', '하늘에서 음성을 들었다' 라는 말들이 힘 있게 외쳐졌습니다. 앞으로도 이러한 저의 일은 계속될 것입니다."

그는 용의 눈치를 살피며 조용히 웃음을 흘렸다.

"흥미로운 건, 그들이 말하는 내용이 경전의 본질과 완전히 반대되는 말인데도, 아무도 그걸 이상하게 여기지 않는다는 점입니다. 능력을 받았다고 하는 사람들조차 하늘의 말씀과의 충돌을 알아차리지 못하고, 오히려 자신이 참된 진리를 전하고 있다고 확신하고 있습니다. 그리고 그 말을 듣는 무리도 그 안에 담긴 왜곡을 전혀 분별하지 못한 채, 그저 전율하고 감동하면서 모든 것을 그대로 받아들이고 있습니다."

그는 마지막으로 고개를 들고, 조용히 덧붙였다.

"이 일은 예전부터 그래 왔고, 지금도 그렇고, 앞으로도 효과적으로 작동할 것입니다. 설령 참된 진리와 맞부딪히더라도 그것은 문제가 되지 않습니다. 사람들은 진리보다 감동을 좇고, 말씀보다 체험을 신뢰하니까요. 그래서 저는 계속 불을 내릴 겁니다. 그 불이 어디서 보낸 것이든, 그 불을 구분하는 자는 거의 없을 테니까요."

그 말이 끝나는 순간, 리안의 몸이 서늘해졌다. 마치 차가운 거머리가 등줄기를 따라 기어오르는 듯했고, 머릿속은 멍해졌지만, 심장은 미친 듯이 요동쳤다. 그것은 단순한 공포가 아니었다. 그는 지금 거짓 능력이 사람의 영혼을 어떻게 침투하고, 진리를 가장해 어떻게 지배하는지를 목격하고 있었다.

둘째 짐승인 불을 내리는 자의 말이 사람들을 어떻게 기만하고, 어떻게 그들을 위로와 능력으로 사로잡아 진리에서 떼어내는지를 보았을 때, 리안의 마음은 고통과 분노로 찢어지는 것 같았다.

그 둘째 짐승을 통해 나오는 말들이 누군가에겐 구원처럼 들리고, 누군가에겐 감동 거리가 되고, 누군가에겐 하늘의 영치럼 받아들여진다는 사실에 리안은 소름이 끼쳤다.

÷ ÷ ÷ ÷ ÷

그때, 리안의 눈앞에 또 다른 장면이 펼쳐졌다. 사람들은 여전히 큰 소리로 외치고 있었다.

"치유의 강이 흐른다!", "지금, 당신은 자유롭다!", "있는 그대로 사랑받는다!", "믿는 대로 이루어진다!" 하지만 그들의 눈빛은 흔들렸고, 입술은 떨렸으며, 마음속에는 뭔가 중요한 것이 빠져 있었다. 리안은 손을 들고 울부짖는 사람들의 중심은 텅 비어 있다는 것을 느꼈다. 숨이 막힐 듯 답답해졌다. 그때, 어딘가에서 누군가 자신을 바라보고 있다는 느낌이 들었다. 리안은 고개를 들어 시선을 돌렸다.

저 멀리, 어두운 곳 너머에 무언가가 그 모든 장면을 지켜보고 있었다. 거짓을 퍼뜨리고도 그 결과를 즐기는 듯한 존재였다. 바로 그 '일곱 머리의 붉은 용'이었다. 그 용은 깊고 느린 숨을 쉬며 세상을 내려다보았다. 붉은 비늘 아래 반짝이는 눈은 마치 오래된 미움을 담고 있는 듯했다. 그는 조용히, 하지만 단호한 목소리로 그를 경배하는 사람들에게 말했다.

"말씀으로 돌아가야 한다는 회개는 너무 딱딱하고 듣기 싫은 말이다. 사람이 잘못했으면 사람에게 사과하면 되는 것이지,

왜 굳이 그 회개가 하늘로 향해야 하는가. 하늘의 말씀이 중심에 없다고 해서 그것을 죄라 부르는 것은, 선을 행하며 최선을 다해 살아가는 사람에게 모욕일 뿐이다. 하늘의 인격만을 위해 지는 십자가는 너무 편협하다. 세상에 소외된 자들을 돌보고 그들의 아픔에 헌신하는 것도 충분히 십자가를 지는 일이다. 사람 안에 선이 없다고 말하는 것은 사람을 지나치게 악하게 보고 모욕하는 것이다. 또한 하늘의 피만 중요한 것이 아니라, 우리가 사람들을 위해 흘리는 피도 존중받아야 한다. 그러니 우리의 법을 무너뜨리고 들어오는 모든 외부 질서는 절대로 허용되서는 안된다."

그 말은 마치 독한 씨앗처럼 사람들의 마음에 박혔다.

곧 리안의 눈앞에는 수많은 문서들이 펼쳐졌다. 겉으로는 정교하고 화려하게 꾸며져 있었고, 읽는 이의 감정을 흔드는 부드러운 문장들로 채워져 있었다. 사람들은 그 글을 보며 고개를 끄덕였고, 위로받는 듯 마음을 놓았다. 그러나 그 안에는 하늘 중심의 말씀으로 돌아가라는 부르심은 사라지고, 대신 사람을 높이고 사람의 선을 믿으라는 말만 남아 있었다.

÷ ÷ ÷ ÷ ÷

그 순간, 용이 다시 말을 이었다.

"이제 우리 안에 있는 내면의 법을 중심으로 새로운 나라를 세우자. 외양은 경전 위에 세워진 나라로 건설하라. 단, 그 안에서 하늘의 인격은 빼버리고 사람의 인격을 넣는 거다."
그가 일곱 머리의 입들에서 불과 연기를 내뿜자, 공중에 설계도가 그려졌다.

리안은 그 입들에서 나오는 선과 도형들을 바라보다가, 어느 순간 갑자기 숨이 멎는 듯한 충격을 받았다. 그 선들은 낯선 그림이 아니었다. 그는 지금 그려지고 있는 도시가 바로 지금 자신이 살고 있는 곳이라는 사실임을 알아차렸다.

그는 소스라치게 놀라며 눈을 동그랗게 떴다. 그것은 아직 짓기 전의 계획이 아니라, 이미 현실로 세워진 도시의 구조였다.

그 계획이 바로 지금 그 용의 입에서 나온 것이었다.

그 도시는 바로 리안이 지금껏 살아온 도시 '사르그'였다.

그 중심에는 엘루아라 불리는 석상이 있었고, 그것은 그의 어린 시절부터 당연하게 거기 있는 줄로만 알았던 형상이었다. 이제 그는 그것이 우연히 세워진 것이 아니라, 용의 계획 아래 세워진 것이었음을 알게 된 것이다.

그 석상 앞에서 열리는 회의들과 예배는 모두 삼위일체를 모방해 설계된 틀 안에 있었고, 그 안에서 낭독되는 외경들과 개인 계시록들은 사람의 감정을 자극하도록 준비되었다. 예배는 하늘 중심의 말씀이 아닌 사람 중심의 규범과 기적과 위로로 사람들을 붙들었고, 종교교육은 말씀으로 돌아가는 회개 없이도 경건을 유지할 수 있는 것처럼 보이게 만들었다.

경전은 낭독되었지만, 섬김의 대상은 바뀌었다. 예배는 행해졌지만, 그 예배는 하늘의 말씀을 향하지 않았고, 사람의 아름다운 삶에 맞춰져 있었다. 모든 것은 하늘의 인격이 없어도 경건해 보일 수 있도록 설계되었다.

도시는 하나의 원형 안에 정교하게 짜여 있었다. 중심 광장에는 엘루아의 석상을 기점으로 세 개의 주축이 방사형으로 퍼져 나갔다. 각 축에는 열 개의 구역이 정렬되었고, 모든 구역은 중앙 석상과 복도 구조의 길로 연결되었다.

그 구조는 단지 하나의 도시를 만드는 기술이 아니었다. 진리를 가장해 사람들을 모으는 계획이었고, 말씀을 흉내 내되 하늘의 인격은 피하고 사람 중심으로 만든 체계였다. 그 도시에서는 누구도 하늘의 진리가 빠져 있다는 사실을 알아차리지 못했다.

리안은 떨리는 숨을 내쉬며 입을 열었다.

그 도시가 … 여기였어. 내가 살고 있는 사르그 … 그 설계 그대로였어 …"

그는 지금까지 그 구조 안에서 살아왔고, 그 석상을 경외했고, 그 질서를 당연하게 받아들였다. 그러나 지금 그는 그 모든 것이 진리 위에 세워진 것이 아니었음을 알게 되었다. 그 구조는 진리를 흉내 낸 체제였고, 사람을 중심에 두는 방식으로 완성되었다. 리안은 지금 자신이 사는 도시가 우연히 지어진 것이 아니라, 치밀하게 설계된 거짓의 체계였음을 인정했다.

그는 깨달았다. 자신이 본 것은 미래의 설계도가 아니라, 자신이 소속된 현실이었다. 그리고 그 현실은 지금도, 여전히, 수많은 사람을 속이며 작동하고 있었다.

열 개로 구분된 구역들은 진리를 대적하도록 훈련하는 장소이자, 사르그 체제를 유지하고 강화하는 기능을 수행했다. 각 구역은 단순한 건축물이 아니라, 신앙의 내용을 점진적으로 왜곡하고 대체하는 사상적 구조물이었다. 이 구역들은 겉으로는 다양한 사상과 교리를 따르고 있었지만, 실제로는 동일한 목적 아래 움직이고 있었다. 그것은 진리를 대체하고, 진리 없는 종교를 가능하게 만드는 체계를 구축하는 일이었다.

사르그는 그렇게 완성되었다. 진리의 탑이라 불리는 회당은 하늘 중심의 진리를 제거한 상태에서도 경건과 예배가 유지되도록 설계되었고, 열 구역은 사람들을 진리에서 점점 더 멀어지도록 기계적, 반복적으로 훈련시키는 체제의 실체였다. 이 체제 안에서 사람들은 진리를 배우는 대신 감정을 조절하는 법을 익혔고, 하늘의 말씀을 대적하는 죄를 자각하는 대신 자존감을 회복하는 기술을 배워갔다.

경전은 본래 하늘의 인격이어야 했으나, 이 도시에서는 경전이 사람들에 의해 단순한 개념과 규범으로 축소되었다. 그래서 그들은 경전을 지식으로만 정리하고 설명했으며, 동시에 지켜야 할 규칙과 질서로만 여겼다. 이처럼 용의 주도하에 세워진 사르그는 진리를 제거하고도 결속을 유지할 수 있는 왕국이었다.

÷ ÷ ÷ ÷ ÷

설계도는 도시 전역으로 확장되었고, 곳곳마다 경전 학교들이 들어섰다. 그곳에서는 경전의 본질보다도 강사의 경험과 해석이 우선되도록 교육 과정이 정리되었다.

꿈속에서 리안은 조용히 학교들 사이를 지나며 그 풍경을 바라보았다. 경전의 문장들이 벽에 새겨져 있었지만, 안으로 들어가 보면 그 문장의 본질인 하늘의 인격은 나누어지지 않고 있었다.

그곳의 지도자들은 '진리의 검'으로 사람들의 중심을 해체하기보다, '사람들의 반응'을 우선시하도록 훈련받았다.

설교자들 역시 하늘의 말씀으로 돌아오도록 죄의 실체를 드러내는 회개의 메시지는 무시하고 감정적 위로로 바꾸는 언어적 기법을 학습하였다.

리안은 과거에 자신이 감동받았던 어떤 설교들을 떠올렸다. 그땐 울었고, 감격했고, 무릎까지 꿇었지만, 하늘의 아들을 인격으로 사랑하는 삶은 없었다.

예배는 더 활발해지고 더 풍성해졌고, 눈물과 떨림, 웃음과 쓰러짐이 일상이 되었지만, 그 모든 열기 속에서 진리를 떠난 죄에 대한 통회는 사라지고, 진리에 대한 사랑의 증표인 십자가는 뒤로 밀려났으며, 진리와의 연합을 위한 피에 대한 언급은 점점 설교에서 사라지기 시작했다.

사르그는 그렇게 세워졌다. 용과 두 짐승이 계획한 대로, 경전은 여전히 사용되었고, 회당은 세워졌으며, 예배는 열광적이었지만, 그 한가운데엔 하늘의 인격이신 진리가 빠져 있었고, 오직 사람 중심의 구호만 남아 있었다. 겉모습은 변하지 않았지만, 그 기초는 말씀 중심의 견고한 반석이 아니었다. 반석이 아닌, 감정에 따라 흔들리는 모래 위에 모든 것이 쌓이고 있었다.

이제 그는 시선을 옮겨 엘루아의 석상 앞에 놓인 설교단 위에 서 있는 지도자를 바라보았다.

그의 말은 때로 부드럽기도 하고, 때로 단호하기도 했으나, 사람의 타락한 내면의 법으로 진리를 대적하는 죄에 대해서는 항상 침묵했다.

그는 회개를 말하면서도 사람들을 진리로 돌아오게 하는 회개를 말하지 않았고, 사랑을 이야기하면서도 하늘의 말씀을 향한 사랑을 이야기하지 않았으며, 십자가를 말하면서도 하늘의 말씀 때문에 지는 십자가는 말하지 않았다.

리안이 보기에 그는 진리를 전하는 자라고 자신을 소개했지만 진리를 알지 못하는 자 같았다.

거리의 작은 교실도 그의 시야에 들어왔다. 아이들은 경전을 외우고 있었지만, 그것은 진리를 사랑해서가 아니라 '인정받기 위한 훈련' 처럼 보였다.

리안은 가슴이 답답해졌다.

또 다른 회당에서는 사람들이 떨며 쓰러지고 있었다. 강단 위에 선 한 여인은 "하늘이 말씀하신다!" 라고 외쳤고, 사람들은 전율하며 눈물을 흘렸다.

하지만 리안은 금세 알 수 있었다. 그 말들 속에 변하지 않는 '진리'는 사라져 있었다. 사람들은 그 메시지에서 진리를 찾는 것이 아니라, 자기 안에서 느끼는 감정을 진리로 착각하고 있었다.

리안은 회당 뒤편을 보았다. 열광의 그림자가 걷히고 나니 사람들은 다시 허무 속으로 돌아가고 있었다. 아무것도 바뀌지 않았다. 짧은 시간 동안 뜨겁게 달아올랐지만, 그들의 삶은 진리로 돌이킬 생각이 없었다.

사람들은 진리가 빠졌다는 사실을 아무도 문제 삼지 않았고, 하늘의 인격이 없이 사람을 중심에 올려놓고 드리는 예배를 오히려 더 충만하다고 여기는 그 분위기 속에서, 리안은 설명할 수 없는 깊은 두려움을 느꼈다.

리안은 더 이상 사르그의 외형에 감탄할 수 없었다. 그는 사르그의 기반이 갈라지는 소리를 들었다. 그것은 결국 무너질 수밖에 없음을 예측하게 하는 소리였다. 마치 모래 위에 세워진 탑에 금이 가는 소리처럼, 아주 작지만 확실하게 들려왔다.

÷ ÷ ÷ ÷ ÷

그때였다. 리안의 눈앞에서 흐르던 시간이 멈췄다. 모든 장면이 갑자기 멈춰 선 듯 고요해졌고, 공기마저 무겁고 낯선 기운으로 가득 차 있었다. 마치 현실이 아닌 다른 세계에 들어선 것 같았다. 그리고 그 순간, 눈에 보이지 않는 거대한 틈이 열리듯 시간이 둘로 나뉘어졌다. 하나는 오래전의 과거였고, 다른 하나는 곧 다가올 미래였다. 리안은 그 사이에 서 있었다. 그는 마치 하나의 화면에서 과거와 미래가 겹쳐 흘러가는 것을 동시에 바라보는 것처럼, 이미 지나간 일과 앞으로 일어날 일을 함께 보고 있었다.

리안이 지금까지 보아 온 용과 두 짐승의 계략은, 하늘의 아들이 십자가에서 죽으시고 부활하신 직후의 일이었다. 그 장면 속에서 용과 두 짐승은 조용히 머리를 맞대고 있었다. 그들의 속삭임은 교묘했고, 치밀한 전략이 숨어 있었다. 어떻게 하면 진리를 막아 사람들의 내면에 뿌리내리지 못하게 할 것인지, 사람들을 무엇으로 가로막고 미혹할 것인지 그들은 함께 계획하고 있었다.

그러나 동시에 리안의 눈은 다른 한쪽을 보았다. 지금까지 본 장면이 과거라면, 이제 눈앞에 비치는 것은 미래에 일어날 장면이었다. 그 속에서 용은 다른 모습으로 나타났다. 그는 한동안 자취를 감추었다가 다시 드러난 존재였다. 리안은 혼란에 휩싸여 어지러웠다.

그 순간 경전에 기록된 말씀이 리안의 귀를 치듯 울려 퍼졌다.

"그 용을 잡아 무저갱에 던져 잠그고 인봉하여 천 년 동안은 다시는 만국을 미혹하지 못하게 하였다가, 그 후에 잠깐 놓이리라."

그 말씀 그대로 지금 눈앞에 열리는 장면은 그 말씀의 성취처럼 보였다. 용은 천 년 동안 무저갱에 갇혀 결박되었었고, 때가 차자 다시 풀려나 사람들을 미혹하러 나오고 있었다.

리안은 숨을 고르며 속으로 중얼거렸다.

"그렇구나 … 지금까지 내가 본 것은 십자가사건 이후의 과거였구나. 그러나 이제 눈앞에 드러나는 것은 말씀에 기록된 미래의 광경이구나. 용은 한동안 사라졌다가, 천 년 뒤에 다시 풀려나와 사람들을 미혹하는 존재로 나타나는 것이구나."

그 깨달음이 그의 가슴에 깊이 스며들자, 리안은 미래의 광경을 바라보면서 동시에 지금까지 흘러온 역사를 떠올렸고, 그 둘이 하나의 흐름으로 연결되어 있음을 보았다. 마치 한 줄기의 강이 상류에서 흘러 내려와 지금 이 자리에 이른 것처럼, 과거와 미래가 한 줄로 이어져 있는 것을 본 것이다.

÷ ÷ ÷ ÷ ÷

과거의 장면에서 리안은 용과 두 짐승이 세운 계략의 실체를 보게 되었다. 그 존재들은 사람들을 단순히 힘으로 억누르는 것이 아니라, 사람을 중심으로 세우고 사람들의 마음과 삶을 통제할 수 있는 하나의 거대한 체제를 만들고 있었다. 겉으로는 신앙처럼 보였지만, 실제로는 진리를 가리기 위해 세워진 구조였다. 예배와 교훈, 규칙과 훈련으로 포장된 그 체제는 사람들로 하여금 진리를 만나는 대신 사람 중심의 도덕과 성품 수양을 신앙으로 착각하게 했다.

그 체제는 겉으로는 마치 하늘의 신을 섬기는 것처럼 보였다. 그러나 속을 들여다보면 진리를 보좌에서 밀어내고 그 자리를 빼앗는 장치였다. 용과 두 짐승은 이 체제를 세워 놓고 그 체제 속에서 활동하고 있었다. 그러나 그때 하늘의 섭리가 개입하였다. 용은 붙잡혀 깊은 감옥, 곧 무저갱에 던져졌고, 천 년 동안 결박되어 더 이상 지상의 사람들을 직접 다스리거나 진리를 따르는 자들을 노골적으로 억누르지 못했다.

하지만 용이 사라졌다고 해서 그가 두 짐승과 함께 세워 놓은 짐승의 체계까지 사라진 것은 아니었다. 두 짐승은 용이 부재한 때에도 그대로 땅에 남아 그 체제를 더욱 견고하게 만들었고, 끊임없이 유지했다. 그들은 하늘의 아들과 영을 흉내 내며, 겉으로는 모든 것이 진짜처럼 보이도록 꾸몄다. 그래서 깊이 생각하지 않으면, 용이 잡혀들어간 천 년 동안 사람들은 진리를 자유롭게 믿을 수 있는 평화롭고 안정된 시대라고 생각할 수 있게 했다.

신앙생활에 제약을 받지 않게 된 사람들은 짐승이 만든 체제 안에서 자유롭게 예배를 드렸고, 종교 규칙을 따랐고, 자신을 더 착하게 만들려 애썼다. 그 체제 안에서 훈련받은 사람들은 그렇게 사는 것이 곧 하늘의 신을 잘 믿는 것이라 확신했다. 그래서 그들은 아무 의심 없이 그 구조를 경건한 신앙으로 착각하며 따랐다.

그러나 실제로는 달랐다. 그 체제가 유지한 평화는 진리의 토대 위에 세워진 참된 평화가 아니었다. 진리는 쫓겨나 있었고, 사람들은 자신도 모르게 진리를 대적하는 체제 속에서 사람 중심의 삶을 살아가고 있었다. 그들은 자신들이 진리를 따른다고 믿었으나, 사실은 짐승이 만들어 놓은 틀 안에 갇혀 있었던 것이다.

÷ ÷ ÷ ÷ ÷

이제 리안의 눈 앞에는 미래의 장면이 펼쳐지고 있었다. 리안은 땅속 아주 깊은 곳에서, 봉해져 있던 어떤 입구가 열리고 있다는 것을 느꼈다. 천년 동안 바닥없는 구덩이에 오래 묶여 있던 그 용의 숨소리가 들리기 시작했다.

용은 어둠 속에서 눈을 떴고, 아주 오랜 시간이 흘렀지만, 그가 짐승들과 함께 꾸몄던 계획을 그대로 기억하고 있었다. 그는 자신에게 다시 시간이 주어졌다는 것을 알아차렸고, 마치 기다리고 있었다는 듯이 땅 위로 올라왔다.

그가 올라오자 두 짐승도 다시 그의 곁으로 모였다. 마치 아무 일도 없었던 것처럼, 예전에 멈췄던 용의 통치 계획이 그대로 이어지기 시작했다. 그들은 다시 고개를 맞대고 모였고, 예전에 그들이 조용히 나누던 말들이 이제는 모두를 향한 분명한 명령으로 바뀌려 하고 있었다.

리안은 숨을 죽이고 그 장면을 지켜봤다. 용의 힘을 받은 첫째 짐승이 앞에 서 있었고, 그 짐승을 경배하도록 하는 또 다른 짐승이 곁에서 움직이고 있었다. 이 둘째 짐승은 첫째 짐승을 더욱 강하게 만들면서, 모든 사람이 그를 따르도록 압력을 주고 있었다. 그 존재가 사람들 앞에서 큰 소리로 외쳤다.

"첫째 짐승을 섬기지 않고, 그 앞에 엎드려 절하지 않으면 누구든지 다 죽이라. 그리고 그의 표를 받지 않으면, 어떤 것도 사고팔지 못하게 하라."

그 말은 단순한 협박이 아니었다. 그 명령은 사람들의 삶 전체를 지배할 수 있는 실제 힘을 가지고 있었다. 이제부터는 그 표 없이는 누구도 물건을 사거나 팔 수 없고, 그 표가 없다는 이유만으로도 사람들은 살아갈 수 없게 될 상황이 시작되려 하고 있었다.

그 짐승은 다시 말했다.

"우리에게 속한 자는 그 표를 기꺼이 받을 것이다. 그러나 우리에게 속하지 않은 자는 반드시 우리와 함께하는 모임에서 제외될 것이다. 그들은 더는 경제활동을 할 수 없게 될 것이며, 나는 그들을 직접 없앨 것이다."

리안은 그 말을 듣고 마음이 얼어붙는 것 같았다. 그는 깨달았다. 용이 등장하기 전까지는 이 명령은 눈에 보이지 않는 구조 속에서 조용히 작동하는 방식이었다. 사람들은 그것이 단지 분위기나 문화라고 생각했지만, 사실은 진리를 따르지 못하도록 막는 눈에 보이지 않는 압력이었다. 그러나 곧 다가올 가까운 미래에는 그 표가 실제 권력과 명령이 되어, 누가 진리를 따르고 누가 따르지 않는지를 나누는 강한 기준이 될 것이었다.

÷ ÷ ÷ ÷ ÷

그 깨달음이 리안의 내면을 흔들던 바로 그 순간, 리안의 시야 한가운데에 세 개의 숫자가 떠올랐다. 처음에는 흐릿했으나 곧 뚜렷해졌고, 그 숫자들은 하나의 형체처럼 그의 앞에 서 있었다.

600, 60, 6.

그것은 단순한 숫자가 아니었다. 그 세 숫자는 각각의 짐승, 곧 용과 첫째 짐승과 둘째 짐승에게 주어진 정체를 암시하는 것처럼 보였고, 지금까지 보아왔던 짐승의 권세를 하나로 묶는 영적인 질서로 느껴졌다. 리안은 이 숫자가 단순한 상징이 아니라, 무언가 깊은 구조를 가리키고 있다고 생각했다. 그러나 그것이 정확히 무엇인지, 왜 이 순간에 나타난 것인지는 알 수 없었다.

그리고 그 숫자들 아래, 한 문장이 또렷하게 그의 시야에 떠올랐다.

"이 숫자는 짐승의 수니, 사람의 수니라."

리안은 그 말이 무엇을 뜻하는지 알 수 없었다. 다만 이 모든 것이 서로 얽혀 있다는 막연한 감각만 남은 채, 그는 혼란 속에 멈춰 서 있었다. 특히 '짐승의 수가 어떻게 사람의 수기

될 수 있는가?' 하는 의문이 그의 마음을 강하게 흔들었다.

숫자가 사라지자 그의 시야는 곧바로 다른 장면으로 옮겨졌다. 이번에는 사람들의 삶 위에 어떤 표식이 드러나는 듯 보였다. 리안은 본능적으로 앞서 본 숫자와 지금 눈앞에 보이는 이 표식 사이에 깊은 연결이 있음을 느꼈다. 그러나 그것이 정확히 무엇인지는 알 수 없었고, 그 불확실함이 오히려 두려움을 더 크게 만들었다.

리안은 그 광경을 보며 마음이 서늘해졌다.

'무언가가 사람들을 구분하는 표시처럼 드러나고 있어 … 다들 이걸 당연한 듯 받아들이고 있어 …'

그는 그것이 무엇인지 알 수 없었다. 단순히 겉으로 보이는 낙인 같은 것인지, 아니면 더 깊은 의미가 있는 것인지 전혀 이해되지 않았다. 다만 사람들이 스스로 원해서 따르는 듯 보이는데도, 그 속에는 알 수 없는 힘이 작동하는 것처럼 보였다.

리안은 두려움을 느꼈다. 눈에 보이는 표식 자체가 무서운 것이 아니라, 그것을 아무렇지 않게 받아들이는 사람들의 모습이 더 무서웠다. 그는 속으로 중얼거렸다.

'저건 도대체 뭘 의미하는 걸까 … 왜 사람들은 저렇게 자연스럽게 받아들이는 거지 …'

그는 답을 알지 못했다. 이 의문은 이 표의 정체에 대해 그의 마음에 깊은 흔적을 남겼다.

÷ ÷ ÷ ÷ ÷

그때 그의 시선은 자연스럽게 사르그 전체로 옮겨졌다. 방금 본 표식이 단순히 개인의 선택 문제가 아니라, 도시 전체의 체계와 맞닿아 있다는 느낌이 들었기 때문이다. 숫자, 표식, 그리고 그 안에서 살아가는 사람들의 모습이 서로 이어지며 하나의 종교 구조로 완성되어 가고 있는 듯 보였다.

짐승의 계획대로 사르그는 계속해서 완성되어 가고 있었다. 진리를 모방한 종교 체계는 점점 더 정교해졌고, 그 안에 있는 사람들은 헛된 형상을 경배하고, 눈물을 흘리고, 예언하고, 쓰러지며, 하늘의 불을 외쳤다. 겉으로 보기에는 뜨겁고 거룩해 보였지만, 그 모든 감정과 열정의 중심에는 '자기 법'이 자리 잡고 있었다. 하늘의 진리를 대적하는 죄는 숨겨졌으며, 말씀을 위해 흘러야 할 피는 사라졌고, 말씀을 사랑하기 때문에 지는 십자가는 철저히 지워져 있었다.

사르그의 예배는 사람들에게는 깊은 감동과 눈물을 주었지만, 리아우 그 안에 하늘 중심의 진리가 없다는 사실을 직감했다. 외형은 영광스럽고 경건해 보였지만, 실제로는 사람 중심의 종교가 되어 있었다. 그는 생각했다. '내가 트루드를 통해 진리를 듣지 못했더라면, 나도 이 찬란한 광채 앞에 무릎 꿇었을 것이다.'

그는 떨리는 숨을 내쉬며 깨달았다. 이것은 단지 하나의 종교가 아니었다. 인간을 중심에 세우고, 인간의 기준으로 모든 것을 포장하며, 하늘 중심의 진리를 조용히 제거하는 속임수였다. 그것은 사람을 살리는 것이 아니라, 서서히 영혼을 죽이는 체제였다. 그리고 그것이 바로 이 체제의 목적이었다.

그는 예배당들을 바라보며 고개를 숙였다. 그 안에는 높은 찬양 소리와 찬란한 빛, 감동적인 분위기가 가득했다. 그러나 그 어디에도 사람의 내면을 무너뜨리는 말씀의 집은 없었고, 말씀을 위한 십자가도, 말씀으로 돌아오라는 회개도 보이지 않았다. 오직 사람의 아름다운 삶을 높이고, 사람의 위로와 성공, 사람 중심의 감정만이 가득 차 있었다.

리안의 가슴은 무거워졌다. 점점 숨이 막혔다. 모두가 찬양하고 경배하는 그 예배 속에서, 진리를 따르는 자들은 그 중심에서 철저히 밀려나 있었기 때문이었다. 리안은 무너지는 마음으로 속삭였다. '하늘은 … 대체 어디에 계신가요?'

÷ ÷ ÷ ÷ ÷

그 순간, 하늘에서 불이 떨어졌다. 그것은 세상에 속한 불꽃이 아니었다. 하늘로부터 내려오던 그 불꽃은 찢어지는 소리와 함께 강한 불이 되어 어둠을 가르며 쏟아져 내렸다. 하늘은 참았던 진노를 드러내듯 갈라졌고, 그 틈 사이로 불의 강이 폭포처럼 쏟아졌다.

리안은 똑똑히 보았다. 그 불은 사르그에서 신을 경배한다고 하는 사람들을 위한 위로가 아니었고, 진리의 불이었으며, 심판의 불이었다. 또한 그분은 거짓을 꿰뚫고 무너뜨리는 강력한 불이었다. 그 중심은 정결과 심판이었다.

그 불은 가장 먼저 사르그에 세워져 있던 외경의 탑을 향했다. 사람의 이름으로 쓰인 말들, 꿈과 환상으로 포장된 계시들, 감동으로 꾸민 언어들이 순식간에 재가 되었다. 그 문서들은 진리처럼 보였지만, 하늘의 불은 그것들이 하늘로부터 내려온 말씀이 아님을 드러내며 하나하나 심판했다.

곧이어 불은 회당의 벽을 덮었다. 거짓 예언자들이 서 있던 강단, 감정에 휩싸였던 예배의 자리, 말씀은 사라지고 감동만 남았던 설교의 장소. 불은 그 모든 곳을 지나며 외형을 태우고, 위선을 벗기며, 사람들이 열광하던 곳을 무너뜨렸다. 찬란하던 천장은 무너졌고, 장식들은 타닥타닥 소리를 내며 타올랐다.

이것은 단순한 불이 아니었다. 하늘의 진리가 침묵하지 않기로 결정하고 쏟아낸 심판의 불이었다. 진리처럼 보였지만 진리가 아니었던 것들, 하늘의 신에 대한 사랑을 말하면서도 하늘의 말씀을 사랑하기 때문에 져야 할 십자가는 거부하고 오히려 하늘의 말씀 때문에 십자가를 지고 가는 자들을 핍박했던 가르침들이 그 앞에서 하나둘 무너져갔다.

불은 더 확산되었다. 짐승의 말로 세워진 회당들을 지나, 사람의 말로 쌓아 올린 종교의 탑들을 향해 흘러갔다. 그 구조는 비명을 지르듯 갈라졌고, 영광을 가장하던 입술은 더는 말을 잇지 못했다. 불은 도성 전체로 퍼졌다.

그러나 그 불은 문서와 건물만을 태운 것이 아니었다. 짐승의 말에 사로잡혀 그 체제에 삶을 맡겼던 사람들의 마음과 육체까지도 불길이 파고들었다. 사람들은 불길에 하나둘씩 무너졌고, 그들의 입에서는 회개가 아니라 하늘을 향한 저주가 터져 나왔다. 사람들은 도망치려 했지만, 불은 이미 그들의 생각과 정체성 안에서 작동하고 있었다. 심판은 눈에 보이는 겉모습이 아니라, 마음 안에서부터 시작되었다.

회당의 종교 지도자들과 거짓 계시를 말하던 자들은 비명을 지르며 무너졌고, 스스로 짐승의 말에 반응하며 살아가던 사람들은 자기 생각과 행동으로 인해 불태워졌다.

÷ ÷ ÷ ÷ ÷

그 불은 진리가 아닌 모든 것을 태워버렸다. 견고해 보이던 종교 체계는 뿌리째 불타 사라졌고, 사람 중심으로 세워진 웅장한 종교 왕국도 한순간에 무너져 잿더미가 되었다. 리안은 그 불을 보며 숨을 멈추었다. 그것은 공포였고, 경외였으며, 말로 설명할 수 없는 떨림이었다.

하지만 오직 진리를 마음에 품은 자들, 하늘의 말씀을 생명으로 삼은 자들만이 그 불 앞에서도 무너지지 않고 서 있었다. 그 불은 진리를 위해 울었던 사람들에게는 해를 끼치지 않았고, 오히려 그들을 향해서는 따뜻한 빛을 비추었다.

리안은 그 불이 단순한 파괴가 아님을 분명히 깨달았다. 그것은 정결하게 하는 불이었고, 진리만 남도록 모든 것을 태워내는 불이었다.

그 불은 분명하게 두 방향으로 나뉘고 있었다. 진리를 거절한 사람들에게는 멸망의 불이 되었고, 진리를 품은 사람들에게는 생명의 불이 되었다. 마치 옛날 이스라엘 백성이 이집트에서 해방되던 날, 죽음의 천사가 지나가자 어떤 집은 장자의 죽음으로 통곡했고, 어떤 집은 자유의 새벽을 맞이하며 찬양했던 것과 같았다.

리안은 그 광경을 지켜보며 온몸을 떨었다. 하나의 불이지만, 대상에 따라 전혀 다른 결과를 만들어내는 모습을 두 눈으로 보았다. 어떤 이는 그 불 앞에서 무너졌고, 어떤 이는 그 불 앞에서 정결해져 영원한 생명을 얻었다. 어떤 입에서는 절망의 저주가 흘러나왔고, 어떤 가슴에서는 생명이 다시 뛰기 시작했다.

진리만을 좇으며 살아온 이들, 고립과 거절 속에서도 십자가를 지고 진리를 끝까지 견고하게 붙든 이들은 그 대적들을 심판하시는 불 앞에서 감사의 눈물을 흘렸다. 외롭고 고된 길이었지만, 결국 그 길이 생명의 길이었음을 그들은 깨닫고 기뻐했다. 그들은 불 앞에 엎드렸고, 그 속에서 위로와 회복을 얻었다.

÷ ÷ ÷ ÷ ÷

이 모든 것은 꿈이었다. 하지만 단순한 꿈이 아니었다. 리안은 자신이 꿈을 꾸고 있다는 것을 알았지만, 그것은 현실보다도 더 선명했고, 그가 보고 있었던 장면들은 그의 내면 깊은 곳을 뒤흔들고 있었다. 몸은 자고 있었지만, 마음은 깨어 있었고, 영혼은 깊이 반응하고 있었다.

그는 아직 진리의 씨앗이 그 안에 심겨진 것은 아니었다. 그러나 이 꿈을 통해 그는 더 깊이 확신했다.

'나는 반드시 진리를 만나야 한다. 아무리 고통스럽고 힘들고 외로워도 그 길을 가야한다. 그 진리를 내 마음에 모셔야 한다.'

이는 그에게 단순한 감정이 아니라, 심판의 불을 목도하고 다져진 진실한 고백이었다. 그리고 그의 마음 깊은 곳에서 올라온 간절함이었다. 그는 지금 이 순간 진리를 향한 간절한 마음이 있었고, 이 결심은 잠에서 깨어나도 변하지 않을 것임을 알았다.

그리고 그 순간, 그는 더 분명히 깨달았다. 진리는 옳고 그름을 가르는 기준이 아니라, 생명 그 자체였다. 진리를 가진다는 것은 단지 바른말을 하고 바른 생활을 한다는 것이 아니라, 하늘의 인격이신 말씀과 하나 되는 깊은 연합의 일이었고, 그 연합이야말로 어떤 불도 삼킬 수 없는 기쁨이라는 것을 그는 깨달았다.

심판의 불은 분명히 두려운 것이었다. 그것은 실제였고, 피할 수 없는 현실이었다. 그러나 그보다 더 분명하게 다가온 것은 진리가 중심에 없으면 살아남을 수 없다는 절박한 인식이었다.

그는 이제야 이해하게 되었다. 왜 진리를 가진 이들이 세상의 핍박 속에서도 진리를 포기하지 않았는지, 왜 사람들의 말에 흔들리지 않고 조롱과 거절 속에서도 침묵하지 않았는지. 그들의 외로움은 고통이 아니라 영광이었고, 그들의 침묵은 패배가 아니라 기다림이었다.

리안은 그 모든 것을 꿈속에서 보고, 느끼고, 마침내 자기 마음속 깊이 받아들였다.

÷ ÷ ÷ ÷ ÷

그 순간, 리안의 눈이 번쩍 떴다.

그는 숨을 몰아쉬며 상체를 일으켰다. 심장은 요동쳤고, 식은땀이 등에 흘렀으며, 숨은 거칠었다. 하지만 그의 눈빛은 달라져 있었다. 그는 무언가를 본 자였고, 무언가를 들은 자였기에, 이제는 더 이상 이전의 리안이 아니었다.

아직 꿈속의 공포와 전율이 남아 있었지만, 그의 가슴속에는 새로운 불꽃이 타오르고 있었다. 경외와 회개, 두려움과 감사, 갈망과 결심이 한꺼번에 밀려 들어와 그의 마음을 감쌌다.

그는 떨리는 입술로 조용히 속삭였다.

"진리여, 나를 붙잡아 주소서 …"

꿈속에서 깨어난 그 밤, 리안은 더 이상 그대로 살 수 없었다. 이제 그는 진리를 찾아 걸어가야 했다. 그것만이 생명의 길이었고, 그 불을 견디고 정결해진 자들만이 끝까지 살아남을 수 있었기 때문이었다.

그는 조용히 숨을 고르며 일어났다. 방 안은 아직 어두웠지만, 그의 내면에는 밝은 빛이 자리 잡고 있었다. 그것은 단지 꿈 때문이 아니었다. 하늘의 불 속에서도 꺼지지 않았던 하나의 갈망, 바로 진리에 대한 그리움 때문이었다.

지금까지 리안은 모든 것을 버리고 떠나는 일이 정말 옳은 일인지, 이 도시에서의 삶과 사람들과의 관계와 자신의 미래를 내려놓고 진리를 좇는 일이 가능한 일인지. 그는 수많은 밤을 답을 얻지 못하고 지새웠다.

그러나 이제 그는 알게 되었다. 이 불이 휩쓸고 지나간 자리에 진리를 가진 자들만이 살아남았고, 진리가 없는 것들은 다 사라진다는 것을.

이 단순한 진리가, 리안의 마음을 더 이상 주저하지 못하게 만들었다.

'이제는 가야 해 … 정말, 모든 것을 두고서라도 …'

그는 두려워하지 않았다. 아니, 아직도 두려움은 남아 있었지만, 그것보다 더 큰 진리를 향한 사랑의 향기가 그의 안을 가득 채웠다. 진리를 향한 열망은 두려움을 넘었고, 이제 그것은 단지 감정이 아니라 삶 전체가 걸린 일이 되어 있었다.

  그 꿈은 하나의 상징이 아니었다. 그것은 리안의 영혼 깊은 곳을 깨운 부르심이었고, 거부할 수 없는 하늘의 명령이었다.

제 2 장

짐승의 수 666

다음 날 아침. 리안은 천천히 눈을 떴다. 눈꺼풀은 열렸지만, 시야는 아직도 선명하지 않았다. 마치 꿈과 현실 사이, 경계선 어딘가에 여전히 발이 묶여 있는 듯했다. 꿈은 끝난 것 같았으나, 그 꿈의 잔상은 지워지지 않고 현실 속으로 흘러 들어와 있었다. 밤새 그를 휘감았던 모든 이미지와 장면이 여전히 피부 아래에서 살아 움직이고 있었고, 심지어 숨을 쉴 때마다 그 감각이 다시 살아나는 것 같았다. 그는 자신이 분명히 깨어났음에도 여전히 꿈속에 있는 것처럼 느꼈다.

어젯밤 꿈에서 리안은 용과 두 짐승을 똑똑히 보았다. 그들은 어둠 속에서 마치 오래전부터 준비한 듯 질서를 세우고 있었고, 사람들의 마음을 하나하나 묶어내고 있었다. 그리고 꿈의 마지막 순간, 그의 시야 한가운데에 세 개의 숫자가 불쑥 떠올랐다. 흐릿하던 그것은 점점 더 뚜렷해졌고, 마침내 하나의 형체처럼 눈앞에 서 있었다.

600과 60과 6.

그 수는 단순히 떠다니는 숫자가 아니었다. 그것은 번개처럼 강렬하게 리안의 마음을 찔렀고, 꿈의 마지막 장면을 넘어 전체를 관통하는 듯한 인상을 남겼다. 리안은 마치 그 숫자들이 꿈 전체를 묶어내는 열쇠처럼 느껴졌다. 그 수가 없었다면 꿈속에서 본 모든 광경은 단순한 조각으로 흩어졌을 것 같았다.

어젯밤 그는 그 꿈속에서 진리가 어떻게 위장되는지를 목격했다. 겉으로는 고상한 말과 깊은 지식처럼 보였으나, 실제로는 감정으로 흐르고, 지식과 권위의 언어로 포장되었다. 그것은 사람들의 내면을 사로잡아 구조로 굳어져 가게 했다. 리안은 그 모든 위장이 결국 하나의 체계로 연결되어 있음을 똑똑히 보았다. 아무리 달라 보이는 모습이라도 그 근원은 같았다.

그 체제는 단지 꿈속 환상이 아니었다. 그것은 실제로 존재했고, 이미 이 땅 전체를 덮고 있었다. 각 모습은 달랐으나 모두 동일한 본질에 의해 지배되고 있었고, 그 본질은 한 방향을 향해 있었다. 바로 진리를 거스르는 것이었다. 사람들은 입술로는 하늘을 예배한다고 외쳤지만, 실상은 진리를 떠난 구조 속에서 짐승의 권세에 복종하고 있었다. 리안은 그 사실을 피부로 느꼈다.

그러나 마지막에 떠오른 그 수, 600과 60과 6.

그 수만큼은 여전히 그의 마음에 무겁게 남아 있었다. 그 수는 확실하게 풀리지 않았다. 오히려 풀리지 않는 수수께끼처럼 그를 붙잡았다. 그는 스스로에게 물었다. 그것이 단순한 숫자인가, 아니면 지금까지 본 체제의 중심을 가리키는 실체인가. 왜 그 순간에 그 수가 떠올랐을까. 왜 세 숫자가 하나로 묶여 그의 눈앞에 나타났을까.

지금까지 마주했던 위장된 구조들은 모두 하나의 체계로 엮여 있었다. 리안은 이 수가 단순한 숫자가 아니라, 그 체계의 핵심을 드러내는 열쇠라고 생각했다. 그는 스스로에게 질문했다. 어쩌면 이 수가 바로 그 전체 구조의 심장, 아니면 그 실체의 문을 여는 암호 같은 것은 아닐까. 하지만 확신할 수 없었다. 그의 마음은 불안하게 흔들렸다.

리안은 그것이 지금 이 시대 어딘가에서 실제로 작동 중인 무언가와 맞닿아 있는 듯한 느낌을 받았다. 그것은 허공에만 떠 있는 부호가 아니었다. 마치 눈에 보이지 않는 법처럼, 사람들의 마음과 삶을 이미 통제하고 있는 무언가의 그림자 같았다.

그리고 그는 마지막으로 묻지 않을 수 없었다. 왜 그 수가 '짐승의 수'이면서 동시에 '사람의 수'라 불렸을까. 단순히 짐승의 정체를 드러내는 수라면 왜 굳이 사람의 수라 말했을까. 그것은 짐승과 사람의 경계가 흐려지는 무언가를 가리키는 것은 아닐까. 리안은 답을 얻지 못한 채 마음 한가운데에 무겁고 풀리지 않는 숙제로 괴로워했다.

그 답을 찾을 수 없다는 무거움은 곧 그의 안에서 알고 싶다는 더 깊은 갈망을 깨웠다. 숫자의 의미는 풀리지 않았지만, 그 수수께끼를 넘어서는 어떤 진실을 향한 갈망은 심장을 압박했다. 그는 본능처럼 자신의 가슴 위에 손을 얹었고, 그 순간 어젯밤 꿈속에서의 고백이 다시 떠올랐다.

리안은 어젯밤 꿈에서도 바로 그 자리에 손을 얹고 이렇게 고백했었다.

"나는 체제가 아닌 진리를 원합니다. 나는 구조가 아닌, 살아 계신 당신을 원합니다."

그 갈망은 그의 안에 그대로 남아 있었고, 손바닥 아래 심장은 그 고백에 응답하듯 고요하게 뛰고 있었다. 그는 고개를 돌려 창문 쪽을 바라보았다. 커튼 사이로 스며든 새벽빛은 방 안을 조용히 물들였고, 도시의 소음은 아직 멀리서 들려오고 있었다. 그는 그대로 앉아 깊게 숨을 들이쉬었다. 그는 예전처럼 살아갈 수 없다는 생각이 다시 다가왔고, 그는 사르그의 구조가 바깥뿐만 아니라 자기 안에도 남아 있다는 사실을 부인하지 못했다.

그는 조용히 속으로 울부짖었다.

"나는 진리를 원합니다. 진짜 진리를 원합니다."

길은 여전히 보이지 않았지만, 그는 물러설 수 없다고 느꼈고, 지금까지 살아온 삶의 방향을 바꾸어야 할 때임을 직감했다.

그리고 그 짐승의 수는 그에게 질문을 던졌고, 그 질문은 리안의 마음 깊은 중심에서 그것을 알고 싶다는 갈망을 불러 일으키는 울림이었다.

그래서 그는 그 의미를 직감으로만 붙잡고 싶지 않았고, 그 아래 숨겨진 질서를 명확히 마주하고 싶었다.

÷ ÷ ÷ ÷ ÷

그때 그는 문득 누군가를 떠올렸다.

몇 달 전 이 도시에 왔던 한 사람, 트루드.

그를 통해 리안은 처음으로 진리의 향기를 맡았고, 그날 이후 그의 안에서는 이전과 다른 진리에 대한 갈망이 피어나기 시작했다.

그러나 트루드는 사르그에 오래 머물지 못했다. 그가 말씀을 전한 다음 날, 누군가 그의 설교가 사르그의 체제를 위협한다고 보고했고, 곧바로 그는 도시에서 쫓겨나듯 내쳐졌다. 아무런 절차도 설명도 없이 벌어진 일이었다.

그를 초청했던 사람은 질책을 받았고, 지도자들은 급히 모여 회의를 열고 결론을 내렸다.

"다시는 이런 사람을 부르지 마십시오. 사람들의 마음만 혼란스럽게 만듭니다. 혹시 그의 설교에 영향을 받은 이가 있다면, 다시 설명해 주십시오. 우리가 가진 체제가 올바를 뿐만 아니라, 잘 정돈되어 있고 안전하다는 것을 확신시켜야 합니다."

그날 이후 트루드의 이름은 사르그에서 사라졌고, 그의 설교는 '불필요한 혼란'으로 기록되었다. 하지만 리안에게는 달랐다. 그날 그는 트루드의 설교를 통해 분명한 진리의 향기를 맡았고, 그 기억은 지워지지 않았다.

그날 그 설교에서 그는 무엇이 신앙의 본질인지 무엇이 껍데기인지 처음 느꼈고, 그 이후로 그 감각은 그의 기억 속에서 단 한 순간도 떠나지 않았다.

리안은 그 향기를 다시 쫓아야 한다고 마음속 깊이 느꼈고, 처음 진리의 향기를 경험하게 해준 그를 다시 만나야 한다고 생각했다. 리안은 그를 직접 찾아가 그의 입에서 다시 진리의 말씀을 듣고 싶었다.

÷ ÷ ÷ ÷ ÷

트루드는 사르그 왕국에서 수백 리 떨어진 작은 마을, 서번에 머물고 있었다. 리안은 그곳으로 떠날 준비를 했다. 가진 것을 팔아 여비를 마련했고, 짐은 최소한으로 줄여 급히 사르그를 떠났다.

여정은 생각보다 훨씬 험했다. 낡은 신발은 며칠 만에 닳아 버렸고, 발바닥은 갈라지고 물집이 생겼다. 낮에는 뜨거운 햇빛 아래서 지쳤고, 밤에는 찬 공기 때문에 잠들기 어려웠다.

어느 날에는 길을 잘못 들어 외딴 골짜기를 헤맸고, 어느 한 날은 물이 떨어져 입술이 터지기도 했다. 그러나 그는 걸음을 멈추지 않았다.

방향은 분명했고, 마음은 흔들리지 않았다.

그는 가끔 혼잣말처럼 중얼거렸다.

"그날 트루드를 통해 들은 진리의 향기가 아직도 내 안에 남아 나에게 힘을 주고 있어."

그 고백은 그를 다시 일으켜 세웠고, 노독을 밀어냈다.

밤에는 별빛을 따라 걸었고, 낮에는 바람이 드는 그늘을 따라 움직였다. 낯선 마을을 지날 때는 물을 얻었고, 때때로 친절한 가정에서 식사를 대접받기도 했다. 먹을 것이 없을 때는 굶기도 했다.

며칠이 흘렀고, 어느 새벽 붉은 안개가 가볍게 깔린 들판을 지나던 그의 앞에 작은 언덕 하나가 나타났다. 언덕 위에는 나무와 돌담이 조용히 둘러쳐 있었고, 그 안쪽에 낮은 지붕의 집이 하나 보였다.

리안은 언덕 아래에 멈춰 섰다. 이곳이 맞다면, 트루드는 지금 저 안에 있을 것이다. 그를 통해 처음 진리의 향기를 맡았던 날 이후, 리안은 수많은 시간을 지나 마침내 여기까지 온 것이었다.

그는 조용히 숨을 고르며 언덕을 올랐다. 풀잎은 이슬에 젖어 있었고, 밑창이 닳은 신발은 그를 자주 미끄러지게 했다. 그의 걸음은 느렸지만 주저함은 없었다.

집이 가까워질수록 설렘으로 심장이 두근거렸다.

÷ ÷ ÷ ÷ ÷

언덕 위 작은 오두막 앞에서 트루드는 나무를 패고 있었다. 구부정한 자세로 도끼를 들고 있는 그의 모습은 평범한 시골 남자의 모습이었지만, 리안의 눈에 비친 그의 모습은 전혀 가볍게 보이지 않았다.

바람 한 줄기가 두 사람 사이의 거리를 스쳐 지나갔다.

리안은 숨을 가다듬고 그를 향해 다가갔다. 마침내 그는 힘겹게 입을 열었다.

"트루드 선생님."

트루드는 고개를 돌렸다. 나뭇잎 사이로 아침 햇살이 부서지듯 그의 눈빛은 고요했고, 마치 오래전부터 리안을 기다리고 있었던 사람처럼 담담하게 리안을 바라보더니 미소를 지어 보였다.

리안은 숨을 고르며 한 걸음 더 다가섰다. 땀과 먼지, 긴 여정의 흔적이 그의 옷자락에 남아 있었다. 그러나 그보다 더 트루드의 눈길을 끈 건 리안의 얼굴에 진리에 대한 갈망이 남긴 깊은 흔적이었다. 트루드는 그것을 단번에 알아봤다.

"오랜만이군, 리안."

트루드는 조용히 말했다.

"드디어 여길 찾아왔구먼. 어서 오게."

그의 말은 단순한 인사처럼 들리지 않았고, 리안의 마음을 이미 꿰뚫고 있다는 듯한 깊이가 느껴졌다.

트루드는 리안을 바라보며 장작더미 옆에 놓인 벤치를 가리켰다.

"앉게. 먼 길 오느라 고생했네. 많이 지쳐 보이는군."

리안은 천천히 벤치에 앉았고, 트루드는 도끼를 내려놓고 몸을 일으켜 오두막의 작은 주방 쪽으로 향했다. 그의 걸음에는 조급함이 없었고, 마치 리안이 이곳에 올 것을 알고 있었던 사람처럼 조용하고 익숙한 움직임이었다.

잠시 후, 그는 따뜻한 찻주전자와 찻잔 두 개, 간단한 빵이 담긴 쟁반을 들고 돌아왔다. 찻잔에서 피어오르는 증기는 서늘한 새벽 공기 위로 천천히 퍼져 나갔다. 트루드는 잔을 채워 리안 앞에 조심스레 내려놓았다.

"차 한잔 들게나. 몸도 마음도 좀 편해질걸세."

트루드는 짧게 웃었고, 리안은 고개를 끄덕이며 감사의 마음을 담아 찻잔을 들어 올렸다. 손에 닿는 온기로, 여행의 피로가 조금씩 녹아 없어지는 듯했다. 그러나 여기까지 이르도록 그를 몰아온 마음속 깊은 질문들은 그의 마음을 초조하게 했다.

÷ ÷ ÷ ÷ ÷

잠시 침묵이 흘렀고, 트루드는 부드럽게 입을 열었다.

"이제 말해보게. 무엇이 자네로 하여금 이 거친 여정을 시작하게 했는지 말이네."

리안은 깊게 숨을 내쉬었다. 그리고 마치 마음속 깊이 쌓여 있던 무거운 돌을 꺼내듯, 천천히 그러나 멈추지 않고 꿈 이야기를 이어가기 시작했다.

그는 먼저 자신이 본 장면을 떠올렸다. 한없이 넓은 어둠 속에서 거대한 붉은 용이 중심 보좌에 앉아 있었다. 그 주변에는 두 짐승이 따르듯 나타났다. 바다에서 올라온 짐승은 일곱 머리와 열 뿔을 가지고 세상의 왕처럼 행동했으며, 사람들에게 힘과 권세를 행사했다. 땅에서 올라온 짐승은 양처럼 두 개의 뿔을 가지고 있었으며, 그 입은 용처럼 말했고, 기적과 표적을 일으키며 사람들의 마음을 사로잡았다.

리안은 손으로 자신의 무릎을 움켜쥐며 목소리를 낮췄다.

"용은 첫째 짐승에게 권세를 주었고, 첫째 짐승은 그 권세로 세상을 통치했습니다. 둘째 짐승은 겉으로는 하늘에서 온 것처럼하면서 사람들을 속였습니다. 이 세 존재는 겉으로는 서로 달랐지만, 결국 한 질서 안에서 움직이고 있었습니다. 마치 세 개의 줄이 서로 다른 방향으로 뻗은 것 같았지만, 끝에서는 한 손에 묶여 있는 것처럼 보였습니다."

그의 목소리는 때로 떨렸고, 때로는 낮게 가라앉았다. 그러나 눈빛은 흐려지지 않았다.

"그들은 마치 하늘의 삼위일체를 흉내 내는 듯했습니다. 겉으로는 빛나는 영광을 가진 듯 보였지만, 그 본질은 모두 짐승의 권세와 연결되어 있었습니다. 저는 사람들이 어떻게 그들에게 속아 넘어가는지를 보았습니다. 사람들은 진리를 따른다고 말했지만, 실제로는 감정과 기적에 사로잡혀 있었습니다. 눈에 보이는 능력과 위로를 따라가면서, 자신도 모르게 짐승의 질서를 따르고 있었습니다."

트루드는 가만히 리안의 눈을 응시하며, 아무 말 없이 그의 말에 귀를 기울였다. 리안은 잠시 숨을 고르더니 다시 낮은 목소리로 말을 이었다.

"그리고 마지막 순간, 제 시야 한가운데에 세 개의 숫자가 떠올랐습니다. 600, 60, 6. 처음에는 단순한 숫자처럼 보였지만, 점점 더 선명해졌습니다. 그 숫자는 하나의 그림자처럼 꿈 전체를 꿰뚫고 있었고, 단순히 짐승을 가리키는 표식 이상의 것으로 느껴졌습니다."

그의 목소리는 떨리고 있었지만, 말은 또렷했다.

"그 숫자 아래에는 한 문장이 떠올랐습니다. '그 수는 사람의 수요, 짐승의 수라.' 그 말이 제 귀에 깊이 새겨졌습니다. 그러나 그것이 무엇을 의미하는지 저는 알 수 없었습니다. 이게 짐승의 정체를 드러내는 것인지, 아니면 사람의 본질을 드러내는 것인지 말입니다."

리안은 트루드를 바라보며 손을 무릎에 내려놓고 덧붙였다.

"그래서 이것을 묻고 싶습니다. 제가 본 숫자 600과 60과 6이 짐승의 수라는 말이 무슨 뜻인가요? 왜 그것이 짐승의 수이면서 동시에 사람의 수라고 했던 걸까요? 저는 그것이 무엇을 의미하는지 모르겠습니다. 하지만 분명한 것은, 이 숫자가 단순히 꿈속의 환상이 아니라 지금도 이 세상 어딘가에서 실제로 작동하고 있다는 느낌입니다. 그것이 제 안에서 사라지지 않습니다. 오히려 시간이 지날수록 더 선명해지고 있습니다."

÷ ÷ ÷ ÷ ÷

트루드는 조용히 눈을 감았다. 잠시 깊은 침묵이 흘렀고, 마치 리안의 고백이 그의 내면 깊은 곳에 울려 퍼진 듯했다. 그는 다시 눈을 뜨며 리안을 똑바로 바라보았다. 눈빛은 흔들림이 없었고, 그의 목소리는 낮지만 분명했다.

"그 수는 600과 60과 6이지. 많은 이들이 단지 이 수를 숫자로만 이해하네. 하지만 그것은 숫자가 아니라 '코드'라네, 리안."

트루드는 잠시 숨을 고르며 말을 이어갔다. 리안이 조금 당황해하는 표정을 짓자, 그는 조금 더 또렷하게 설명했다.

"그 숫자는 세 존재를 가리키지. 첫째 존재는 600, 둘째는 60, 셋째는 6의 코드네. 이 셋이 따로 움직이는 것 같지만, 사실은 하나가 되어 600과 60과 6이라는 완전한 체계를 이루네. 그것이 바로 하늘의 삼위일체를 모방한 거짓 삼위 체계일세. 진리의 삼위일체를 흉내 내며, 사람의 욕망을 이용해 지배하는 거짓 삼위일체 말이네."

리안은 천천히 고개를 끄덕이며 질문을 이어갔다.

"그러면 용과 두 짐승이 600과 60과 6의 코드로 존재한다는 뜻인가요?"

트루드는 리안의 두 눈을 바라보며 조용히 고개를 끄덕였다. 그리고 그 인식이 더 깊이 뿌리내릴 수 있도록 조심스럽게 말을 이었다.

"사람들은 600, 60, 6을 두려운 숫자나 혐오스러운 표시처럼 여기지, 또는 먼 훗날 나타날 거짓 선지자의 숫자나 혹은 교회를 잔인하게 핍박했던 한 인물을 가리키는 상징으로만 이해하네. 하지만 리안, 그 수는 그렇게 단순한 숫자가 아닐세, 그것은 존재의 본질을 담고 있는 영적 코드라네."

트루드는 몸을 약간 앞으로 기울이며 손을 천천히 들어 보였다. 그의 손끝은 마치 무언가 보이지 않는 구조를 가리키고 있는 듯했고, 리안은 그의 작은 동작 하나에도 주의를 기울였다.

"리안, 경기장을 떠올려 보게, 경기장에서 뛰는 선수들의 유니폼에는 7번, 10번, 23번 같은 숫자가 적혀 있지. 그 숫자는 장식이 아니네. 그걸 보면 그 선수가 어떤 자리에 있고, 어떤 역할을 맡았고, 어떤 전술에 따라 움직이는지를 알 수 있지 않나."

트루드는 손을 멈추지 않고 말을 이어갔다.

"600과 60과 6도 마찬가지네. 이건 단순히 합쳐진 숫자가 아니네. 각각의 수는 역할과 위치를 나타내는 코드일세. 셋 모두에 6이 들어 있다는 건 같은 팀, 같은 유니폼을 입고 있다는 뜻이지. 그러나 숫자의 단위가 다르다는 건 그들의 계급과 역할이 서로 다르다는 것을 나타내네."

÷ ÷ ÷ ÷ ÷

트루드는 손가락 하나를 펴 보이며 조용히 설명을 이어갔다.

"600은 모든 계획과 통치 구조를 설계하는 존재라네. 세상을 통치하는 모든 질서와 법을 짜고, 그 법 위에서 모든 일이 움직이도록 설계하지. 그 존재는 가장 높은 자리에서 모든 것을 다스리며, 법의 근간이 되어 체제를 유지하는 중심이네. 그 존재는 하늘의 아버지를 흉내 내어 하늘의 자리에 앉고, 마치 창조주처럼 세상을 통치한다네. 쉽게 말해, 가장 깊은 곳에서 모든 것을 지휘하고 조종하는 핵심 코드이지."

트루드는 두 번째 손가락을 펴 보이며 천천히 말을 이었다.

"60은 그 계획을 실제로 실행하는 존재라네. 600이 세운 청사진을 현실에서 움직이게 하는 집행자이지. 그 존재는 체제를 세우고 사람들을 다스리는 권세를 600에게서 직접 위임받은 대리자네. 겉으로는 신의 명령을 받은 하늘의 아들처럼 보이지만, 사실은 600의 지시를 그대로 따르며 사람들을 통제하고 자신을 하늘의 아들로 꾸미고, 자신을 섬기게 만드는 존재일세. 이 존재는 사람을 세워 일하며, 세상에 이미 존재했던 여섯 제국의 황제들을 통해서도 움직였네. 그리고 지금도 마지막 제국인 종교 제국의 가장 높은 자리에 앉아, 말씀에서 하늘의 인격을 제거한 채 사람 중심의 종교를 세우고, 자신이 하늘의 아들인 것처럼 행세하며 세상을 지배하고 있다네. 이후 마지막 때에는 한 인물을 내세워 통치할 존재라네."

트루드는 잠시 숨을 고르고 단호하게 말을 이었다.

"지금까지 사람 중심의 종교로 마음과 질서를 길들여 왔으니, 이제 실제 사람 하나를 '하늘의 통치자'로 내세워 권위를 모으는 것은 전혀 어려운 일이 아니네. 진리가 중심에 없는 종교인들은 이미 체계확된 습관과 논리에 따라 그 인물을 하늘께서 보내신 통치자라 여기며 자연스럽게 받아들이게 되지. 한 번 생각해 보게. 만약 그 통치자가 스스로 하늘로부터 보내심을 받았다고 주장하며, 자신을 그리스도인이라 칭하고, 교회가 이단이라 규정한 종교들을 제거해 주며, 교회가 더 크게 확장되도록 정치와 재정을 아낌없이 지원한다면 어떻겠는가. 더 나아가 모든 제도와 정책을 교회를 위한 방향으로 펼쳐 나간다면, 과연 사람들이 그를 짐승이라 보겠는가? 오히려 그는 교회의 후원자요 보호자로 칭송받으며, 많은 이들이 기꺼이 그를 따르고 섬기려 하지 않겠는가. 바로 여기에 큰 함정이 있네. 진리가 제거된 종교는 외형적인 번영과 확장에 만족하며, 결국 짐승을 하늘의 통치자로 여기고 섬기게 되는 것이지. 그러니 진리가 없는 종교인들은 그 통치자가 진리와 무관하다는 사실을 구분하지 못하고, 오히려 그를 거부하는 자들을 핍박하게 될 것이네."

 리안은 그 말을 듣는 순간 가슴이 뜨끔했다. 그의 눈앞에는 곧바로 사르그의 현실이 떠올랐다. 만약 실제로 사르그에서 어떤 통치자가 나타나 왕국을 더욱더 확장해 주고, 사람들의 재정적 문제를 해결하며, 제도와 정책을 통해 종교 체계를 더욱 공고히 한다면, 사람들은 주저 없이 그를 신이 보내신 자로 받아들일 것이 분명했다. 그것은 너무도 자연스럽게 여겨질 것이고, 오히려 그를 거부하는 자가 불순종하는 자로 낙인찍히는 일 또한 당연한 수순일 터였다.

 리안은 자신도 모르게 속으로 중얼거렸다.

 "정말 그렇구나 … 사르그에서는 그럴 수밖에 없겠구나. 그 모든 것이 너무도 당연한 것처럼 보이겠구나."

 트루드는 이번엔 세 번째 손가락을 펴 보이며 설명을 이어갔다.

 "6은 사람들과 가장 가까이에서 활동하는 존재일세. 겉으로는 하늘의 영처럼 보이지만, 실상은 사람 안에서 직접 활동하며 그들의 감정과 양심을 자극하는 존재지. 그래서 양의 탈을 쓰고 다가와, 마치 친근하고 믿을 만한 하늘의 영처럼 행동한다네. 이 존재는 사람 속으로 깊이 들어가 기적과 이적을 일으키기도 하고, 환상과 꿈, 그리고 신의 음성처럼 들리는 말을 전하며 사람들을 매료시키지. 많은 이들이 그를 통해 위로를 받고 영적 체험을 했고, 능력을 경험했다고 믿지만, 그 모든 일은 600의 계획과 60의 통제 아래 진행되는 일이라네. 결국 그의 목적은 사람들의 시선을 사람 중심으로 돌리고, 60을 섬기게 만들며 짐승의 체제를 따르게 만들지. 그래서 수많은 사람들이 그를 진짜 하늘의 영으로 착각하고 기꺼이 따라가게 된다네. 사람들은 하늘의 영이 말씀하셨다고 말하지만, 그 말이 진짜인지 가짜인지 분별하지 못하고 그 존재가 초월적으로 활동하기 때문에 다 받아들이지. 그러나 결국 그 존재는 하늘의 말씀이 비추어질 때 비로소 가짜로 판명된다네. 하늘의 말씀 아니고서는 결코 이 존재가 가짜라는 것과 이 존재의 속임수를 알아낼 수 없지."

트루드는 펴진 세 개의 손가락을 테이블 위에 세우며 덧붙였다.

"결국 이 셋은 따로 움직이는 것으로 보여도, 사실은 서로 맞물려 하나의 거대한 체계를 이루고 있다네. 가장 안쪽의 600이 자신이 세운 법과 계획을 바탕으로 명령을 내리고, 그 명령을 받은 60이 600의 권세를 받아 실세로 체제를 세우고 운영하며, 그 아래에 있는 6이 사람들을 미혹하고 설득해 60을 섬기고 경배하도록 만드는 구조지. 겉으로 보기에는 전혀 다른 영역에서 일하는 것처럼 보이지만, 속을 들여다보면 마치 한 몸처럼 긴밀하게 연결되어 있네. 이 세 존재가 완전히 하나가 될 때, 600과 60과 6으로 이루어진 거짓 삼위 체계가 완성되는 것이네."

그의 음성은 단호했고, 오래 묵상해 온 진실을 차분히 꺼내놓는 듯 담담하게 흘러나왔다.

리안은 고개를 천천히 끄덕이며 작은 소리로 속삭였다.

"하나의 팀, 하나의 목적, 같은 본질, 다른 역할, 다른 기능이네요."

트루드는 리안의 말에 머리를 끄덕이며 조용히 그의 눈을 바라보았다. 그들 사이에는 이제 설명을 넘어선 이해가 흐르고 있었고, 진리에 대한 깨달음이 서서히 깊어지고 있었다.

÷ ÷ ÷ ÷ ÷

잠시 말을 멈췄던 트루드는 조용히 숨을 고른 뒤, 600, 60, 6의 코드에 대한 조금 더 깊은 이야기를 꺼냈다.

"먼저, 600은 용의 코드네. 이 존재는 자신을 창조주처럼 보이게 하려 하지. 그 존재는 모든 것 위에 군림하는 자인 것처럼 스스로 착각하며, 하늘의 보좌에 앉으려 했던 존재일세."

그의 목소리는 낮고 단호했다.

"그래서 그는 하늘의 법을 흉내 내었네. 진짜 법이 아닌, 진리를 대적하는 법을 만들어 그것으로 사람들을 다스리려 했지. 그리고 이 진리를 대적하는 법을 세상에 퍼뜨리기 위해 계획을 세우고 실행했네. 이것이 인류 역사에서 가장 처음 일어난 미혹이었고, 첫 번째 사람을 향해 던진 함정이었네."

트루드는 리안을 바라보며 말을 이어갔다.

"그 미혹에 넘어간 인간이 처음 타락했을 때, 바로 그 순간부터 진리를 대적하는 용의 말의 복제본인 600의 법이 사람의 마음속 깊이 들어온 거네. 그 법은 보이지 않지만, 마치 씨앗처럼 사람 속에 자리 잡아 사람의 모든 생각과 판단의 기준이 되어버렸지. 사람들은 그 안에서 들려오는 소리를 선한 양심의 소리라고 착각하네. 그러나 그 양심은 하늘의 진리에서 온 것이 아니라, 600의 진리를 대적하는 법에서 비롯된 왜곡된 기준일세. 그 양심은 스스로 선하다고 여기지만 실제로는 인간이 타락하면서 완전히 왜곡되었다네. 진리를 대적하는 법에서 비롯된 양심은 결코 참된 선이신 하늘의 신을 향해서 나갈 수가 없게 되어 있지. 이 양심은 하늘의 말씀이 중심에 들어와야만 선한 기능을 발휘한다네. 그 이전에는 결코 선한 기능을 발휘할 수 없지."

그의 시선은 흔들리지 않았다.

"우리가 '양심'이라고 부르는 그것이 사실은 하늘의 진리를 대적하는 600의 법에서 흘러나온 것이지. 그래서 사람이 완전히 타락했다는 말은 단순히 나쁜 일을 한다는 뜻이 아니네. 그 의미는 사람의 가장 깊은 곳, 선과 악을 분별하는 기준마저도 이미 짐승에게 점령당했다는 뜻이지. 즉, 사람은 겉으로 착하게 보여도 그 안의 법은 이미 거짓 주인의 코드와 맞물려 있는 셈이네."

리안은 충격을 받은 듯 눈을 크게 떴다.

"그렇다면 … 우리가 옳다고 믿고 따르던 그 마음의 법, 자신을 스스로 판단하고 남을 정죄하던 그 소리가 … 사실은 하늘의 법으로부터 온 게 아니었다는 말씀인가요?"

트루드는 리안의 눈을 조용히 바라보며 설명을 이어갔다.

"그렇다네. 사람들 안에는 이미 태어날 때부터 유전되어 내려오는 진리를 대적하는 600의 법, 곧 짐승의 씨앗이 심겨 있네. 그 씨앗은 사람이 타락했을 때, 하늘의 말씀이 사라진 그 빈자리에 뿌려지고, 그곳에 깊이 뿌리를 내렸지. 그리고 그 씨앗에서 나오는 소리, 곧 마음속에서 들리는 법의 소리를 사람들은 양심이라고 부르며 살아가네. 문제는 그 양심의 소리가 하늘의 법에서 흘러나오는 소리가 아니고, 이미 짐승에게 점령당한 거짓된 법에서 흘러나오는 소리라네."

트루드의 목소리는 낮았지만 단호했다.

"사람들은 자기 내면의 법에서 나오는 양심의 소리를 진리인 줄 알고 따라가지. 그 소리를 따라가면 겉으로는 올바르고 선하게 살아가는 것처럼 보여도, 그 기준이 타락한 법에서 나왔기에 사람을 의로움으로 이끌지 못하네. 그래서 그 법을 따라 아무리 선을 행해도 결코 구원에 이를 수 없지. 참된 구원은 거짓 기준을 붙잡는 데서 오는 것이 아니라, 그 거짓 법이 무너지고 참된 말씀이 다시 그 자리에 오실 때만 가능하기 때문이네."

트루드는 잠시 생각에 잠긴 듯 고개를 숙였다가, 다시 시선을 들고 부드럽지만, 분명한 어조로 말을 이었다.

"진리를 대적하는 사람의 타락한 내면의 법에서 나오는 양심은 사람 속에서 이렇게 속삭인다네. '너는 반드시 이 기준을 지켜야 한다. 지키지 않으면 너는 가치 없는 사람이 될 거다. 세상에서 불이익을 당할 것이고, 죽은 뒤에도 좋은 곳에 갈 수 없을 거다. 그러나 이 법에 따라 선하게 살면 좋은 곳에 가게 될 것이다.' 라고 말이지."

리안은 무심코 숨을 죽였다. 마치 자신의 마음 깊은 곳에서 들려온 적 있는 소리를 그대로 듣는 것 같았다. 트루드는 리안을 바라보며 말을 이었다.

"사람들은 그 속삭임 앞에서 스스로 선택한다고 생각하지만, 실상은 그 법의 통제를 받으며 두려움에 붙잡혀 그 기준을 따라가게 된다네. 남들 앞에서 좋은 사람으로 보이고 싶은 욕망, 불이익을 피하려는 계산, 혹시 죽은 뒤에 좋은 곳이 있다면 그곳에 가고 싶다는 막연한 바람이 사람을 움직이지. 그 기준을 따르면 마음이 조금은 편해지고, 자신도 괜찮은 사람이라는 착각 속에 머무를 수 있으니까 말일세."

트루드의 목소리는 차분했지만, 그 안에는 무게가 있었다.

"사람은 그렇게 그 법에 스스로 묶이게 된다네. 자기 자신에게도, 다른 사람에게도 그 기준을 들이대며 판단하지. 그리고 '나는 선하게 살 수 있다' 라는 거짓 확신에 사로잡혀, 정작 자신을 무너뜨리고 새롭게 세우려 다가오는 진리를 거부하게 된다네. 이것이 바로 600이 사람 속에 심어 놓은 타락한 구조일세."

트루드는 목소리를 조금 낮추었지만, 말은 더 또렷해졌다.

"이건 단지 한 사람의 내면의 문제로 끝나지 않는다네. 실제로 세상에 존재하는 독재 체제들도 이 구조를 그대로 이용하고 있지. 왜 그러겠는가? 그 체제는 백성들이 외부에서 오는 자유를 알지 못하게 막아야 하거든. 자유를 알게 되면 사람들은 그 체제를 의심하게 되고, 결국 그곳을 떠나게 되네. 그러면 그 통치 구조는 무너질 수밖에 없지 않겠는가."

트루드는 리안을 바라보며 설명을 이어갔다.

"그래서 그 체제는 문제의 책임을 통치자와 그 통치자가 세운 법이 아니라 백성들에게 돌린다네. '너희가 이렇게 힘든 건 너희 때문이야. 너희가 법을 안 지켰고, 기준을 어겼기 때문이야.' 하고 말이지. 그러면 사람들은 그 통치 체제 자체에 잘못이 있다고 보지 않고, 오히려 '내가 잘못했구나. 내가 더 열심히 살아야겠구나.' 라고 믿게 되네."

트루드는 손을 가볍게 들어 테이블 위를 짚으며 천천히 말을 이었다.

"가장 무서운 건, 그다음일세. 사람들이 서로를 감시하게 된다는 것이네. '너 왜 그걸 어겼어? 왜 그 기준 안 지켜?' 이렇게 말하면서 말이지. 이것이 바로 겉으로 보기엔 자유롭게 사는 것 같아도, 사실은 누구도 그 법에서 벗어나지 못하게 되는 구조라네. 왜냐하면 그 법이 사람들 마음속에 이미 들어가 있기 때문일세. 결국 사람들은 서로 눈치를 보며 살게 되고, 서로가 서로를 통제하게 되지. 그래서 다 같이 그 거짓 통치에서 빠져나오지 못하게 된다네."

트루드는 잠시 말을 멈췄다가, 한층 높은 목소리로 덧붙였다.

"그리고 더욱더 무서운 건 말일세. 이미 타락한 법을 마음에 품고 사는 사람들이, 하늘의 법을 따라 움직이는 이들을 정죄하게 된다는 사실이지. 그들은 자기 안에 있는 거짓 기준을 절대적이라고 믿고, 그 기준에 맞지 않는 사람들은 잘못되었다고 단정하네. 결국 하늘의 법을 따르는 자들조차 그들의 눈에는 불순종하는 자, 위험한 자로 보이게 되지. 그래서 이 체제 안에서 진리를 전하는 자들은 여러 가지 어려움과 불이익을, 더 나아가 핍박과 죽임을 당하게 되는 것이라네."

그 말은 리안의 가슴 깊숙이 파고들었다.

리안은 말없이 고개를 떨구었다. 그의 안에도 그 법이 있었다. 그는 그 법으로 자신을 수없이 판단해 왔고, 남에게도 같은 기준을 들이밀었던 기억이 또렷하게 떠올랐다. 그리고 자기 안의 법과는 다른 길을 가는 사람들을 서슴없이 정죄했던 순간들이 생생하게 떠올랐다.

트루드의 말을 들으면서 리안은 그동안 옳다고 믿고 따랐던 판단과 기준들이 더 이상 자연스럽지 않게 느껴졌다.

이제는 그것들이 낯설고 불편하게 생각되었다. 그 소리가 진리가 아니라, 타락한 내면의 법에서 비롯된 속삭임이었다는 사실이 마음 깊은 곳을 흔들었다.

÷ ÷ ÷ ÷ ÷

트루드는 리안의 눈빛을 가만히 바라보다가 다시 조용히 말을 이었다.

"그다음은 60이네. 이건 바다에서 올라온 첫째 짐승의 코드일세. 그는 한때 죽은 것처럼 보였다가 다시 살아나 사람들에게 나타나네. 그래서 많은 사람들이 그를 부활하신 하늘의 아들로 착각하고 경배하지. 죽음에서 돌아온 것처럼 보이는 그 모습이 사람들의 마음을 단번에 사로잡은 것이네."

트루드는 숨을 고르고 잠시 쉬었다가, 이번에는 목소리를 더 단호하게 높였다.

"하지만 그는 진짜가 아니네. 그가 가진 권세는 하늘에서 온 것이 아니라, 용에게서 받은 것이지. 그는 그 권세를 이용해 하나의 믿음을 내세우고, 정치와 종교를 억지로 하나로 묶으려

하지. 세상 나라들을 모두 그 종교 체계 안에 가두고 통제하려는 것이네. 겉으로는 사랑과 평화를 말하며 모든 사람을 하나의 종교로 모으는 것처럼 보이지만, 실상은 용이 만든 거짓 법을 기준으로 삼아 모든 사람에게서 숭배를 받으려 하지. 하늘의 아들을 모방한 자가 말하는 사람 중심의 사랑과 평화는 하늘에서 온 것이 아니라, 사람들을 하나로 묶어 두기 위해 꾸며 낸 가짜일세."

트루드는 고개를 돌려 주변을 바라본 후 다시 리안을 보며 말을 이어갔다.

"600이 사람들의 마음 안에 진리를 대적하는 법을 심어 통제했다면, 60은 그 법을 세상의 종교 구조로 끌어올린 존재네. 내면에 숨어 있던 진리를 대적하는 기준이, 이제는 사회 질서와 국가법으로 공식화된 것일세. 그래서 사람들은 하늘의 법이 아니라 종교법을 포함한 세상의 법에 따라 살아야 하고, 그 법을 기준으로 평가받게 된다네. 그 존재에 의해서 정치와 종교가 하나로 묶이고, 도덕과 질서가 그 체제를 유지하는 수단이 되지."

트루드는 리안을 정면으로 바라보며 더 깊이 설명했다. 그의 목소리는 차분했지만, 말 한마디 한마디가 무겁게 리안의 마음으로 들어오고 있었다.

"더 무서운 건, 60이 하늘의 말씀인 경전까지도 자기 체제 안으로 끌어들인다는 것이네. 원래 하늘의 아들의 말씀은 하늘의 인격, 곧 생명의 인격으로 우리 안에 있는 타락한 내면의 법을 무너뜨리고 우리 안에 임하는 것이었지. 그런데 60은 경전을 인용하면서도, 그 말씀 속에서 하늘의 인격을 조용히 제거해 버리고 그 자리에 사람을 올려놓았다네. 그래서 '사람을 중심에 두라, 사람을 섬기라, 사람을 사랑하라, 사람을 위해 정의를 행하라, 공의를 실천하라'고 가르치지. 그래서 사람들은 하늘의 말씀을 아무리 들어도 그들의 내면의 법은 무너지지 않는다네."

그는 눈을 가늘게 뜨며 말을 이었다.

"아무 생각 없이 그 말을 들으면 참 좋아 보이지. 그런데 잘 생각해 보게. 그 안에는 하늘의 신이 계시지 않네. 경전의 중심에 있어야 할 하늘의 인격은 빠져 있고, 그 자리에 오직 사람만 남아 있지. 사람은 본래 신을 섬기도록 창조된 존재인데, 이 구조는 사람으로 하여금 사람을 섬기게 만든다네. 그것도 마치 신을 섬기듯이 사람을 섬기도록 말일세. 그러니 사람 중심의 구조를 무너뜨리려는 진리를 받아들이겠는가?"

트루드의 눈빛이 더욱 깊어졌다.

"결국 그 체제는 사람을 신의 자리에 앉히는 것이네. 그러니 사람들이 얼마나 기꺼이 이 구조를 따르겠는가. 자기를 잘못됐다고 말하지 않고 자신을 섬기고 높여주는 종교를 좋아하지 않는 사람이 어디 있겠는가. 하지만 그것이 결국 진리를 대적하고 짐승의 법 체계하에서 짐승이 세워 놓은 구조를 섬기는 것이네. 문제는 사람들은 그걸 전혀 깨닫지 못한다는 것일세. 오히려 하늘을 섬긴다고 착각한 채, 짐승의 구조를 따르는 것이라네."

트루드는 조용히 숨을 내쉬며 결론을 내렸다.

"그게 바로 용이 권세를 주고 활동하는 60의 구조일세. 겉으로는 하늘의 인격을 말하는 것 같지만, 그들이 말하는 진리는 사람 중심으로 바뀌어 있네. 그 체제는 정의와 도덕을 외치고, 모든 사람을 하나로 묶기 위해 사람 중심의 위장된 사랑과 평화를 외치지. 그러나 그 모든 외침 속에는 하늘의 인격도 없고, 하늘의 권위도 없고, 하늘의 진리도 없네."

그는 잠시 말을 멈추고, 리안이 자신의 말을 따라오고 있는지를 확인하듯 바라보았다. 그리고 다시 말을 이었다.

"결국 이런 구조하에서는 사람의 시선이 하늘의 말씀, 곧 하늘의 신계로 향하지 못한다네. 사람을 높이고 사람을 중심에 세우는 이 구조는, 겉으로는 신을 섬기는 것처럼 보이지만 속으로는 사람을 신의 자리에 올려놓는 것이네. 그리고 사람들로 하여금, 사람 중심으로 시선을 돌리게 하지. 그리고 그 순간, 사람들은 자신도 모르게 하늘의 신이 아니라 짐승의 체제를 섬기게 되는 것이지. 이것이 바로 진리를 대적하게 만드는 구조라네."

리안은 고개를 떨군 채, 조용히 그 말을 곱씹었다. 그가 지금껏 옳다고 여겼던 사랑과 정의, 도덕과 공의가 모두 사람 중심으로 재해석된 가짜 복음이었다는 사실이 충격으로 다가왔다.

그가 평생 들어왔던 '진리'라는 말 속에 하늘의 인격인 말씀은 없고, 경전은 개념과 규범으로만 해석되었었고, 오직 사람의 열심과 기준만 가득했다는 것이 이제야 분명하게 보였다. 리안은 트루드의 말을 이해한 듯 무겁게 고개를 끄덕였다.

÷ ÷ ÷ ÷ ÷

트루드는 손끝을 테이블 위에 가볍게 얹은 채, 잠시 눈을 감았다가 조용히 다시 입을 열었다.

"그리고 마지막, 6이네. 이 숫자는 땅에서 올라온 둘째 짐승의 코드라네. 그는 하늘의 영처럼 활동하지만, 실제로는 하늘의 영을 흉내 내어 사람들의 마음속 깊이 들어가 감동을 주는 것으로 활동하지. 사람들 안에 들어가 그들의 감정을 흔들고, 때로는 눈앞에서 기적과 이적을 보이기도 하며, 하늘의 음성을 전하는 것처럼 말하기도 하지. 어떤 때는 사람들로 하여금 눈물을 흘리게 만들고, 또 어떤 때는 사람들이 깊은 은혜를 받은 것 같은 착각에 빠지게 하네."

그는 리안을 똑바로 바라보며 말을 이었다.

"그래서 많은 사람들이 사람 안에서 활동하는 그 존재를 거룩한 존재로 착각하지. 하지만 실제로 그 존재는 600과 60이 만든 구조를 완성하는 마지막 열쇠일세. 그는 사람들의 마음을 은밀히 움직여 사람 중심으로 세워진 60을 섬기도록 만들고, 그 과정을 통해 사람 전체가 결국 600의 법에 종속되게 한다네. 겉으로는 영적인 감동을 주는 것 같지만, 실상은 하늘의 진리를 대적하고 진리를 받아들이지 못하게 하는 역할을 하는 것이네. 사람들은 그 존재를 통해 하늘의 영을 만난 줄 알지만, 사실은 진리를 대적하는 체제 안으로 더 깊이 들어가게 되는 것이지."

리안은 트루드의 말이 마치 자신의 마음속 깊은 곳을 들여다보는 듯해, 숨을 고르는 것조차 조심스러웠다.

트루드는 잠시 리안의 눈을 바라보다가 다시 입을 열었다.

"600이 사람의 내면 가장 깊은 중심에 심어진 진리를 대적하는 법이었다면, 60은 그 법을 바깥으로 꺼내 정치와 종교, 윤리와 도덕이라는 이름으로 체계화한 사람 중심의 이성적 판단이라네. 그런데 6은 그 구조를 사람의 감정과 경험 속에서 끊임없이 유지하는 역할을 하지. 이건 단순한 감정 조작이 아니라, 사람 안에 심어진 거짓 법을 스스로 옹호하게 만드는 심리 구조일세. 마치 자기 내면의 법을 무너뜨리지 않고도 종교적으로 선하게 살기만 하면 구원받을 수 있는 것처럼 말이네."

그의 목소리는 낮았지만, 단어 하나하나가 무겁게 내려앉았다.

"6은 사람 안에서 이렇게 속삭인다네. '네가 이런 감정을 느낀 건 죄야.' 그러면 60은 이렇게 말하지 '네가 이성적으로 생각해 봐.' 그러면 600은 이렇게 말한다네. '네 죄는 네 안에 있는 법을 어겼기 때문이야. 넌 자격 없어. 회복되려면 이 은혜가 필요해.'"

리안의 표정이 굳어졌다. 그 속삭임이 오히려 너무 익숙했다. 마치 평생 곁에 있었던 내면의 목소리처럼 낯설지 않았기 때문이다.

트루드의 시선이 더욱 깊어졌다.

"그러고는 자기 종교의 방식대로 '위로'라는 걸 들이밀지. 마치 그 위로가 조건 없이 사랑해 주는 것처럼 보이지만, 그 종교적 사랑은 거짓의 통치가 전복되고, 진리가 왕이 되어 통치하는 자유로 이끄는 사랑이 아니네. 오히려 사람을 두려움 속에 머물게 하고, 그 체제에서 떠나면 종교에서 주는 무조건적인 사랑도 사라질 것처럼 느끼게 만드는 방식이지. 그래서 사람은 그 위로를 놓지 못하고, 그 위로를 주는 종교 체제를 떠날 수 없게 되네. 그렇게 6은 감정과 경험을 통해, 사람 안에 있는 60의 구조와 600의 법을 끝까지 붙잡게 만드는 것이지."

트루드는 리안을 바라보며 결론을 내리듯이 말했다.

"600은 사람의 내면 중심에 심판하는 법으로 존재하고, 60은 그 법을 기준으로 세상의 구조를 만든 질서며, 6은 그 질서가 무너지지 않도록 조율하는 감정 통제의 도구라고 보면 되네. 겉으로는 영적이고 온유한 것처럼 보이지만, 그 속에는 '진리 없이 감동만 주는 거짓 은혜'가 숨어 있지. 사람들은 그 감동을 은혜라고 착각하며 붙잡지만, 실상은 그 감동이 사람의 영혼을 죄책감에 묶어 둔다네. 그렇게 사람은 자유를 잃게 되고, 외부에서 오는 참된 진리를 찾으려는 마음도 서서히 사라지게 되지."

리안의 입술이 약간 떨렸다.

"그러면 … 결국 사람은 바깥에서 오는 하늘의 법으로 통제받는 게 아니라, 자기 마음 안에서 스스로를 감시하고 묶이게 된다는 말씀인가요? 마치 감동을 받았다고 생각했지만, 실제로는 더 깊은 통제 아래 들어간다는 말씀이군요 …"

트루드는 고개를 천천히 끄덕이며 대답했다.

"그렇네. 사람은 감동을 곧 진리라고 착각한다네. 울었으니까, 뜨거웠으니까, 위로가 되었으니까. 그게 하늘의 영이라고 믿지. 하지만 진짜 하늘의 영은 눈물이나 감정이 아니라 '인격의 말씀'으로 오시며, 사람 안에 있는 타락한 법을 무너뜨리려 오신다네. '그분께서 오셔서 죄에 대하여, 의에 대하여, 심판에 대하여 세상을 꾸짖으시리라'는 말씀이 바로 그 말씀이지. 그런데 6의 코드는 사람 안의 감정을 자극해 거짓 은혜를 느끼게 하고, 자기 기준대로 위로한다는 점일세. 그리고 그 기준은 결국 600의 법과 60의 질서에서 자연스럽게 흘러나온 것이지. 생각해 보게, 리안. 하늘이 자신을 사랑하여 은혜를 주신다고 믿으니 그 중심을 무너뜨리려는 진리를 그들이 받아들이겠는가?"

트루드는 숨을 고르고 한마디를 덧붙였다.

"이 구조가 무서운 이유는, 사람이 스스로 '위로와 감동' 그 자체를 목표로 삼게 되기 때문이지. 그래서 그 감정을 얻기 위해 기도하고, 그 감정이 사라지면 곧바로 믿음이 식은 것처럼 느끼게 된다네. 결국 진리의 말씀이 빠진 채 감동만을 쫓는 틀 속에서, 사람은 조용히 통제되고 있지. 아무도 억지로 붙잡지 않아도, 스스로 그 감정의 안도감에 의지하며 그 체제 안에 머물게 된다네. 그것이 바로 그들이 절대로 사람의 중심이 잘못되었다고 선포하는 진리를 받아들이지 않는 이유지."

리안은 숨을 삼켰다. 그 말이 너무 정확해 반박할 여지가 없었다. 자신도 그동안 그런 감동을 은혜라 믿었고, 그 감동이 사라질 때면 죄인처럼 느꼈던 기억들이 하나둘 생생하게 떠올랐기 때문이다. 그 거짓 은혜는 참된 말씀 없이 찾아와, 때로는 자신을 더 깊이 정죄하게 했고, 때로는 스스로 의롭다고 착각하게 했다. 트루드의 말처럼 리안은 자신의 중심이 잘못되었다고는 절대 생각되지 않았었다. 오히려 그 법 아래에서 자신을 더 채찍질했었다. 그렇지만 그 끝은 자유가 아니라, 보이지 않는 더 깊은 속박이었다.

÷ ÷ ÷ ÷ ÷

리안은 조용히 손을 모아 쥐었다. 이제야 알았다. 자신이 그 체계 속에서 살아왔다는 사실을. 그동안 선한 것이라 믿었던 것들이, 사실은 거짓에서 흘러나온 것이었다는 깨달음이 가슴 깊숙이 파고들었다.

그는 트루드를 바라보며 조용히 물었다.

"그렇다면 이 셋은 결국 하나가 되어 움직이는 거죠? 용, 첫째 짐승, 둘째 짐승, 600, 60, 6이라는 숫자는 그 셋의 정체와 위치, 그리고 역할을 보여주는 코드였던 거고요."

트루드는 고개를 끄덕이며 말을 이었다.

"정확하네, 리안. 이 셋은 서로 다른 자리와 역할을 맡고 있지만, 결국 하나의 팀이고 하나의 왕국이네. 진리의 삼위일체를 흉내 낸 거짓 삼위 체계지. 사람들이 좋아하도록 사람을 높이고, 그러면서도 사람을 두려움으로 통제하고, 겉은 진리처럼 보이지만 결국은 진리를 몰아내는 구조일세. 겉모습은 다양하지만, 속에서는 진리를 대적하는 한 목적을 위해 빈틈없이 맞물려 돌아가지."

리안은 조용히 숨을 내쉬고는, 고개를 끄덕일 수밖에 없었다. 눈앞에 펼쳐진 트루드의 말과, 자신이 살아온 시간이 하나의 선으로 이어지고 있었기 때문이었다.

트루드는 시선을 리안에게 두고, 다시 말을 이었다.

"600과 60과 6은 겉으로는 마치 하늘의 삼위처럼 보여도, 그 본질은 짐승이라네. 짐승의 삼위 체계지. 그들의 목표는 하나고, 전략도 하나라네."

리안은 그 말에 고개를 들며 작은 소리로 입을 열었다.

"그 짐승의 전략에 … 수많은 사람들이 속고 있군요."

트루드는 고개를 천천히 끄덕이며 덧붙였다.

"그렇다네. 타락한 모든 사람은, 사실 그들과 같은 코드로 작동하는 자들이지. 겉으로는 짐승과 전혀 다른 길을 가는 것처럼 보여도, 그 안의 본질은 같네. 그들은 그 구조가 주는 말과 방식에 자연스럽게 반응하고, 그 질서를 유지하게 돕는 자가 되어버리지."

트루드는 리안을 바라보며 계속해서 말을 이었다.

"그들이 지닌 번호는 단순한 표식이 아니네. 그 번호는 그들의 정체를 규정하고, 그들이 누구의 통치 아래 있는지를 드러내는 증거일세. 동시에, 이 땅에서 그들이 어떤 방식으로 움직이고 있는지를 보여주는 열쇠이기도 하지. 그 코드에 묶인 자들은 자신도 모르게 그 짐승의 체계의 일부가 되어, 결국 짐승이 원하는 일, 곧 진리를 대적하는 일을 대신 수행하게 된다네."

리안은 천천히 시선을 돌려 언덕 넘어 하늘을 바라보았다.

트루드의 말을 들으면서 리안은 이 모든 것이 마치 처음부터 보이지 않게 짜인 연극 같았다. 그러나 이제는 그 무대 뒤의 진짜 배우들을 하나씩 알아보기 시작했다.

그리고 문득, 리안은 자신이 살아온 사르그 도시의 열 구역은 그 연합팀이 각각 다른 방식으로 세상 속에 펼쳐놓은 전술이었다는 것을 깨달았다. 가면은 달랐지만, 본질은 하나였다. 구역은 달랐지만, 뿌리는 하나였다. 그 뿌리는 바로 짐승이 세워 놓은 구조였다.

÷ ÷ ÷ ÷ ÷

트루드는 깊은 숨을 내쉰 뒤, 조용하고 단단한 목소리로 말을 이었다.

"리안, 짐승의 수, 곧 600, 60, 6이라는 구조는 단순한 외부의 상징이 아니네. 사람 안에 이미 들어와 작동하는 질서이고, 인간이 타락한 그 순간부터 함께 돌아가기 시작한 내면의 체계지. 사도 바울은 인간의 구조가 영과 혼과 육으로 되어 있다고 말씀하셨지. 이 600, 60, 6은 이 인간의 구조와 관련이 깊네"

트루드는 손가락으로 테이블 위에 원을 그렸다. 그리고 600, 60, 6을 눈에 보이지 않는 인간의 구조를 이루는 영, 혼, 육과 연관해 꿰어 설명하듯 하나하나 짚어나가기 시작했다.

"먼저 600은 인간 존재의 가장 깊은 자리, 영의 중심에 박힌 '법의 질서' 라네. 바울 사도가 말했지. '너희가 누구에게 순종하든지 그 순종함을 받는 자의 종이 된다.' 라고 말일세. 사람이 처음 하늘의 경고를 버리고 뱀의 말을 기준으로 삼았을 때, 그 순간 그 짐승의 법이 사람 안에 씨앗처럼 심겨졌네. 그게 바로 600이라는 통제의 법이고, 우리가 흔히 양심의 법이라고 착각하는 그 내부 기준이지. 문제는 그 양심이 진리의 말씀에서 나온 순전한 기준이 아니라, 이미 타락한 법에서 흘러나온 왜곡된 기준이라는 점이네."

그는 잠시 말을 멈추고 리안을 바라보았다.

"리안, 지금까지 내가 말한 것은 단순한 비유가 아니라 경전 전체에 흐르는 사람의 타락한 내면의 질서를 풀어놓은 것이네. 복잡해 보일 수 있지만 요약하면 이렇다네.

사람은 영과 혼과 육으로 지음 받았고, 타락 이후 그 각 부분에 600과 60과 6의 구조가 자리 잡게 되었지. 영의 자리에는 내면의 법이, 혼의 자리에는 왜곡된 법의 지배를 받는 이성이, 육의 자리에는 그 법으로 통제받는 감정이 들어온 타락한 구조가 굴러가고 있는 것이네. 다시 말해 이것은 단순한 상징이 아니라 실제로 모든 타락한 사람 안에서 작동하는 질서라네."

그는 리안을 똑바로 보며 입을 열었다.

"타락 이전에는 사람의 마음에 신의 말씀이 자리하고 있었네. 말씀이 사람의 중심에 있어 사람의 이성과 감정을 다스렸었지. 그러나 사람이 뱀의 말을 따르는 순간, 그 말씀의 자리에 뱀의 말이, 곧 진리를 대적하는 말이 심겨져 법이 되어 그 자리를 대신 차지한 것이 이 타락한 구조를 만든 것이라네. 이 구조의 중심에는 600의 코드가 있지. 600은 용의 말이 복제되어 사람 안에 심겨진 것이며, 그때부터 사람은 스스로 주인인 줄 알지만 실제로는 사단이 심은 법이 그 자리에 앉아 모든 것을 판단하고 심판하게 되었네. 그래서 사람은 그 법의 흐름에 따라 자기 안의 기준으로 옳고 그름을 나누고, 남을 정죄하며, 끊임없이 비교하게 되지. 사람이 그 기준에 따라 살아가는 것이 겉으로는 의롭고 도덕적으로 보여도, 실상은 사단의 통제 아래 살아가는 것이네."

그의 목소리는 낮지만 단단했다.

"이 구조는 사람 스스로 결코 무너뜨릴 수 없네. 왜 그렇겠는가? 사람은 타락한 이후 언제나 자기 안에 있는 법을 의지하여 살아가기 때문이지. 그래서 무언가 잘못했다고 느끼면 더 열심히 기도하고, 더 많은 선행을 쌓으며 스스로를 바로 세우려 하지. 그러나 그것은 겉으로 보기에 경건해 보일 뿐, 실제로는 자신의 내면의 법을 더 강화하는 일일세. 기도 속에서도 자기 의가 드러나고, 선행 속에서도 자기 만족과 자기 기준이 중심이 되지. 결국 사람은 자기 힘으로 자신을 고치려 하지만, 그 모든 시도는 오히려 타락한 구조를 더 단단히 고착시킬 뿐이라네.

그래서 은혜 곧, 말씀의 검이 들어오지 않고는 이 구조가 결코 무너질 수 없네. 은혜란 사람이 쌓아 올린 것이 아니라 위에서 임하는 선물이네. 하늘의 은혜로 임하는 말씀의 검은 사람의 마음 깊은 곳까지 들어와, 스스로를 합리화하던 내면의 법을 찔러 꿰뚫고 무너뜨리지. 그러니 인간의 노력으로는 결코 불가능한 무너짐이, 오직 은혜를 통한 말씀의 개입 안에서만 일어나는 것이네."

÷ ÷ ÷ ÷ ÷

잠시 침묵이 흐른 뒤, 그는 다시 말을 이어갔다.

"이처럼 600이 영의 자리에서 법을 세웠다면, 60은 혼의 자리에서 의를 세운다네. 사람은 타락한 법에서 흘러나온 양심과 이성으로 의를 쌓으며 스스로 의롭다고 생각하지. 하늘의 말씀 없이 사람들 사이에서 높은 가치로 평가되는 자선, 정의, 평화

같은 말은 다 옳아 보이지만 근원은 하늘의 의가 아니라 타락한 법에서 나온 자기 의일 뿐이지. 그래서 그 의는 하늘 앞에서는 불법일 뿐이라네. 마치 측량줄이 잘못되면 그 줄로 세운 모든 것이 불법 건축물이 되듯이, 잘못된 기준으로 세운 의는 결국 불법이 되는 것일세."

그는 경전의 한 구절을 인용하며 하늘을 위해 열심히 일해도 그 모든 것이 불법이 될 수 있음을 설명했다.

"하늘의 아들께서는 이렇게 말씀하셨다네. '그날에 많은 사람이 내게 이르되 주여 주여 우리가 주의 이름으로 대언하며 주의 이름으로 마귀들을 내쫓으며 주의 이름으로 많은 기적을 행하지 아니하였나이까 하리니, 그때에 내가 그들에게 밝히 말하되 내가 너희를 도무지 알지 못하니 불법을 행하는 자들아 내게서 떠나가라 하리라.'"

리안은 놀란 표정으로 입을 열었다. 경전을 읽을 때마다 이해할 수 없었던 그 구절을 지금 트루드가 직접 인용했기 때문이었다.

"주의 이름으로 대언하고, 귀신을 내쫓고, 기적을 행했는데도… 왜 하늘의 아들께서는 그것을 불법이라 하시는 거죠? 그건 다 하늘을 위한 일이 아니었나요?"

그는 고개를 끄덕이며 차분히 설명을 이었다.

"그렇네. 그들은 주의 이름을 불렀고, 대언도 했고, 귀신도 내쫓았고, 기적도 행했네. 겉으로는 모두 하늘을 위한 일처럼 보이지. 그러나 하늘의 아들은 그들을 향해 불법이라 선언하셨지. 왜 그렇게 말씀하셨겠나? 그것은 그들의 행위가 하늘의 뜻과 일치하지 않았기 때문이라네. 앞서 내가 말했듯이, 그들이 사용한 측량줄이 하늘의 측량줄과 달랐다는 뜻이네. 기준이 다르니 결과가 아무리 좋아 보여도 결국 불법일 수밖에 없지."

리안은 곧바로 물었다.

"그렇다면 '하늘의 뜻대로 행한다'라는 건 도대체 무엇인가요? 단순히 더 열심히, 더 최선을 다하여, 더 진실하게 행하는 것을 말하는 게 아니란 건가요?"

그는 리안을 똑바로 바라보며 대답했다.

"하늘의 뜻대로 행한다는 것은 단순히 종교적 최선이나 열심을 드러내는 게 아니네. 하늘의 뜻대로 행하는 일은 사람 안에 깊이 자리 잡은 타락한 내면의 구조가 무너지고, 그 중심에 하늘의 뜻, 곧 하늘의 말씀이 세워질 때야 비로소 가능해지는 것이네. 하늘의 뜻이 사람의 중심에 들어와야 사람은 비로소 하늘의 뜻과 동행할 수 있네. 타락한 내면의 법이 무너지지 않았는데 어떻게 거룩하신 하늘의 뜻과 동행할 수 있겠는가.

아모스 선지자도 말하지 않았는가. '두 사람이 뜻이 같지 않은데 어찌 동행할 수 있겠느냐' 라고 말일세. 하늘의 뜻과 사람의 뜻이 하나되지 못한다면, 사람은 끝내 자기 길을 갈 뿐이네."

리안은 그 말을 듣고 깊이 생각에 잠겼다. 자신이 지금까지 의지해 온 열심과 행위들을 하나하나 떠올리며, 그것들이 정말로 하늘의 뜻과 연결된 것인지 스스로 묻지 않을 수 없었다.

트루드는 잠시 리안의 표정을 바라보다가 다시 말을 이었다.

"그러니 사람이 아무리 종교적으로 아름다운 행위를 쌓아 올려도, 내면의 법이 무너지지 않는 한 그것은 결국 자기 의의 반복일 뿐이네. 그 모든 행위는 불법으로 드러날 수밖에 없지. 불법은 단순히 범죄 행위를 가리키는 것이 아니라, 하늘의 뜻을 떠난 모든 자기중심의 행위를 말한다네. 결국 불법은 행위의 문제가 아니라 중심의 문제지. 하늘의 말씀이 그 중심에 세워지지 않는 자는 마지막 날 그 말씀으로부터 오는 심판을 피할 수 없게 되네."

리안은 고개를 떨구었다. 그가 스스로 의롭다고 여겼던 모든 것이 사실은 자기 기준에서 나온 불법일 수 있음을 깨달았기 때문이었다.

÷ ÷ ÷ ÷ ÷

트루드는 손을 들어 마지막 구조를 짚었다.

"그리고 마지막은 6이라네. 이 코드는 육신에 위치한 감정의 자리에서 죄를 규정하는 구조지. 사람은 진리로 죄를 규정하는 것이 아니라 자기 느낌으로 죄를 판단하고 죄책감을 느낀다네. 그래서 그 죄책감으로 울고, 후회하고, 다짐하지만 결국 진리로 돌아가지는 못한다네. 그 죄책감은 다시 자기 이성을 거쳐 자기 내면의 법으로 돌아가게 할 뿐이라네."

그는 단호한 눈빛으로 말을 덧붙였다.

"회개란 단순히 눈물을 흘리는 것이 아니네. 회개는 하늘의 법, 곧 말씀께 돌아가는 것일세. 사람이 하늘의 법에 죄를 범했다면 당연히 그 말씀께 돌아가야 하지 않겠는가. 그러나 문제는 사람의 중심에 하늘의 법 대신 자기 내면의 법이 자리를 차지하고 있다는 점일세. 그래서 죄의 판단도 하늘의 말씀이 아니라 내면의 법에서 내려지고, 결국 사람은 죄를 지었다고 느낄 때마다 본능적으로 타락한 내면의 법으로 돌아가 그 앞에 무릎을 꿇고 용서를 구한다네. 그 과정에서 눈물을 흘리며 회개했다고 여기고, 감정적 위로와 안정을 얻으면서 자신이 용서

받았다고 믿게 된다네. 그러나 그것은 참된 용서가 아니라, 내면의 법이 만들어낸 반복되는 구조 속에서 생겨난 착각일 뿐이라네. 바로 이 끝없는 순환이 이 체제의 핵심이라네."

리안은 그 말을 듣고 눈을 크게 떴다. 그는 지금껏 자신이 회개한다고 했던 순간들을 떠올렸다. 눈물을 흘리고 가슴이 무거워졌던 때마다, 정작 말씀께 돌아가기보다는 자기 양심과 기준 앞에 무릎 꿇었던 생각이 스쳐 지나갔다.

트루드는 리안의 표정을 바라보며 말을 이어갔다.

"이렇게 되면 사람은 끊임없이 자기 내면의 법 앞에서 회개하고, 그 법 앞에서 용서를 구하며, 그 법을 더욱 섬기고 강화하게 된다네. 겉으로는 하늘께 기도하는 것 같아도, 실제로는 하늘의 말씀 앞에 기도하는 것이 아니라 자기 내면의 법 앞에서 기도하는 꼴이지. 그러니 죄에 대하여 회개하는 것 같아도 결국 말씀께 돌아가지 않고, 오히려 내면의 법으로 돌아가며 그 구조를 더 굳게 세우는 결과를 낳는 것이네. 이것이 결과적으로 하늘의 신께 무릎 꿇는 것이 아니라 짐승에게 무릎 꿇게 되는 것일세.

생각해 보게, 리안. 사람이 자기의 내면의 법으로 죄를 자각하고, 다시 그 법 앞으로 나와 눈물로 회개하며 용서받았다고 느끼며, 자신의 죄 문제가 해결되었다고 착각하는데, 그렇다면 그 내면의 법이 잘못되었고 무너져야 한다고 선포하는 진리를 과연 받아들일 수 있겠는가."

리안은 그 말을 듣고 숨을 고르며 눈을 떨구었다. 지금까지 자신이 드린 기도와 회개가 떠올랐다. 그는 눈물을 쏟으며 회개했다고 믿었지만, 정작 그 순간마다 말씀 앞이 아니라 자기 내면의 기준 앞에 서 있었음을 깨닫자, 마음이 무겁게 짓눌렸다. '나는 결국 짐승이 심어 놓은 법 앞에서 무릎 꿇고 있었던 건가…' 라는 생각이 그의 가슴을 파고들었다.

트루드는 잠시 리안의 흔들리는 눈빛을 바라보다가 다시 말을 이었다.

"대표적인 예가 바로 하늘의 아들께서 세상에 오셨을 때 종교인들의 모습이라네. 그들은 겉으로는 하늘을 섬기면서 매일 속죄를 하며 회개한다고 했지만, 실제로는 짐승으로부터 온 법을 섬기며 그 법의 판단에 따라 움직였고, 결국 그 판단으로 하늘의 아들을 죽였다네. 그것은 곧 그들의 내면의 법으로 하늘의 법을 심판했던 셈이지. 그러므로 참된 회개란 말씀의 관계 안에서 죄를 판단하고, 그 죄를 지은 대상인 하늘의 말씀께 돌아가 용서를 구하는 것이네.

그런데 6의 구조는 이 참된 회개의 길을 가로막고, 사람을 자기 내면의 법에 무릎 꿇게 만들어버리지. 이 코드가 곧 둘째 짐승의 코드라네. 이 둘째 짐승은 표적과 이적을 통해 사람들의 감정을 자극해 그들을 속이지. 그래서 사람들은 쉽게 현혹되어 감정적 체험만 좇다가 결국 다시 내면의 법의 통제안으로 돌아가게 되는 것이네."

리안은 그 말을 들으며 등골이 서늘해졌다. 자신도 모르게 흔들린 적이 많았던 감정적 체험들이 떠올랐다. 순간은 뜨겁고 진실해 보였지만, 결국 제자리로 돌아와 허무와 죄책 속에서 맴돌던 날들이 스쳐 지나갔다.

트루드는 잠시 숨을 고른 후, 계속해서 말을 이어갔다.

"이 지점에서 중요한 건, 이 모든 것이 각각 따로 움직이는 것이 아니라 서로 맞물려 돌아간다는 사실이네. 감정이 자극되면 이성이 움직이고, 이성이 움직이면 다시 내면의 법이 강화되지. 결국 회개조차도 이 질서 안에서 순환하게 되니, 사람이 말씀께 돌아가지 못하고 제자리에서 맴돌 뿐이라네. 마치 다람쥐가 쳇바퀴 안에서 아무리 열심히 뛰어도 쳇바퀴가 깨어지기 전까지는 그곳에서 벗어날 수 없는 것처럼 말일세."

그 말을 듣고 리안은 고개를 숙였다. 놀고 도는 원 안에 갇힌 듯한 삶이 바로 자신의 모습이라는 사실이 마음을 찔렀다. 그 원 안에서 그는 진리 앞에 한 걸음도 나아가지 못하고 있었음을 깨달았다.

리안이 자신의 말을 따라오는 지를 확인한 트루드는 짐승의 수를 한 문장씩 끊어 말하며 강조했다.

"결국 6은 60을 섬기게 하고, 60은 600을 지탱하게 하지. 사람의 감정은 자기를 정죄하고, 그 정죄는 더 선하게 살려는 이성적 판단을 만든다네. 그런데 그 선함은 다시 자기 안의 법을 따라 움직이게 만들지. 이것이 바로 사단이 만든 완벽한 통제 질서일세. 진리가 없이도 사람을 죄책과 의로움 사이에서 끝없이 오가게 만들고, 그 결과 사람은 진리를 거절한 채 자신을 자기 내면의 법에 묶으며 살아가게 된다네."

리안은 그 순간, 그의 마음속 깊은 곳에서 오래 굳어 있던 무언가가 조용히 내려앉는 듯했다. 지금까지는 막연하여 알 수 없던 내면의 구조가 눈앞에 선명하게 드러나는 것 같았다.

트루드는 리안이 집중하고 있는 것을 다시 확인하듯 조금 더 자세히 말을 이어갔다.

"그래서 이 구조는 말씀의 검이 해체시키기 전까지는 절대로 무너지지 않네. 또한 그 구조가 해체되기 전까지는 그 구조와 충돌을 일으키는 진리와 연합할 수도 없지. 감정이 죄를 정하고, 이성이 의를 세우며, 그 모든 것 위에 사단의 말의 씨앗이 법처럼 앉아 있는 한, 사람은 결코 진리와 연합할 수 없네. 결국 육과 혼과 영을 관통하는 진리의 검이 있어야만, 그 안에 자리 잡은 죄와 의와 법의 구조가 무너지고, 그 구조가 무너져야만 진리가 영혼과 연합하여 그 왕좌의 자리에 앉게 된다네."

리안의 가슴이 뜨겁게 뛰었다. 자신이 스스로 무너뜨릴 수 없는 구조 앞에 서 있다는 자각이 뼈아프게 다가왔다. 그러나 동시에, 그 구조를 무너뜨릴 수 있는 말씀이 있다는 희망이 그의 영혼을 흔들기 시작했다.

트루드는 잠시 시선을 테이블로 향하고 있다가 경전의 내용이 떠오른듯 한 구절을 읊조렸다.

"히브리서에서도 이 점을 분명히 말씀하지 않았는가. '하늘의 말씀은 살았고 활력이 있으며, 어떤 양날 가진 검보다도 예리하여 혼과 영과 관절과 골수를 찔러 쪼개기까지 하며 또 마음의 생각과 의도를 분별하느니라.' 하늘의 말씀의 목적은 사람 안에 얽혀 있는 영과 혼과 육, 곧 관절과 골수와 같은 깊은 구조들을 드러내고 해체시키는 데 있네. 그래야만 영혼이 온전히 새롭게 태어나 말씀과 하나가 되고 육은 그분의 뜻대로 움직이게 되지."

리안은 그 말씀을 들으며 마음속 깊은 곳이 찔리는 듯했다. 말씀이 단순히 교훈이 아니라, 살아 있는 날카로운 검으로 느껴지기 시작했다.

트루드는 마지막으로 사도 바울의 가르침을 덧붙였다.

"앞서 말했듯이 사람은 영과 혼과 육으로 되어 있다네. 그 말은 단순히 인간의 구성 요소를 구분한 것이 아닐세. 그 말은 타락한 영과 혼과 육의 각 부분이 말씀의 빛 앞에서 드러나야 하고, 말씀의 검으로 해체되어야 함을 보여주는 것이지. 결국 말씀은 우리 안에 들어와 감정과 이성, 그리고 그 위에 자리한 거짓의 법을 드러내고 무너뜨릴 뿐 아니라, 새롭게 왕좌에 앉아 진리가 되어 통치하는 하늘의 인격이라네. 이렇게 될 때 비로소 바울 사도가 말한 우리의 영과 혼과 육이 하늘의 아들이 재림하실 때에 하늘의 신 앞에서 온전하게 보존되는 것이지."

리안은 지금까지 하늘의 말씀을 글과 교훈으로만 받아들였지만, 이제는 그 말씀이 자신을 해체하고 새롭게 세우는 살아 있는 인격임을 조금씩 알아가고 있었다.

÷ ÷ ÷ ÷ ÷

트루드는 잠시 숨을 고른 뒤, 조용히 하늘의 아들의 말씀을 인용하며 결론을 맺었다.

"하늘의 아들께서 이렇게 말씀하지 않았는가. '너희는 너희 아비 마귀에게서 났으니 너희 아비의 욕심을 너희도 행하고자 하느니라. 그는 거짓말쟁이요 거짓의 아비가 되었느니라.' 이 말씀은 사람이 태어나는 순간부터 이미 유전된 타락의 구조 속에 놓여 있다는 말씀이라네. 다시 말해, 처음부터 하늘의 자녀로 태어나는 것이 아니라 마귀의 자녀로 태어난다는 사실일세. 그래서 사람은 새롭게 태어나지 않으면 결코 하늘의 아들의 자녀가 될 수 없다네. 이것이 곧 구원을 얻기 위해서 새롭게 태어남이 절대적 조건인 이유이며, 인간의 힘이나 도덕적 노력으로는 결코 도달할 수 없는 길임을 보여주는 말씀이지."

리안은 그 말씀을 듣고 자신의 신앙이 출발점부터 잘못되어 있었음을 깨달았다. 스스로 노력하면 된다고 믿었던 모든 생각이 무너지고, 자신이 본래부터 거짓의 아비 아래에 있었다는 사실이 가슴 깊이 파고들었다.

트루드는 리안을 향해 눈빛을 고정한 채 덧붙였다.

"그래서 하늘의 아들께서는 당시 종교 지도자였던 니고데모에게 이렇게 말씀하셨다네. '사람이 새롭게 태어나지 아니하면 하늘나라를 볼 수 없다.' 여기서 말하는 새롭게 태어남은 단순히 도덕적 변화나 선행의 증가가 아니네. 또한 윤리적으로 조금 더 나아지는 것도 아니지. 새롭게 태어남이란 사람의 중심에 존재하는 사단의 코드와 연결된 법, 곧 내면의 법이 제거되고 그 자리에 생명의 말씀, 곧 하늘의 씨앗이 심겨지는 사건이라네. 다시 말해 새로 태어난다는 것은 삶이 조금 개선되는 것이 아니라 존재 자체가 완전히 새로워지는 것이지. 곧 본질이 바뀌는 것이며, 태생이 다른 존재가 되는 것이네."

트루드의 이 말은 리안에게 하늘의 자녀가 된다는 것이 사람들로부터 존경받는 선한 사람이 되는 것이 아니라, 완전히 새로워지는 존재가 된다는 것임이 깊은 이해로 다가왔다.

트루드는 자신의 말을 이해한듯 고개를 끄덕이는 리안을 바라보며 경전의 또 다른 구절을 상기시켰다.

"경전에도 이렇게 기록되지 않았는가. '하늘께서 하늘에서 인생을 굽어살피사 깨닫는 자와 하늘의 신을 찾는 자가 있는가 보셨더니 다 치우쳐 함께 더러운 자가 되고 선을 행하는 자가 없으니, 하나도 없도다.' 이 말씀은 사람이 전적으로 타락했음을 보여주네. 스스로 하늘의 신을 찾을 능력조차 잃어버린 상태라는 뜻이지. 그렇기에 하늘의 은혜가 임하지 않으면 그 누구도 구원받을 수 없다네. 바울 사도도 구원에 대한 정의를 '하늘의 아들 안에서 새로운 피조물'이 되는 것이라고 선포하지 않았는가."

÷ ÷ ÷ ÷ ÷

트루드의 말을 계속해서 듣던 리안은, 마음 깊은 곳에서 일어나는 의문을 더 이상 눌러둘 수 없었다. 그는 잠시 망설이다가 조심스럽게 물음을 던졌다.

"선생님, 그렇다면 하늘의 은혜가 임하면 구체적으로 어떤 현상이 나타나지요? 또 그 은혜가 제 안에 임했는지, 임하지 않았는지는 어떻게 알 수 있는지요?"

트루드는 리안의 질문 속에 담긴 갈망을 알아차린 듯, 목소리를 낮추고 차분히 대답했다.

"하늘의 은혜가 임하면 사람의 마음 깊은 곳에서는 설명할 수 없는 하늘의 진리에 대한 목마름이 일어난다네. 그 목마름은 그를 억지가 아니라 자발적으로 진리를 향해 걷게 만들지. 목마른 사슴이 시냇물을 찾는 것이 의무가 아니라 본능인 것처럼 말이네. 그리고 그 걸음 속에서 결국 말씀의 검으로 타락한 내면의 법이 무너지고, 그 자리를 하늘의 생명과 하늘의 영의 법이 차지하게 되지. 이것이 바로 새롭게 태어남의 실제요, 진정한 새 생명의 시작이라네. 바울 사도가 선포했듯이, '하늘의 생명의 법이 죄와 사망의 법에서 너를 해방하였다' 라는 말씀이 바로 이것을 가리키는 것이네."

트루드의 말을 들은 리안의 눈가에는 어느새 눈물이 맺혔다. 그는 지금까지 자신 안에 끊임없이 타올라 온 진리에 대한 갈망, 삶 속에서 이유를 알 수 없는 진리를 향한 목마름, 그리고 결국 이 자리까지 오게 된 모든 과정이 다 하늘의 은혜였음을 깨달았다. 그것은 스스로 만들어 낸 열심이 아니라, 이미 임한 은혜가 그의 안에서 진리를 향한 갈망으로 역사한 것이었다. 이 깨달음이 다가오자 그의 마음 깊은 곳에서 말로 다 표현할 수 없는 기쁨이 솟구쳤다. 하늘께서 은혜로 자신을 부르시고, 진리를 보내셔서 여기까지 이르게 하셨다는 사실이 눈물과 함께 그의 가슴을 뜨겁게 채워 갔다.

÷ ÷ ÷ ÷ ÷

아침부터 이어진 두 사람의 대화는 어느새 오후로 접어들었다. 트루드는 리안을 거실로 이끌었고, 두 사람은 자리를 옮겨 앉았다. 오후가 되자 검은 구름이 하늘을 덮었고, 창밖에는 차가운 바람이 불어왔다. 트루드는 벽난로에 불을 지펴 거실을 따뜻하게 덥혔고, 곧 소박한 점심을 차려 작은 상 위에 올렸다.

두 사람은 마주 앉아 따뜻한 음식을 나누며 일상적인 사소한 이야기를 이어갔다.

식사가 끝난 뒤, 그들은 벽난로 앞 낡은 의자에 나란히 앉았다. 벽난로 불길 위에 주전자가 조용히 끓으며 작은 소리를 냈고, 차 향이 은근히 공기 속에 퍼져 나왔다. 트루드는 자리에서 일어나 조심스레 주전자를 들어 리안의 잔에 따뜻한 물을 채우고, 자기 잔에도 물을 따랐다. 두 사람은 말없이 차 향을 맡으며 한 모금씩 마셨다. 리안의 표정은 밝아졌고, 트루드의 눈빛에도 온화한 빛이 머물렀다.

잠시 고요가 흐른 뒤, 트루드는 잔을 내려놓으며 리안을 바라보았다. 그리고 거실로 옮기기 전까지 이어졌던 긴 대화의 주제, 곧 짐승의 수에 관한 설명을 덧붙이듯 천천히 입을 열기 시작했다.

"리안, 이제부터는 이 짐승의 구조가 어떻게 종교와 연결되어 있는지 살펴보겠네. 600은 타락한 내면의 법이었고, 60은 그 위에 세워진 거짓된 의의 체계였으며, 마지막 6은 사람의 감정을 자극하며 죄책과 거짓 은혜로 사람을 묶어 두는 구조라고 말했었지. 이 셋이 하나로 연결되어 체제로 형성된 것이 바로 종교라네."

그는 손끝으로 탁자를 짚으며 낮은 목소리로 이어갔다.

"이처럼 말씀의 인격을 제거한 종교 체제는, 죄를 말씀과의 관계에서 보지 않는다네. 대신 사람의 감정에서 죄를 느끼게 하지. 누군가 설교를 듣다가 자신의 죄가 생각나서 그 죄를 자책하고, 눈물을 흘리면 그것을 회개라 하고, 마음이 평온해지는 듯한 느낌이 들면 그것을 용서의 증거라 부르지. 그러나 그것은 진리의 인격 앞에서 드러난 죄가 아니라, 자기 마음이 만들어낸 감정일 뿐이네. 그 감정이 사람을 죄책감으로 끌어들이고, 그 죄책감에서 벗어나고 싶어 하는 마음이 일어나면, 곧 60의 이성의 구조가 움직이며 구원의 방법을 제시한다네. '이 기도를 따라 하라', '이 예식을 지켜라.', '이만큼 헌신하면 의롭다' … 수많은 방식을 방식을 제시하지. 사람들은 그 방법을 따르면 구원받았다고 안도한다네. 하지만 그 뿌리를 따져 올라가 보면, 그 모든 구원받는 방법들이 하늘의 말씀과의 관계에서 나온 것이 아니라 이미 600, 곧 사람의 중심에 깊이 자리 잡은 타락한 법에서 흘러나온 것이네."

트루드의 눈빛이 차갑게 빛났다.

"그러니 결국 종교는 사람을 하늘께로 인도하기는커녕, 오히려 사람을 하늘께로 가지 못하도록 붙들어 놓는 장치가 된다네. 사람들은 '내가 이렇게 했으니 구원받았다'라고 말하지만, 실상은 자기 안에 타락한 법을 더 굳건히 세우고 있는 것이지. 종교는 자기 확신을 강화해 줄 뿐, 그 중심을 무너뜨리지 않네. 그래서 종교적 구조 안에 있는 사람들은 스스로 구원받았다고 착각하며 살아가지만, 실제로는 진리를 대적하는 법을 섬기며 자기 자신을 신의 자리에 앉혀 두고 있는 것일세."

리안은 조용히 숨을 들이쉬었다. 그의 시선은 멀리 닿아 있었으나, 마음은 점점 좁혀져 가는 틀 속에 갇히는 듯 답답해졌다. 트루드의 말이 자신의 걸어온 길을 거울로 비추는 것 같았기 때문이었다.

트루드는 단호하게 결론을 내렸다.

"이 구조가 무너지지 않는 한, 사람은 결코 새롭게 태어날 수 없네. 겉으로는 예배하고 기도하고 봉사하는 모습이 있어도, 실제로 그 중심에는 짐승의 코드가 작동하고 있기 때문이라네. 사람을 중심에 올려놓고, 그 중심을 무너뜨리지 않는 종교는 사람을 자유케 하지 못하고, 오히려 더 깊이 가두는 틀이 되는 법이지. 그래서 종교는 하늘의 성품의 모양을 하면서 항상 경전을 배우지만 진리를 아는데 이르지 못하게 된다네. 무너짐이 없이 진리를 알고자 하나 그것이 가능하겠는가? 하늘의 아늘께서 '너희가 영생을 얻기 위해서 내게 오기를 원하지 아니하는도다' 라고 하신 말씀이 바로 이런 종교의 틀안에 있는 사람들에게 하신 말씀이지."

리안은 떨리는 손을 무릎 위에서 꼭 모았다. 그의 얼굴엔 불안과 깨달음이 동시에 번져 있었다. 종교가 단순히 왜곡된 길이 아니라, 진리를 찾지 못하도록 사람을 더 강하게 묶어 두는 감옥이라는 사실이 처음으로 뼈아프게 다가왔다.

그러나 동시에 그의 마음 한편에서는 또 다른 의문이 고개를 들기 시작했다.

'만약 종교 안에 있는 자들이 모두 그와 같다면, 그 울타리 밖에 있는 사람들은 과연 어떤 자리에 서 있는 것일까.'

÷ ÷ ÷ ÷ ÷

리안은 한참을 생각하다가 조심스럽게 물었다. 눈빛은 여전히 혼란과 긴장으로 가득 차 있었고, 말끝은 떨리고 있었다.

"그러면 종교 체제 안으로 들어오지 않은 사람들은요? 그 사람들은 어떻게 되는 건가요? 그들에게는 뭔가 다른 게 있나요?"

리안의 질문은 그 구조에서 벗어나고 싶은 사람의 마지막 희망 같은 것이었다. 그는 종교 밖에 있는 이들이 어쩌면 다를 수도 있다고 기대하고 있었지만, 트루드의 대답은 단호하고 분명했다.

"없네. 아무것도."

그의 눈빛은 흔들림이 없었고, 목소리는 분명했다.

트루드는 조용히 말을 이었다.

"종교 안에 있든, 종교 밖에 있든, 사람안에 유전되어 내려온 타락한 내면의 법의 체계가 무너지는 일이 없다면, 아무런 차이가 없다네."

그는 잠시 리안을 바라보다가 계속해서 말을 이었다.

"이건 마치 누군가가 어떤 집단을 좋아해서 들어가든, 아니면 싫어서 거리를 두든, 그 개인의 내면 구조가 이미 잘못된 구조라면 결국 모두 함께 무너지는 것과 같다네. 선택의 차이는 있지만, 결과의 차이는 없지."

리안은 조용히 고개를 끄덕였다. 그는 트루드의 말이 의미하는 바를 분명히 이해했다. 그리고 그는 눈을 아래로 향했고, 트루드는 그를 바라보며 말을 이어갔다.

"왜냐하면 사람은 이미 본질적으로 타락했기 때문이네. 앞서 말했듯이 타락한 사람 안에는 그 짐승의 코드, 곧 600, 60, 6이 심겨 있지. 종교 구조 안으로 들어오면, 이 타락한 구조는 더 정교하게 드러나네. 사람들은 그 구조 안에서 더 도덕적으로 살고, 더 선하게 살아야 한다고 배우지. 하지만 그건 단지 종교의 법이 그 내면의 법 위에 더 무겁게 얹힌 것일 뿐이네."

그는 잠시 숨을 고르듯 멈추었다가, 다시 낮은 톤으로 덧붙였다.

"그래서 하늘의 판단 기준으로 볼 때 종교 안에 있다고 덜 나쁘고, 종교 밖에 있다고 더 나쁜 게 아니네. 둘 다 똑같이 진리를 대적하는 600과 60과 6이 사람 안에 들어가 있기 때문에 하늘의 기준에서는 죄가 되는 것이지. 하늘의 아들께서 당시 율법을 철저히 지킨다고 자백하며 사람들로부터 존경받는 종교 지도자들을 저주하신 것을 보면 이해가 될걸세. 그들의 문제는 행위의 문제 이전에 중심의 문제였지. 하늘의 아들을 대적하는 그들의 행위는 그 중심에서 흘러나온 결과일 뿐이라네."

리안은 두려운 마음을 안은 채 조용히 숨을 들이켰다. 트루드는 잠시 말을 고르고는 다시 낮고 단단한 목소리로 말을 이어갔다.

"그래서 경전은 이렇게 말하지. '짐승의 수는 사람의 수니라.' 이건 단순히 어떤 특정한 사람을 짐승이라고 부르는 말이 아니네. 이 말은 훨씬 깊고 무서운 뜻을 담고 있지."

그의 눈빛이 잠시 리안을 스쳤다. 리안은 그 시선 속에서 알 수 없는 무게를 느꼈다.

트루드는 리안에게 더 깊은 구조를 설명하려는 듯 말을 이어 나갔다.

"짐승의 수, 곧 600, 60, 6이 사람의 수라는 건 그 코드가 이미 사람 안에 심겨 있다는 말이네. 다시 말해서 사람의 생각과 말, 마음의 기준이 처음부터 짐승과 닮아 있다는 뜻이지. 한마디로 짐승과 서로 연결되는 같은 코드를 가지고 있다는 말이네."

트루드의 말은 단호했지만, 목소리 끝에는 슬픔이 묻어 있었다.

"타락하기 전 사람은 신의 말씀을 중심에 두고, 그 말씀을 기준으로 살았네. 그러나 타락 이후 사람의 중심은 신의 말씀이 아니라 진리를 대적하는 짐승의 코드가 자리잡았지. 겉으로는 여전히 사람이지만 속으로는 짐승의 말이 복제된 내면의 법을 따라 그 기준으로 판단하며 살아가게 된 것이네. 곧 사람이 짐승과 코드를 같이한다는 말이지."

÷ ÷ ÷ ÷ ÷

리안은 천천히 고개를 들었다. 눈빛 속에는 의문과 두려움이 동시에 번졌다.

"선생님 … 정말 사람 안에 짐승의 코드가 있나요? 저는 사람은 신의 형상이라고 배웠어요."

트루드는 잠시 리안의 얼굴을 바라보다 고개를 끄덕였다.

"그렇네. 처음 사람은 분명히 신의 형상으로 지음 받았지. 말씀으로 창조된 그들은 말씀을 기준으로 삼았으며, 말씀과 같은 코드를 지니고 있었네. 그래서 그들은 신과 교제하며 신의 통치를 받을 수 있었지."

그는 말하다가 잠시 숨을 고르고, 다시 천천히 말을 이어갔다.

"그러나 타락은 하늘의 형상을 깨어버렸네. 타락이란 단순히 거짓말을 하거나 잘못된 행동을 하는 것이 아니네. 훨씬 더 근본적인 사건이지. 그것은 왕이 바뀐 사건이네. 타락하기 전 사람의 마음 중심에는 신의 말씀이 왕으로 앉아 있었지만, 사람이 하늘의 말씀을 버리고 사단의 말에 귀를 기울였네. 그 순간 마음의 왕좌가 바뀌었지. 말씀은 밀려나고 진리를 대적하는 사단의 말의 씨앗이 그 자리를 차지했네. 그것이 바로 짐승의 코드지. 짐승과 연결된 코드 말일세."

트루드의 목소리는 점점 높아졌고, 리안은 그 말의 무게가 가슴 깊은 곳까지 스며드는 것을 느꼈다.

"그 이후로 사람은 말씀 없는 존재가 되었고, 그 안에는 신의 형상이 아니라 사단의 씨앗이 뿌리내리게 되었네. 그래서 겉모습은 여전히 사람이지만, 중심에는 진리가 없고 거짓이 왕이 되어버린 것이지. 바로 그 때문에 하늘의 아들께서도 당시 존경받던 종교 지도자들에게 단호히 말씀하셨네. '너희 아비는 마귀다.' 라고 말이지. 사람이 타락한 이후로 진리를 대적하는 사단의 씨앗이 유전처럼 내려왔기 때문에, 누구든 태어날 때부터 하늘의 자녀가 아니라 마귀의 자녀로 태어나게 된 것이네."

리안은 숨을 삼켰다. 보이지 않는 무게가 가슴속 깊이 내려앉았고, 미묘한 떨림이 전신을 파고 들었다.

트루드는 잠시 리안의 얼굴을 바라보다가, 고개를 숙이며 낮게 경전의 구절을 읊었다. 목소리는 조심스러웠고, 오래된 진실을 꺼내는 듯한 울림이 있었다.

"전도서에서 솔로몬은 이렇게 말했네. '하늘의 신께서 그들을 드러내시리니 이것은 자기들이 짐승임을 그들이 보게 하려 하심이라.'"

그 말은 바람처럼 흘렀지만, 리안의 가슴 한가운데에 무겁게 내려앉았다. 그는 눈을 감았다. 마치 무언가를 억누르지 않으면 가슴 속이 터져 버릴 것만 같았다.

트루드는 시선을 들지 않은 채 담담히 말을 이었다. 그러나 그 안에는 오래된 아픔과 흔들리지 않는 확신이 함께 묻어 있었다.

"타락한 사람은 더 이상 본래의 모습으로 돌아갈 수 없었다네. 말씀이 그 중심에서 빠져나가고, 진리가 제거되자 그 빈 자리를 진리를 대적하는 짐승의 말이 사람의 중심에 복제되어 채워 버렸네. 그 순간부터 사람은 하늘의 형상을 잃어버리게 되었지. 타락한 사람은 숨을 쉬고, 죽고, 영원히 버림받는 점에서 하늘의 신을 대적한 짐승과 다를 바 없게 된 것이네. 이것은 마치 어떤 동물이 그 동물로 태어나면 그 동물의 삶을 살다가 그 동물의 운명을 다하는 것과 같은 이치지."

트루드는 잠시 멀리 시선을 두었다. 마치 오래전 시간 속 한 장면을 짚어내듯, 천천히 말을 이어갔다.

"그래서 전도자는 또 다시 이렇게 말했네. '사람이 짐승보다 뛰어날 것이 없나니 이는 모든 것이 헛된 것이기 때문이라.'"

트루드의 경전 인용은 단순한 설명처럼 들리지 않았다. 리안은 그 구절이 마음 깊은 곳에서 울리며 번져가는 것을 느꼈다.

그 구절들의 의미를 완전히 이해한 것도 아니었지만, 그 울림은 점점 더 짙어졌다. 그는 자신 안을 조용히 들여다보았다.

트루드는 그 시선을 놓치지 않은 채 다시 고요하게 입을 열었다.

"여기서 말하는 짐승은 단순한 동물이 아니네. 동물은 죽으면 그냥 흙으로 돌아가지. 그러나 전도서가 말하는 짐승은 '밑으로 내려가는 짐승'이네. 그건 계시록에서 말하는 것처럼, 결국 지옥으로 떨어지게 되는 존재를 뜻하지. 말씀으로 새롭게 태어나지 않은 사람은 결국 그 짐승의 본성을 따라가고, 그 짐승의 결말을 맞게 되는 것일세. 그래서 바울 사도도 구원받기 전의 사람에 대하여 '진노의 자녀'였다고 선포한다네."

그의 목소리는 낮았지만, 바람처럼 또렷하게 리안의 가슴 속으로 스며들었다.

트루드는 눈을 들어 리안을 똑바로 바라보며 말을 이었다.

"시편은 이렇게 말하네. '존귀함 가운데 거하는 사람이 계속 머무르지 못하나니 그는 멸망하는 짐승과 같도다.' 그리고 또 말하지. '존귀함 가운데 거하면서도 깨닫지 못하는 사람은 멸망하는 짐승과 같도다.'"

리안의 눈빛이 잠시 흔들렸다. 하지만 트루드는 멈추시 않았다. 진실이 외면되지 않도록, 조용히 그러나 단호하게 말을 이어갔다.

"사람은 분명히 존귀한 자리에서 시작했네. 신의 형상으로 지음 받고, 말씀의 자리에서 숨 쉬던 존재였지. 하지만 그 말씀을 버린 순간, 사람은 더 이상 존귀함에 머물 수 없었네. 겉모습은 여전히 사람이지만, 중심은 짐승의 길을 걷게 된 것이지. 결국 사람은 하늘을 대적하다 버림받은 짐승처럼 멸망하는 존재로 살아가게 된 거라네. 그래서 이사야 선지자는 멸망으로 나가는 그들을 향해 '네 생각과 네 길을 버리고 하늘의 신께 돌아오라' 라고 선포했던 것일세."

트루드는 잠시 말을 멈추었다가, 목소리를 한층 높이며 덧붙였다.

"여기서 말하는 멸망은 단순히 한 번 죽고 끝나는 죽음이 아니네. 흙으로 돌아가는 생물학적 죽음이 아니라, 요한계시록에서 말하는 '영원한 멸망', 곧 지옥으로 떨어지는 두 번째 사망을 뜻하지."

리안은 숨을 멈춘 듯 조용히 들었다. 그 말은 점점 현실처럼 다가왔고, 단어 하나하나가 무게를 가지고 가슴에 떨어졌다.

트루드는 이어서 조용히 설명했다.

"하늘의 말씀이 사람의 중심에 없고, 그 중심에 짐승과 같은 코드로 살아가는 자는 결국 짐승이 가는 길을 따라가게 되어 있네. 육신은 흙으로 돌아가지만, 영혼은 불과 유황이 타는 못으로 가는 것, 그것이 경전이 말하는 마지막 멸망이지. 겉으로는 인간처럼 살아가지만, 중심에 말씀이 없으면, 결국 그들은 짐승의 운명을 피할 수 없는 존재가 되는 것이네."

리안의 눈은 두려운 마음을 표현하듯 조용히 흔들렸다. 반박할 수 없는 무겁고 선명한 구절들이 그의 마음속 깊은 곳에서 울리고 있었다. 한참 후 그는 힘겹게 입을 열었다.

"그럼 … 그 짐승이란 단순한 비유가 아니라, 정말로 사람이 하늘의 진리를 대적하는 짐승과 같은 코드를 가지고 있다는 말인가요?"

리안의 물음은 마음의 두려움에서 나온 것이라기보다, 이제 막 드러난 진실 앞에서 나온, 처음의 인정이었다.

트루드는 잠시 눈을 감았다가 고개를 천천히 끄덕였다.

"맞네. 계시록은 분명히 말하네. '짐승의 수는 사람의 수라.' 그 수는 600, 60, 6이지. 이건 단순한 상징도 비유도 아니네. 사람이 타락한 짐승과 똑같이 더 이상 하늘의 말씀과 동행하지 않고, 사단과 같은 코드를 가지고 그의 말을 따라 진리를 대적하며 살아가고 있다는 뜻이지."

트루드는 잠시 말을 멈추었다가, 세 숫자를 또렷하게 되뇌었다.

"600과 60과 6. 이 수는 사단의 말이 사람 안에 완전히 자리를 잡았다는 표시네. 자네도 알다시피, 코드가 같으면 서로 연결되지 않나? 말이 통하여 서로 깊게 교제하게 되는 것 말일세. 타락한 사람들이 진리를 거절하는 이유는, 그들의 코드가 이미 진리와 다르기 때문이지. 그래서 경전이 사람의 코드를 짐승의 코드라고 부르는 것이네."

리안은 아무 말도 하지 못했다. 그는 이미 알고 있었다. 자기 안에 하늘의 말씀이 없다는 사실을. 가슴 속에서 무언가 꺾이는 소리가 들리자, 천천히 고개를 떨구었다.

트루드는 시선을 땅에 두고 경전의 구절이 생각난 듯 조용히 덧붙였다.

"잠언에도 이렇게 말하지. '나는 누구보다도 더 짐승 같으며 내게는 사람의 명철이 있지 아니하노라.'"

그는 잠시 말을 멈추었다. 한 구절에 담긴 무게가 리안에게 충분히 스며들도록, 숨을 고르듯 침묵했다. 그리고 다시 말을 이었다.

"하늘의 은혜가 임하여 자기 실체를 알게 된 사람은 자신을 짐승과 같다고 고백하게 된다네. 그러나 자기 본질을 알지 못하는 사람은 자기 중심에 무엇이 있으며, 자기 마음이 무엇을 따르고 있는지도 모른 채 스스로 지혜롭다 여기지. 그래서 본질을 모른다는 건 단순한 무지가 아니네. 나아갈 방향을 잃은 상태, 곧 영적인 어둠 속에 있는 상태지. 하늘의 지혜도 없고, 하늘의 거룩한 것을 알지 못하기 때문에 결국 짐승처럼 깊은 어둠 속에서 살아가게 되는 것이네. 그래서 하늘의 아들께서는 '빛이 어둠에 비추되 어둠이 그것을 깨닫지 못하더라'라고 하셨지."

÷ ÷ ÷ ÷ ÷

리안의 눈빛은 두려움 가운데 계속해서 흔들렸다. 눈동자가 중심을 잃고, 입술은 소리 없이 떨렸다. 그는 마치 숨겨 둔 마음이 스스로 새어 나오듯 중얼거렸다.

"그럼 … 짐승의 구조가 제 안에도 있겠네요."

트루드는 부드럽지만, 또렷한 목소리로 대답했다.

"그렇네. 하늘의 말씀이 그 마음의 중심에서 왕으로 통치하지 않는 모든 사람 안에는 짐승의 코드를 가지고 있다네. 그래서 하늘의 아들께서 이렇게 말씀하셨네. '사람이 물에서 나고 하늘의 영으로부터 나지 아니하면 하늘의 왕국에 들어갈 수 없느니라.'"

그는 리안을 바라보며 천천히 말을 이었다.

"물에서 난다는 건 하늘의 물, 곧 하늘의 말씀으로 새롭게 태어난다는 의미네. 하늘의 영으로 난다는 건 그 말씀의 씨앗이 사람 안에 심겨져 생명이 시작된 뒤, 그 생명이 계속 자라도록 하늘의 생명을 공급한다는 뜻이지. 마치 어떤 여인이 임신했을 때 생명의 씨가 들어가고, 그 씨앗이 어머니의 생명과 탯줄로 연결되는 것과 같네. 씨만 떨어지고 태가 연결되지 않으면 그 생명의 씨앗은 살아날 수 없지 않겠는가."

리안은 그 말을 들으며 마치 눈앞에 그림이 그려지는 것 같았다. 어두운 물속에서 빛을 머금은 씨앗 하나가 떨어지고, 그것이 보이지 않는 줄로 연결되어 생명을 공급받는 장면이었다. 그는 그동안 '물과 하늘의 영'이라는 말을 수없이 들었지만, 한 번도 이렇게 또렷하게 마음에 와닿은 적이 없었다.

트루드는 리안의 눈빛이 조금씩 변하는 것을 보며 부드럽게 말을 이었다.

"하늘의 아들께서는 바로 이 비유로 말씀하신 거라네. 물은 하늘의 말씀이고, 그 말씀이 사람 안에 들어올 때 생명이 시작되지. 사도 바울도 같은 진리를 전했네. '이는 곧 물로 씻어 말씀으로 깨끗하게 하사'라고 했지. 즉 물로 씻는다는 말은 곧 말씀으로 씻는다는 뜻이라네. 하늘의 말씀은 사람을 정결하게 하고, 더러운 옛 본성을 벗겨내어 새롭게 하지. 결국 물을 하늘의 말씀과 같은 의미로 해석했다네."

트루드는 잠시 숨을 고른 뒤 다시 말을 이었다.

"하늘의 아들께서도 제자들에게 이렇게 말씀하셨지. '내가 일러준 말로 너희가 이미 깨끗하였느니라.' 물이 사람을 씻는 것처럼, 그분의 말씀이 사람을 깨끗하게 하는 것이네. 그러니 물은 단순한 액체가 아니라, 바로 사람을 씻고 새롭게 하는 하늘의 말씀을 가리키는 표지라네."

리안은 그 말을 들으며 비로소 '물과 하늘의 영'이라는 말씀이 단순한 상징이 아님을 깨닫기 시작했다. 물은 말씀이고, 하늘의 영은 그 말씀을 통해 생명을 공급하시는 분이라는 사실이 그의 마음에 서서히 자리 잡아 갔다.

그는 잠시 숨을 고르더니 또렷한 목소리로 덧붙였다.

"이것이 바로 새로 태어남의 의미지. 하늘을 대적하는 짐승과 같은 본성을 가진 채로는 하늘나라에 들어갈 수 없네. 결국 짐승의 구조가 완전히 무너지고, 하늘의 사람으로 회복되는 유일한 길은 물과 하늘의 영으로 다시 태어나는 것뿐이라네. 그것은 단순히 마음가짐을 바꾸는 일이 아니라, 완전히 새로운 존재로 다시 태어나는 일이지."

리안은 조용히 눈을 감았다. 트루드의 말은 마치 땅 위에 떨어진 씨앗처럼 그의 가슴속 깊이 가라앉았다. 입술은 떨렸지만, 마음은 점점 단단한 중심을 향하고 있었다. 그리고 리안은 아주 작게, 그러나 분명하게 속삭였다.

"그래서 하늘나라로 들어가려면 반드시 다시 태어나야 하겠네요."

트루드는 고개를 끄덕였다. 그의 표정에는 안타까움도, 연민도, 설득도 없었다. 마치 오래된 진실을 다시 확인하는 듯 담담함만이 있었다.

"그렇네. 그 어떤 누구도 물과 하늘의 영으로 다시 태어나지 않으면 하늘나라에 들어갈 수 없네. 그리고 그 다시 태어남은 결코 사람의 노력이나 결단으로 되는 것이 아니지. 아무리 종교 생활을 열심히 해도, 아무리 기도를 많이 해도, 아무리 많이 전도하고, 헌금을 많이 하고, 자기 몸을 불사르게 내주는 선한 일을 행하고, 하늘의 아들의 이름으로 권능을 나타내고 이적을 행하며 귀신을 내어쫓고, 사람들로부터 존경을 받아도 불가능하네. 그래서 스가랴 선지자도 이렇게 말씀하셨지. 사람 안에 하늘의 성전이 세워지는 것은 '힘으로도 아니 되고 능으로도 아니 되며 오직 하늘의 영으로 되느니라.'"

그는 잠시 리안을 바라보다가, 고요하게 말을 이었다.

"지금까지 말했지만, 사람이 다시 태어나야 하는 이유는, 타락한 모든 사람 안에는 타락한 짐승의 구조가 들어 있기 때문이라네. 그 구조가 바로 600과 60과 6이라는 짐승의 구조, 곧 짐승의 코드라네."

리안은 꿈에서 그 숫자를 보기 전까지는 그 숫자에 대해 깊이 생각해 본 적이 없었다. 어릴 적부터 들어온 숫자였고, 종종 설교나 책 속에서 등장하던 표현이었다. 누군가는 그 숫자를 종말에 나타날 짐승의 상징이라며 두려워했고, 누군가는 단순한 상징이니 지나치게 의미를 부여하지 말라고 했다. 그래서 그에게 그 숫자는 늘 먼 이야기처럼만 느껴졌고, 일상과는 별로 관련이 없어 보였다.

하지만 지금까지 그 수를 설명한 트루드의 목소리는 달랐다. 그는 그 숫자를 추상적인 상징이나 먼 미래의 경고로 말하는 것이 아니었다. 오히려 그것을 사람의 내면 깊숙이 자리 잡고 있는 실제 구조로 설명하고 있었다. 마치 오랫동안 감춰져 있던 금고를 여는 열쇠처럼, 그 수가 사람 안에 숨겨신 본질을 드러내는 코드라고 말하고 있었다. 트루드의 말을 들으면서 리안은 자신이 지금껏 알았다고 믿었던 것들이 얼마나 피상적이었는지를 깨닫기 시작했다.

트루드로부터 모든 이야기를 듣고 나니, 리안의 머릿속이 서서히 정리되기 시작했다. 지금까지 막연히 '짐승의 수' 라고 하면 세상 어딘가, 혹은 미래에 나타날 거대한 세력처럼만 생각했는데, 그것이 단순히 사람 바깥에 존재하는 무언가가 아니라는 사실이 분명해졌다. 그 수는 이미 자신의 안에도 자리 잡고 있었고, 그 수의 존재가 이제야 선명하게 보이기 시작했다.

트루드는 리안의 눈을 깊게 바라보며 차분하게 말을 이었다.

"사람은 누구나 종교를 가지고 있든 없든, 그 마음속 깊은 곳에 타락한 내면의 법을 품고 살아간다네. 겉으로는 자신을 헌신하며 선하게 살 수도 있고, 종교적인 열심을 보일 수도 있지. 하지만 그 내면의 법이 무너지지 않는다면 본질은 달라지지 않네. 결국 문제는 종교라는 이름이 아니라, 그 마음의 왕좌에 무엇이 앉아 있느냐는 것이네. 만약 여전히 짐승의 구조가 그 자리를 차지하고 있다면, 삶의 모양이 아무리 아름답게 보여도 결과는 똑같지. 하늘의 아들께서 말씀하신 '회칠한 무덤' 이 바로 그 상태라네."

리안은 그 말을 들으며, 종교를 가지고 그 종교를 위해 헌신하고 사람들로부터 존경받는 삶을 산다는 사실만으로는 결코 안전할 수 없다는 진실을 깨달았다. 그 순간 그의 마음속 깊은 곳이 오래된 성벽이 갈라지듯 서서히 흔들리고 있었다.

트루드는 잠시 숨을 고른 뒤 다시 이어갔다.

"하늘에서 말씀이 아무리 임해도, 그 말씀을 가로막는 내면의 법이 무너지지 않으면 결코 그 말씀은 한 터럭도 뿌리내리지 못하네. 이미 사람의 마음 안에는 말씀을 대적하는 구조가 자리 잡고 있기 때문이지. 그 구조는 하늘의 진리와 맞부딪히는 순간 짐승과 하나처럼 반응하고, 그 사람을 사로잡아 움직인다네. 그래서 결국 짐승의 코드가 곧 사람의 코드가 되고, '짐승의 수가 사람의 수'가 되는 것이지."

리안은 눈을 감았다. 그의 내면 어딘가에서 지금까지 의지해 온 수많은 기준들이 무너지고 있었다. 그는 그것들이 진리가 아님을 비로소 분명하게 보게 되었다.

÷ ÷ ÷ ÷ ÷

트루드는 허공을 짚듯 손을 들어 올리며 덧붙였다.

"내면의 법이 무너지지 않은 사람은, 그 법을 건드리는 하늘의 말씀을 들을 때 반드시 충돌을 경험한다네. 사람 속에 연결된 짐승의 코드와 하늘의 코드가 맞부딪기 때문이지. 그때 사람은 그 진리 때문에 속으로 불편함을 느끼고, 마치 자신이 공격받는 것처럼 받아들이게 된다네."

그 말을 듣던 리안은 오래 전 트루드가 사르그에 와서 설교하던 장면이 떠올랐다. 그날 그의 말씀을 들은 사람들은 내면이 흔들리고 있었지만, 정작 그것이 자기 안의 문제라는 사실은 인정하지 않았다. 대신 진리로부터 오는 불편함을 견디지 못하고 트루드가 자신을 공격했다고 생각하며 웅성거렸다. 어떤 이들은 그의 말투를 문제 삼았고, 또 어떤 이들은 그의 성품과 출신을 들추어내며 '그가 무슨 자격으로 이런 말을 하느냐'고 손가락질했다. 결국 진리와의 충돌로 생겨난 불편함을 덮기 위해, 그들은 말씀을 전한 사람에게 돌을 던졌고, 그렇게 하면서 자연스럽게 트루드가 전한 진리 자체를 거짓으로 몰아갔던 것이다.

트루드는 리안이 자신의 말을 따라오고 있는지를 확인하며 말을 이었다.

"바로 그 지점에서 사람들이 속는다네. 사실은 하늘의 진리가 그들의 내면을 무너뜨리려 다가오는 건데, 정작 사람들은 자신의 부패함을 인정하며 진리를 받아들이기보다는 오히려 진리를 거절할 명분을 찾는다네. 그리고 '저 사람이 나를 싫어해서 그런다'고 하며 책임을 진리를 전하는 사람에게로 돌려버리지. 그리고 '나는 진리를 사랑한다'고 자신을 속이면서, 실제로는 진리를 거부하는 길을 택하는 것이지."

트루드의 말을 들으면서, 리안은 그 말씀이 단순히 귀로만 들리는 소리가 아니라는 것을 깨달았다. 그것은 사람의 내면 깊숙한 구조와 심리를 낱낱이 드러내는 칼날 같았다. 겉으로 드러나지 않던 생각의 뿌리, 설명할 수 없던 감정의 방향, 의식 깊은 곳에 자리 잡은 고집과 두려움까지 모두 파헤쳐지는 듯했다.

그의 말 한 마디 한 마디는 마치 사람의 마음을 해부해, 그 안에서 무엇이 중심을 차지하고 있는지를 보여주는 거울 같았다. 리안은 그 말씀 앞에서 숨을 고르며, 자신이 붙잡고 있던 기준들이 이미 흔들리고 있다는 것을 인정하지 않을 수 없었다.

트루드는 리안을 향한 눈빛을 거두지 않고 말을 이었다.

"사람들은 진리와 부딪히는 순간, 진리를 정면으로 거절하지 않고, 대신 진리를 전하는 사람의 약점을 찾으려 애쓴다네. 그 사람이 잘못된 것처럼 꾸미고, 그 탓으로 돌리면서 자신은 여전히 진리를 사랑한다고 착각하지. 그러면서 자신이 거부한 것은 '못된 사람'이지 '진리'가 아니라고 스스로 위로한다네. 하늘의 아들께서 세상에 오셨을 당시에도 유대인들이 그랬지 않았나. 하늘의 아들이 그들의 내면을 무너뜨리려 하셨을 때, 그들은 그분의 말씀을 견디지 못했고, 결국 그분을 향한 악한 소문을 퍼뜨렸네. '그는 먹보요, 술 취하는 자요, 세리와 죄인의 친구다,' 라고 하며, 그들의 내면을 건드리는 하늘의 아들을 모욕하고 헐뜯었지. 그러면서 그분에게 신성모독이라는 죄를 뒤집어씌우고, 그분이 전한 진리를 조용히 폐기처분해 버리며 결국 자기들의 내면을 지배하던 법을 끝까지 붙잡았네. 그들은 진리를 거부하면서도 자기들의 질서를 지켰다고 착각했지. 그런데 바로 그 모습이 사랑 중심의 종교 체제 안에서 지금도 반복되고 있네."

리안은 숨을 깊게 들이켰다. 그는 그것이 단순히 과거의 유대인들만의 이야기가 아님을 깨달았다. 그때와 똑같은 방식이 지금 사르그에서도 반복되고 있었다. 하늘의 말씀이 사람들의 내면을 흔들 때, 사람들은 그것을 인정하지 않으려 하늘의 말씀을 전하 트루드에게 돌을 던졌었다. 결국 과거의 유대인들이 그리스도를 거부했던 방식과 사르그 사람들이 트루드를 대적했던 방식은 하나의 동일한 그림이었다.

트루드는 다시 리안을 바라보며 결론을 내렸다.

"그러니 진리를 대적하는 면에 있어서는 종교인이나 비종교인이나 다 같네. 타락한 사람 안에 들어 있는 600, 60, 6이라는 코드는 하늘의 말씀과는 다른 코드라네. 그래서 타락한 사람의 내면의 법이 무너지지 않은 상태에서 아무리 경전을 읽어도, 하늘의 진리를 들어도, 그 코드가 맞지 않기 때문에 들리지 않고 반응하지 않으며 결국 하늘의 진리를 대적하게 되는 것이네. 말씀은 하늘의 코드인데, 사람은 짐승의 코드로 살아가고 있으니 서로 연결이 되겠는가. 그런 상태에서 하늘의 경전을 읽으니, 경전의 모든 내용이 하늘의 인격 중심이 아니라 사람 중심으로 바뀌게 되네. 그러한 사람들을 향해 바울 사도는 이렇게 말을 했지. '항상 배우나 끝내 진리의 지식에 이르지 못하느니라.'라고 말일세."

÷ ÷ ÷ ÷ ÷

리안은 그 말을 들으며 오래전 꿈속에서 보았던 짐승의 표를 떠올렸다. 그 장면은 풀리지 않은 숙제처럼 그의 마음 깊은 곳에 남아 있었다. 잠시 망설이던 그는 조심스럽게 입을 열었다.

"트루드 선생님, 그렇다면 나중에 짐승이 나타나 표를 받으라고 할 때 … 사람들이 강제로 받는 것이 아니라, 이미 사람 안에 있는 코드가 짐승과 같기 때문에 그 표를 자연스럽게 받게 된다는 말씀이시지요?"

트루드는 고개를 끄덕이며 차분히 대답했다.

"그렇다네, 리안. 가까운 미래에 용이 다시 나타나 짐승의 표를 가지고 등장할 때, 지금까지 감추어져 있던 체제의 본질이 드러날 걸세. 짐승의 표는 억지로 새겨지는 낙인이 아니네. 사람들의 내면에 이미 무엇이 새겨져 있는지가 그때 드러나게 되지. 그러니 사람들은 큰 저항 없이 그 표를 받아들이게 될 것이고, 그것은 단순한 선택이 아니라 내면의 본질이 외형으로 나타나는 결과일세. 결국 짐승의 표란 누구에게 속했는지를 증거하는 표시이지."

리안의 눈동자가 흔들렸다. 그의 머릿속에는 사르그의 장면이 떠올랐다. 석상 앞에 모여 고개를 숙이던 군중들, 마치 섬기는 것이 너무도 당연한 일인 양 무릎을 꿇던 얼굴들. 그들의 표정은 무감각했으나 동시에 확신에 차 있었다. 그러나 그 확신은 진리의 법에 뿌리 내린 것이 아니라, 이미 다른 법을 붙잡고 있던 확신이었다. 그 순간 리안은 깨달았다. 짐승의 표는 미래에 강제로 주어지는 낙인이 아니라, 이미 사람들 속에 자리한 법과 질서가 마지막 순간에 드러나는 결과라는 것을. 그 깨달음이 그의 가슴을 조여왔다.

트루드는 계속해서 말을 이었다.

"사람들은 짐승의 표가 드러나기 전까지는 자신 안에 그 짐승의 코드가 있는지를 의식하지 않고 살아가네. 그러나 때가 되어 그 표가 나타나면, 같은 코드를 지닌 자들은 그 표를 저항하지 않고 자연스럽게 받아들이게 되지. 그러므로 짐승의 표란 억지로 새겨지는 낙인이 아니라, 사람의 마음 중심에 무엇이 있었고 누구를 섬기고 있었는지를 드러내는 증거일세."

리안의 손끝이 떨렸다. 그는 사르그의 생활을 떠올렸다. 인본주의에 젖은 자들은 사람을 중심에 두고 서로를 위로하고 감싸주는 것을 신앙이라 여겼다. 기복주의에 사로잡힌 자들은 감정의 고양과 눈에 보이는 체험을 추구하며 그것을 은혜라 믿었다. 율법주의에 빠진 자들은 규율과 삶의 경계를 철저히 지키는 것을 경건의 표준이라 자부했다.

그들 모두는 자신이 신실하다 확신했지만, 실상은 하늘의 진리를 중심에 두기보다 종교 체제 속에 속해 있는 것에 확신을 두고 있었다. 그 얼굴들이 하나하나 떠오르는 순간, 리안은 자신 또한 그 무리 속에서 얼마나 쉽게 중심을 잃고 체제 안에서 안주하려 했는지를 깨달았다. 숨이 막혀오는 듯한 자각이 그의 가슴을 옥죄어 왔다.

트루드는 리안을 똑바로 바라보며 말을 이었다.

"짐승은 단순히 자신을 따르게 하려고 표를 만드는 것이 아니네. 그 표를 받지 않는 자들은 애초부터 그 체계에 속하지 않은 자들이지. 그러니 짐승은 반드시 그들을 구별해내어 제거하려 할 걸세. 옛날 길르앗과 에브라임 사이의 '쉽볼렛' 사건을 기억하나? 길르앗 사람들이 그 단어를 말하게 한 것은 상대의 족속을 바꾸려는 게 아니었네. 발음이 곧 그가 어디에 속했는지를 드러내는 증거였지. 짐승의 표도 마찬가지라네. 그 표를 통해 사람이 누구의 말을 듣고 누구의 통치 아래 있었는지를 식별하고 드러내려는 것이지."

리안의 가슴은 무겁게 내려앉았다. 그는 사르그 광장의 장면을 떠올렸다. 수많은 사람들이 석상 앞에 고개를 숙일 때, 그 무리에 섞이지 못한 소수의 얼굴이 있었다. 그들은 이유 모를 배척 속에 고립되었고, 군중은 본능적으로 그들을 밀어내고 있었다. 결국 그들은 사회 안에 머물지 못한 채 광야로 내몰렸다. 그 광경이 다시 눈앞에 되살아나며, 리안의 가슴은 차갑게 얼어붙었다.

그 순간, 리안은 깨달았다. 중심에 진리가 없는 사람들에게는 짐승의 표가 억압이 아니라 너무도 자연스러운 일이 된다는 것을. 그들은 거짓된 체제를 섬기는 것을 참된 신앙으로 착각했기에, 그 표를 받는 행위조차 신앙의 표현처럼 느낄 것이었다. 왜냐하면 그 짐승의 표는 종교 체제의 표식으로 드러날 것이기 때문이었다. 마치 어떤 사람이 특정한 종파에 속해 있으면, 그 종파의 표식을 받아들이는 것이 당연한 결과가 되듯이 말이다.

트루드의 목소리는 낮고 무겁게 거실 안을 채웠다.

"좋은 나무가 좋은 열매를 맺고, 못된 나무가 못된 열매를 맺듯, 본질이 다르면 열매도 달라지네. 사람이 태어날 때부터 유전된 타락한 짐승의 법이 무너지지 않고 여전히 그 속을 지배하고 있다면, 그가 짐승의 표를 받는 것은 억압이 아니라 당연한 결과일 것이네. 결국 그 표는 내면 깊이 숨겨져 있던 본질이 겉으로 드러나는 증거라네."

리안은 눈을 감았다. 그의 기억 속에 사르그의 열 구역 사람들이 모여 사르그가 붙여준 신의 이름을 부르며 예배하던 장면이 떠올랐다. 그들은 서로 다른 길에서 왔지만, 한 이름 아래 모여 한 목소리로 환호하며 자신들이 하나라고 자부했다. 그러나 그 중심에는 진리로 세워진 하나 됨이 없었다. 그들의 확신은 하늘의 진리를 사랑한 데서 나온 것이 아니라, 자기 안의 선함을 붙들고 자기 안의 확신을 의지한 데서 나온 것이었다. 리안은 그들의 환호가 자유처럼 보였으나, 실상은 진리를 떠난 방종의 외침이었다는 사실을 절감하며 가슴이 무겁게 짓눌렸다.

트루드의 목소리는 점점 더 깊어졌다.

"짐승의 표는 오래전부터 준비된 시험지와 같네. 진리에 속한 자는 그 표를 거절할 것이고, 그들에게 있어서 그 거절은 곧 거짓된 종교 체제가 진리가 아님을 드러내는 선언이 될 걸세. 그래서 짐승은 처음부터 자기에게 속하지 않은 자들을 구별하고 제거하려는 목적을 가지고 있었네. 지금 이 순간에도 진리를 중심에 둔 자들은 이 거짓 종교 체제를 받아들이지 않으며, 그 권위를 인정하지 않는다네."

이 말을 들은 리안의 마음 깊은 곳에서 서늘한 두려움이 치밀어 올랐다. 그것은 짐승의 힘 때문이 아니었다. 자신의 내면에 무엇이 자리 잡고 있는지가 언젠가 반드시 드러나고야 만다는 사실 때문이었다. 그는 떨리는 손을 주먹 쥐듯 움켜쥐며, 자신만은 하늘의 진리를 중심에 두고 싶다는 간절한 열망을 붙들었다.

트루드는 리안의 눈을 주목하며 한 손을 펼쳐 설명을 이어 갔다.

"짐승이 받게 할 그 표는 새롭게 만들어지는 것이 아니네. 그것은 이미 세상에 살아가는 모든 사람들의 이마와 손목에 보이지 않게 새겨져 있던 것이 드러나는 것뿐이지. 그들의 생각은 오래전부터 세상의 체제의 말과 하나였고, 그들의 행동은 이미 짐승의 방식을 따라 움직여 왔네. 그러니 마지막에 드러날 그 표는 새로운 강압이 아니라, 하늘에 속한 자와 속하지 않은 자를 드러내는 과정일 뿐이라네."

리안의 온몸은 긴장으로 굳어졌다. 그는 숨을 고르며 자신에게 물었다. '나는 어디에 속해 있는가? 내 안에는 어떤 코드가 새겨져 있는가? 과연 내 안에 하늘의 코드가 있는가?' 그 질문이 가슴을 파고들자, 리안은 자신이 진리에 속하고 싶다는 갈망이 더욱 선명해짐을 느꼈다.

트루드의 눈빛은 흔들림이 없었고, 그의 말은 더욱 깊어졌다.

"짐승에게 속한 자들은 짐승을 하늘의 신으로 착각하며 섬기기에, 그 표를 받는 것을 자기 신앙의 표현이라 여기게 되네. 그러나 진리에 속한 자들은 짐승이 진리를 가장하고, 진리를 대적하는 존재임을 분명히 알기에, 그 표를 결코 받아들일 수 없지. 진리를 중심에 둔 자들은 처음부터 짐승과는 전혀 다른 본질을 지닌 자들이라네."

리안은 입술을 굳게 다물었지만 눈가에는 눈물이 번져 나왔다. 그는 깨달았다. 지금껏 '진리를 중심에 두지 않아도 짐승의 표만 거절하면 된다' 고 여겼던 자신이 얼마나 어리석었는지를. 여전히 많은 이들이 '앞으로 올 짐승의 표만 받지 말라' 고 외치면서도, 이미 그들 안에 짐승의 코드가 자리 잡고 있다는 사실조차 알지 못한 채 살고 있었다. 더 나아가 그들은 그런 삶을 옳다 여기며 사람들을 이끌고 있었다.

그 허망한 외침이 리안의 마음을 찢듯 아프게 했다. 그때 하늘의 아들의 말씀이 생생히 떠올랐다.

"소경이 소경을 인도하면 둘 다 구덩이에 빠지리라."

그 말씀은 단순한 경고가 아니었다. 지금 눈앞에서 현실로 드러나는 진실이었고, 리안은 그 무게를 몸으로 체감하며 온 영혼이 떨려왔다.

트루드는 자신 안에 뜨겁게 타오르는 마음을 억누르지 못한 채 말을 이어갔다.

"진리를 따른다는 것은 단순한 결단으로 끝나는 일이 아니네. 가까운 미래에 짐승이 표를 가지고 등장할 때, 그 표를 거절한다는 것은 곧 목숨을 내어놓는 일이 될 것일세. 그러나 그 때 진리를 중심에 둔 자들이 그 표를 거절하는 이유는 단순히 그 거절의 행위가 의롭기 때문이 아니네. 그들이 그 표를 거절하는 것은 오직 진리를 사랑하기 때문이지. 목숨을 내어놓는 일은 사랑이 아니고서는 결코 가능하지 않네."

리안은 눈을 감고 숨을 고르며, 가슴 깊은 곳을 짓누르는 무게를 느꼈다. 다가올 날의 표는 단순히 두려움의 상징이 아니었다. 그것은 자신이 정말로 진리를 사랑하는지 아닌지를 증명해야 하는 십자가였다. 그 깨달음은 그의 영혼을 날카롭게 찔렀다.

그 순간, 오래전 꾸었던 석상의 꿈이 떠올랐다. 석상은 군중 앞에서 명령을 내렸고, 보이지 않는 힘이 사람들의 마음을 조종했다. 겉으로는 스스로 선택하는 것 같았으나, 사실 그들의 내면에 이미 새겨져 있던 코드가 석상의 명령과 일치했기에 자연스레 따르고 있었던 것이다. 자유처럼 보이던 그들의 몸짓은 은밀한 통제 아래 있었고, 그 통제는 종교의 이름으로 교묘히 감춰져 있었다. 리안은 그 맹목적인 종교적 순종을 떠올리며 온몸이 떨려왔다.

그 순간 트루드의 목소리가 높아졌다.

"용이 바닥 없는 구덩이에 갇히기 전에는 진리를 가진 자들에 대한 핍박이 엄청났었네. 그러나 용이 묶이자 잠시 겉으로는 평화가 찾아온 것처럼 보였지. 하지만 그렇다고 진리를 가진 자들에 대한 핍박이 완전히 사라진 것은 아니었네. 용은 사라졌지만 그의 명령은 체제의 질서라는 이름으로 교묘히 감춰져 여전히 작동하고 있었기 때문이지. 그래서 진리를 사랑하는 사람들은 그 체제 안에서 환영받지 못했네. 결국 그들은 광야로 밀려나게 되었고, 먹고 사는 문제를 걱정하며 고립 속에서 살아가야 했다네.

그러나 용이 다시 풀려나는 날, 진리를 사랑하는 자들은 이전보다 훨씬 더 큰 핍박을 받게 될 걸세. 마지막을 앞둔 용은 분노로 타오를 것이고, 그때 짐승을 섬기라는 명령은 은밀한 속삭임이 아니라 공개적인 선언으로 드러나게 되네."

리안은 가슴이 답답하게 조여들며 숨이 막히는 듯했다. 트루드의 말은 단순한 상징이 아니라, 곧 현실이 되어 다가올 실제였기 때문이었다.

트루드는 리안의 떨리는 눈빛을 똑바로 응시하며 말을 이었다.

"그날에 짐승의 표를 끝까지 거절하는 자들은 하늘로부터

인 맞은 자들이네. 그들의 중심에는 진리가 있어 짐승의 거짓 삼위 체계를 받아들일 수 없고, 용의 말에도 반응하지 않지. 이는 그들 안에 심겨진 씨앗이 다르다는 증거라네."

리안은 두 손을 무릎 위에 올린 채 강하게 움켜쥐었다. 그의 내면에서 외침이 울려 나왔다.

'나는 반드시 진리에 속해야 한다. 그 외에는 길이 없다.'

잠시 호흡을 가다듬은 트루드는 경전의 한 구절을 읊조렸다.

"요한 사도가 이렇게 말했네. '우리에게 속한 자는 우리의 말을 듣고, 우리에게 속하지 않은 자는 우리의 말을 듣지 아니하나니, 이로써 우리가 진리의 영과 미혹의 영을 아느니라.' 이 말씀의 뜻은 분명하네. 동일한 말씀이 선포되어도 모든 사람이 똑같이 반응하는 것이 아니지. 그 차이는 말씀을 듣는 자가 어디에 속해 있는지, 진리에 속했는지 아니면 미혹에 속했는지에 따라 전혀 달라지네."

리안의 눈가에 눈물이 맺혔다. 그 말씀은 그의 내면을 깊이 파고드는 칼처럼 다가왔다. 그는 스스로에게 물었다. '나는 지금까지 진리의 말씀을 내 중심에 두었는가? 아니면 내가 원하고 내가 선하다고 생각하는 말을 따라왔는가? 나는 내 안의 타락한 법을 무너뜨리려는 진리를 붙잡았는가, 아니면 타락한 내면의 법 위에 아름다운 것으로 덧씌우고 포장하며 살아온 것인가?' 그 질문은 그의 영혼 깊은 곳을 찌르며 흔들어 놓았다.

트루드는 천천히 덧붙였다.

"만약 사람 안에 존재하는 코드가 짐승의 것이었다면, 짐승의 표를 거절하는 것은 불가능하네. 그러나 진리에 속한 자에게 거절은 필연이네. 그런데 중요한 것은 이것이네, 리안. 태어나서 한 번도 말씀의 검으로 자신의 내면의 법이 무너져 해체되지 않았다면, 그는 새롭게 태어나지 않은 것이며 그 속에는 여전히 짐승의 코드가 남아 있다는 사실일세."

리안은 눈을 감고 떨리는 숨을 내쉬었다. 이제 그는 알았다. 단순히 '받지 않겠다'는 결심만으로는 그 표를 거절할 수 없다는 것을. 오직 진리에 속한 자만이, 그 사랑으로만 거절할 수 있다는 사실이 그의 영혼 깊은 곳에 파고들었다.

트루드는 단호하게 정리했다.

"짐승의 코드와 진리의 코드는 결코 함께 작동할 수 없네. 그래서 진리에 속한 자들은 세상에서 언제나 거슬리는 존재였지. 그들의 삶은 짐승의 질서와 충돌했기에 배척당하고 고립되었네. 그리고 그 고립은 진리를 가진 자들의 내면을 흔드는 깊은 시험이 되었네. 그때마다 '내가 정말 옳은 길을 걷고 있는가'라는 의심이 찾아왔고, 그들은 기록된 말씀을 굳게 붙잡음으로써 자신을 지켜냈지."

리안의 가슴은 저릿하게 저며왔다. 그는 눈을 감은 채 뜨거운 눈물이 고여 오르는 것을 느꼈다.

트루드의 음성은 더욱 깊고 무겁게 울렸다.

"짐승의 표는 진리와 거짓을 가르는 경계라네. 그 경계를 마주하는 순간, 사람은 신앙의 시험을 거치게 되지. 그가 진정 무엇을 중심에 두고 있는가를 드러내는 시험 말일세. 그래서 진리를 사랑한 자는 반드시 진리에 대한 그 사랑으로 십자가를 지며, 자신의 믿음을 증거하게 되는 것이네."

리안의 어깨가 떨리듯 흔들렸다. 그는 진리를 사랑하는 마음 때문에 앞으로 맞닥뜨리게 될 십자가의 무게를 처음으로 느꼈다.

트루드는 숨을 고르며 조용히 덧붙였다.

"사단은 진리를 사랑하는 자들의 영혼만 공격하지 않네. 그 존재는 그들의 육체도 괴롭히지. 바울에게 있었던 '사단의 가시', 예레미야에게 임했던 '밖에는 칼이요 안에는 사망 같은 것'이 바로 그것이네. 밖에서는 핍박으로, 안에서는 공포로 옥죄며 진리를 따르지 못하게 하고, 진리를 전하는 것을 막으려는 것이지."

리안의 온몸이 떨렸다. 그의 영혼은 절망과 두려움, 그러나 동시에 진리를 붙들고자 하는 간절한 갈망으로 흔들렸다.

트루드는 마침내 짐승의 표에 대한 결론을 맺었다.

"이 모든 위협과 고통은 진리를 사랑하는 자의 영혼과 육체를 혼란에 빠뜨리고 파괴하기 위한 사단의 정교한 전략이네."

리안은 고개를 깊이 숙였다. 그의 어깨가 천천히 흔들리며 울음으로 젖어 갔다. 그 울음은 단순한 슬픔이 아니라, 영혼 깊은 곳에서 솟아오르는 결단과 두려움이 뒤섞인 눈물이었다.

÷ ÷ ÷ ÷ ÷

잠시 침묵이 흘렀다. 트루드는 리안의 눈물이 잦아드는 것을 지켜보더니, 그가 무엇을 붙들어야 할지 분명하게 하기 위해 조용히, 그러나 힘 있는 목소리로 덧붙였다.

"그래서 경전은 하늘의 아들이 오시는 목적에 대하여 시므온의 입을 통해 '이 아이는 이스라엘에서 많은 사람을 넘어지게 하고 다시 일어나게 하기 위해 세워졌으며' 라고 증거 하였네. 하늘의 아들은 먼저 사람 안에 있는 거짓된 구조를 철저히 무너뜨리고, 그 위에 진리로 새롭게 세우시는 분으로 이 세상에 오셨네. 무너지지 않으면 세워질 수 없고, 깨뜨리지 않으면 심길 수 없다는 것이지. 그래서 그분이 오신 목적은 단순히 위로를 주는 것이 아니라, 먼저 거짓을 무너뜨리고 참된 것을 세우는 사역이라네."

리안은 그 말을 듣고 잠시 지난 날을 회상했다. 지금까지 '하늘의 아들이 오셨다' 라는 말을 위로와 평화로만 이해했던 자기 생각이 흔들렸다. 그는 무너짐 없이는 세움도 없다는 그 단호한 진리가 가슴 깊이 파고드는 것을 느꼈다.

÷ ÷ ÷ ÷ ÷

트루드는 잠시 침묵하다가 다시 말을 이었다.

"그래서 하늘의 아들께서는 하늘의 말씀이 선포될 때 사람들이 어떻게 반응하는지를 밭에 비유하신 거라네. 먼저는 말씀에 전혀 반응하지 않는 길가 밭이 있었지. 또 잠시 반응했지만, 그 안의 이성적 구조가 너무 단단하여 씨앗이 스며들지 못하는 돌밭 같은 사람이 있었네. 그리고 진리에 감성적으로 반응은 했지만, 결국 욕망이라는 가시와 엉겅퀴가 무성해 말씀을 막아버리는 밭과 같은 사람도 있었지. 그러나 이 모든 구조가 무너진 좋은 밭만이 씨앗을 온전히 받아들일 수 있었네. 좋은 밭이 된다는 건, 그 안에 있는 짐승의 코드, 곧 타락한 내면의 법이 무너진 상태를 말하는 것이네. 그래야 하늘의 씨앗이 뿌려지고, 자라나며, 마침내 열매를 맺게 되는 것이지."

리안은 그 말을 들으며 숨을 삼켰다. 머릿속 깊은 곳에서 오래된 장면이 떠올랐다. 그가 꿈에서 보았던 '네 형태의 밭'에 대한 꿈이었다. 그때는 그 의미가 선명하게 잡히지 않았다. 하지만 지금, 트루드의 말을 들으며 모든 것이 하나의 선으로 이어졌다. 그 꿈속 밭의 모습과 지금 듣는 말씀의 비유가 정확히 맞물리며, 마음 깊은 곳에서 하나의 결론이 또렷하게 자리 잡았다. 리안은 자신이 꾸었던 꿈과 맞닿아 있는 트루드의 설명을 들으면서 조용히 고개를 끄덕였다. 그의 눈빛은 여전히 두려웠지만, 그 안에 아주 작지만 분명한 한 줄기 빛이 스며들기 시작했다.

÷ ÷ ÷ ÷ ÷

트루드는 리안의 이해를 읽은듯 말을 이어갔다.

"그러나 좋은 밭이 된다는 것은 단순히 세상에서 선한 종교인의 덕목들을 갖춘다는 의미가 아니네. 세상은 타락한 질서였지만, 하늘의 인격을 제거한 종교는 그 질서에서 벗어나려는 자들을 다시 가두는 더 정교한 울타리일세. 둘 다 짐승의 코드를 갖고 있지만, 종교 체제는 진리를 갈망하며 나오는 사람들을 다시 붙잡아 자기 안에 묶어 두지. 그래서 종교는 겉으론 하늘을 말하지만 실제로는 짐승의 코드로 운영되는 감옥과 같은 것이네. 그러니 선한 종교인의 덕목을 갖추었다한들 구원과 무슨 관계가 있겠는가?"

그 말에 리안의 눈이 잠시 흔들렸다. 그는 이제까지 종교를 '세상보다 더 거룩한 곳'이라 여겼지만, 하늘의 인격이 그 중심에 없다면 오히려 그것이 더 정교한 울타리일 수 있다는 사실이 마음을 찔렀다. 그러면서 문득 지난날 종교 안에서 느꼈던 이상한 공허와 진리를 붙잡으려 할 때마다 맞닥뜨렸던 보이지 않는 벽들이 떠올랐다.

트루드는 리안의 표정 변화를 살피며 말을 이었다.

"내면의 법이 무너지지 않은 상태에서의 종교는 하늘의 인격이 있는 것처럼 보이고, 감동과 눈물도 있지만, 실상은 진리를 가려 놓은 장막일 뿐이네. 그러니 그 장막을 뚫고 나가지 않으면 진리는 절대 만나지 못하지."

그는 잠시 숨을 고르고, 목소리를 낮추며 덧붙였다.

"이것을 자네가 더 잘 이해하려면 종교의 역사를 살펴보면 되네. 하늘의 아들께서 오셨을 때의 유대 종교를 보면 더욱 선명하게 알 수 있을 걸세. 그 시대의 종교 지도자들은 말씀을 전한다고 했지만, 실상은 진리를 가린 장막이었네. 하늘의 아들께서는 요한복음에서, 자신의 양을 그 이름을 불러 그 울타리에서 나오게 하신다고 말씀하셨지. 울타리 안에 머무르는 한, 양은 진정한 목자이신 그분을 만날 수 없네. 그분의 음성을 듣는 양은 반드시 울타리에 만들어 놓은 문을 통해 나오게 될걸세. 그 문이 바로 하늘의 아들, 곧 하늘의 말씀이라네."

트루드는 시선을 조금 더 가까이하며 말을 이었다.

"하늘의 아들께서는 마태복음에서 종교지도자들을 향해 이렇게 책망하셨네. '너희는 바다와 육지를 두루 다니며 한 사람을 얻으면 너희보다 배나 더 지옥 자식이 되게 하는도다.' 이게 무슨 뜻이겠나. 종교 체제는 진리를 갈망하며 세상에서 빠져나오려는 사람을 붙잡아, 오히려 더 깊은 속박으로 끌고 들어간다네. 그 안에는 외형적인 경건과 열심이 있지만, 하늘의 말씀의 인격은 없고, 대신 하늘의 말씀을 사람이 다룰 수 있는 개념과 규범으로 만들어 놓고 사람이 중심이 되어 통치하고 있지. 그래서 교인 하나를 얻으면, 그는 이전보다 더 진리에서 멀어지고, 더 깊은 어둠 속에 갇히게 되는 것이네."

그는 잠시 말을 멈추고 리안의 표정을 살폈다.

"이게 바로 진리가 중심에 없는 종교의 구조라네. 세상은 타락한 질서와 법으로 사람을 묶지만, 종교는 진리를 찾으려는 자를 더 정교하게 가두는 감옥이지. 그래서 그 종교 울타리에 내어 놓은 하늘의 말씀의 문으로 나오지 않으면, 진리를 절대 만날 수 없네."

리안은 잠시 시선을 떨구었다가 천천히 고개를 들며 물었다.

"그러면 결국 … 종교를 가지고 나름대로 종교적 열심으로 철저하게 사는 사람이나, 종교를 전혀 갖지 않고 무질서하게, 비도덕적으로 사는 사람이나 …하늘의 기준에서는 아무 차이도 없다는 말인가요?"

트루드는 잠시 눈을 감았다가 천천히 고개를 끄덕였다. 표정에는 단호함과 함께 깊은 연민이 스쳐 갔다.

"그렇다네. 앞에서도 말했지만, 타락한 내면의 법이 무너지고, 그 안에 진리가 왕으로 통치하지 않는다면 결국은 똑같은 것이네. 종교를 가지고 있어도 그 중심에 진리가 없으면 멸망이고, 종교를 가지고 있지 않아도 그 중심에 진리가 없으면 역시 멸망이라네. 하늘의 신께서 사람을 외모로 보시지 않고 중심을 보신다는 말씀이 바로 이것을 의미하는 것이지. 하늘의 신께서는 사람의 외모가 아무리 훌륭해도 중심이 같으면 같은 존재로 보신다네. 야생에서 지내는 사나운 호랑이든 사람에게 길들여진 온순한 호랑이든 그냥 호랑이는 호랑이일 뿐이지."

그는 말을 잠시 멈추고, 리안이 이해하는 속도를 기다리듯 조용히 숨을 골랐다.

"차이가 있다면, 종교를 가진 사람은 자기가 이미 진리 안에 있다고 착각한다는 점일세. 이 착각이 무서운 이유는, 그로 인해 자신이 속박당하고 있다는 사실조차 깨닫지 못하기 때문이지. 마치 유대 종교인들처럼 말이네. 그들은 하늘의 신을 사랑한다고 생각했지만, 실상은 하늘이신 말씀의 인격을 거부했고, 결국 그들의 내면의 법을 기준으로, 육신으로 오신 하늘의 아들을 십자가에 못 박았지. 그래서 종교 안에 있는 사람은 더 속기 쉽고, 세상 사람보다 진리를 대적하는 틀에 더 깊이 묶이게 되는 것이네."

리안의 눈빛이 잠시 흔들렸다. 그는 그동안 '종교 안에 있다'라는 것이 안전하다고만 믿어왔다. 하지만 트루드의 말은 그 믿음을 송두리째 흔들고 있었다.

트루드는 리안의 반응을 지켜보며 조금 부드러운 목소리로 덧붙였다.

"그러나 그 종교의 왕국 안에도, 아주 드물지만, 진리를 향한 갈망을 잃지 않은 사람들이 있네. 자네처럼 말이지. 그 갈망이 자네를 이 울타리 바깥에서 들리는 진리의 소리를 듣도록 이끌었고, 바로 그 갈망 때문에 자네가 지금 여기, 이 말씀의 문 앞에 서 있는 것이네."

리안은 그 말을 듣고도 한동안 대답하지 못했다. 입술이 아주 작게 떨렸지만, 쉽게 말을 꺼내지 못했다. 마음속 깊은 곳에서 여러 감정이 한꺼번에 밀려왔다. 그는 먼저 그것들을 가라앉히고 정리하려 애쓰는 듯했다. 눈동자에는 지난날 자기 내면의 법을 진리라 믿었던 것들에 대한 깊은 회의와 아직 발을 내딛지 못한 길에 대한 간절한 갈망이 동시에 어렸다.

트루드는 그를 잠시 지켜보다가, 마치 오래된 결론을 다시 꺼내는 듯 조용히 말을 이었다.

"결국 기준은 단 하나라네. 진리를 만나 연합하느냐, 못하느냐이지. 종교 안에 있든 없든, 하늘의 말씀이 들어가 그 안의 법을 무너뜨리고, 그 마음의 왕좌를 차지하지 않으면, 사람은 끝내 스스로를 속이며 살아가게 된다네. 타락한 사람은 하늘의 말씀이 아닌 자기 안의 법으로 자기를 지키고, 이성으로 의로움을 판단하고, 감정으로 죄를 정하며 스스로를 높이지. 그러나 그 모든 구조는 처음부터 진리가 아닌 진리를 대적하는 말에서 시작된 것이기에, 하늘의 신께 결코 그의 삶은 인정을 받을 수 없다네."

 그 말은 리안의 마음 깊은 곳을 찌르듯 들어왔다. 그는 조용히 눈을 감았다. 두 손은 무릎 위에서 살짝 힘이 들어갔다가 풀렸고, 입술은 단단히 다물렸다. 숨소리는 조금 거칠어졌지만, 그의 얼굴에는 무엇인가 분명하게 깨달아 가는 빛이 떠올랐다.

÷ ÷ ÷ ÷ ÷

 트루드는 잠시 말없이 리안을 바라보았다. 눈빛은 부드러웠지만, 그 안에는 깊은 의미가 담겨 있었다. 그리고 그는 마지막 말을 조용히 덧붙였다.

 "자네가 언젠가 진리와 하나 되기 위해 정말로 사르그를 떠나 좁은 문을 지나고, 진리의 성으로 연결된 좁은 길을 걷게 된다면, 그 길 위에서 자네 안에 있던 세 겹의 구조들이 하나씩 무너지는 경험을 하게 될 걸세."

 그는 손가락을 하나씩 접으며 천천히 설명했다.

 "먼저, 감정을 기준으로 옳고 그름을 판단하던 '6의 구조'가 무너질걸세. 이 구조가 무너질 때 자네는 깨닫게 되지. 지금까지 육신의 감정에 따라 죄라 여겼던 것들이 사실은 하늘의 기준이 아니라 자기 내면의 법에서 흘러나온 감정적 판단이었다는 것을 알게 될 걸세.

그다음에는 '60의 질서'가 무너질걸세. 이것은 이성적 판단으로 '착하게 살아야 한다', '바르게 행동해야 한다'라는 도덕과 의의 틀로 포장된 구조라네. 그 이성적 판단에 따라 살면 겉으로는 고상하고 의로워 보이지만, 실상은 자신의 내면의 법에서 흘러나온 이성의 기준으로 판단한 것일 뿐이라네.

"그리고 마지막으로, 가장 깊숙이 자리 잡은 '600의 법의 체제'가 무너질걸세. 이 법은 하늘로부터 내려온 것처럼 보이지만, 실제로는 사람이 타락할 때 심겨진 왜곡된 법이지. 그런데 사람들은 그 왜곡된 법을 그냥 두지 않고, 각자의 환경과 욕망에 맞게 제멋대로 다듬으며 또 다른 법을 만들어 왔네. 그것이 전통일 수도 있고, 도덕일 수도 있으며, 종교적 규범일 수도 있지. 겉으로는 다 다른 길처럼 보이지만, 실상은 모두 같은 뿌리에서 나온 것들이네. 자신들이 만들어낸 법들이 거룩해 보이는 외형을 갖추었어도, 사실은 모두 자기 방식대로 정과 망치를 대어 다듬은 것일 뿐, 그 근본은 동일하다네. 결국 이렇게 쌓아 올린 모든 기준과 의로움은 하나로 귀결되는데, 그것은 곧 진리의 인격을 막고, 그분께 나아가는 길을 가로막는 장벽이 되는 것이지."

  트루느는 잠시 말을 멈추고, 리안이 자기 말을 따라오고 있는지 다시 확인했다. 그리고 말을 이었다.

"이 모든 것이 무너질 때, 자네는 그동안 '진리를 따른다'라고 믿었던 법과 기준들이 오히려 진리를 가로막고 있었다는 사실을 보게 된다네. 그리고 바로 그때가 되어야만, 자네는 진짜 회심을 하게되며, 그 회심은 단순한 결심이 아니라 왕좌의 교체라는 것을 온 마음으로 체험하게 되지."

÷ ÷ ÷ ÷ ÷

트루드는 잠시 말을 멈췄다가, 다시 조용히 입을 열었다.

"그리고 자네가 그 모든 과정을 지나 마지막 진리의 성에 도착하게 되면, 그곳에서 자네는 진리를 더 깊게, 더 넓게 알게 될 것이네. 지금까지는 단지 타락한 내면의 법이 어떻게 사람을 묶어 두었는지를 배운 것에 불과하지. 그러나 마지막 성에 이르면 자네는 단순히 구조를 이해하는 차원을 넘어, 그 구조가 완전히 무너지고 새로운 생명의 법이 자리 잡는 것을 실제로 보게 될 걸세."

리안은 가만히 숨을 고르며 트루드의 말을 곱씹었다. 눈앞에 선명하게 떠오르는 진리의 성은 그에게 두려움과 동시에 설명할 수 없는 기대를 안겨주었다. 지금껏 배운 모든 것이 단지 준비일 뿐이라면, 그 마지막 성에서 마주하게 될 것은 도대체 무엇일까. 그는 자신도 모르게 두 손을 꼭 쥐었다. 그 순간 그의 가슴속에는 막연한 두려움과 더불어, 언젠가 반드시 다다라야 할 자리를 향한 갈망이 동시에 일렁였다.

트루드는 리안의 표정을 지켜보다가 다시 말을 이었다.

"그곳에서 자네는 믿음의 실체를 알게 될 걸세. 진리를 아는 것은 지식이 아니라 인격과의 깊은 교제이며, 말씀이 왕좌에 앉을 때만 사람의 영혼이 온전히 자유롭게 된다는 것을 말이네. 어둠이 빛을 깨닫지 못했던 이유도 바로 여기에 있지. 사람 안에 이미 짐승의 코드, 곧 타락한 내면의 법이 주인이 되어 앉아 있었기 때문에 빛이 임했어도 깨닫지 못한 것이네. 그러나 자네가 마지막 성에 이를 때, 그 모든 어둠의 질서는 무너지고 오직 빛, 곧 말씀이 자네 마음의 중심에 서게 될 것이네."

트루드의 말은 멀고도 낯선 미래를 가리키고 있었지만, 리안의 가슴은 이상하리만큼 가까운 울림으로 요동쳤다.

리안은 말없이 숨을 삼켰다. 아직 모든 그림이 완성된 것은 아니었지만, 자신이 이제 막 출발선에 서 있다는 사실이 트루드의 한마디 한마디로 점점 분명해지고 있었다.

리안은 천천히 고개를 들었다. 표정은 여전히 흔들렸지만, 그 눈빛만큼은 달라져 있었다. 두려움이 아닌 결난이 자리하고 있었고, 가야 할 방향과 준비해야 할 길이 어렴풋이 보이기 시작했다.

÷ ÷ ÷ ÷ ÷

모든 대화가 끝난 그날 저녁, 트루드는 리안을 위해 따뜻한 식사를 차렸다. 구수한 곡물 수프, 은은한 허브 향을 품은 차, 벽난로 옆 작은 테이블에 놓인 검은 빵과 고소한 뿌리채소. 거창하지는 않았지만, 정성과 온기가 가득했다. 리안은 말없이 자리에 앉아 그 음식을 받아 들었다. 몸보다 마음이 먼저 따뜻해지는 순간이었다.

트루드는 벽난로의 장작불이 부드럽게 타는 것을 바라보며 몇 마디 일상적인 이야기를 건넸고, 리안은 이따금 고개를 끄덕이며 짧게 대답했다. 침묵은 어색하지 않았고, 오히려 편안했다. 벽난로의 불빛이 점점 잦아들고, 벽에 드리운 그림자도 서서히 사라졌다.

식사가 끝나자, 트루드는 리안을 거실 안쪽에 있는 작은 방으로 안내했다. 문을 열자, 포근한 이불과 은은한 나무 향이 감도는 아늑한 공간이 펼쳐졌다. 벽에는 촛불 하나가 부드럽게 빛나고 있었고, 창문으로는 밤하늘의 별빛이 가만히 스며들고 있었다.

리안은 이불을 덮고 조용히 누웠다. 포근한 베개와 온기 어린 이불 속에서 수많은 생각이 스쳤지만, 그 생각들은 곧 잔잔한 호수 위의 물결처럼 고요해졌다.

그리고 그는 천천히 눈을 감았다.

그날 들은 진리의 조각들이 마음속 깊은 곳에 조용히 새겨지고 있었다. 그 새겨짐은 결코 잊히지 않을 평안이 되어, 그를 부드럽게 감싸주었고, 어느덧 리안은 깊은 잠에 빠져들었다.

제 3 장

그분의 이름

아침은 조용히 찾아왔다. 창문 틈으로 스며든 햇살이 벽을 타고 번졌고, 커튼은 바람결에 부드럽게 흔들렸다. 리안은 눈을 떴다. 오랜만에 푹 잤다는 감각이 온몸에 스며들었다. 머릿속은 맑았고, 몸은 가벼웠다. 마치 오래도록 눌려 있던 무게가 잠과 함께 걷혀나간 듯했다.

그는 이불을 젖히고 천천히 일어났다. 어제까지 자신을 짓눌렀던 질문들이 아직 완전히 사라진 것은 아니었지만, 꽁꽁 얼었던 시내가 봄기운을 맞아 녹아 흐르기 시작하듯이 편안해 지기 시작했다.

 방 안은 변한 것이 없었지만, 그가 느끼는 공기는 분명 달랐다. 창문을 열자 상쾌한 바람이 방 안으로 스며들었고, 그 바람 속에 알 수 없는 평안이 실려 있었다. 그가 앉아 있던 바닥, 불빛이 흔들리던 그 자리는 여전히 그대로였지만, 그곳에 앉아 있던 리안은 이제 어제의 리안이 아니었다.

 그는 창밖을 바라보았다. 들판 끝자락엔 이슬이 맺혀 있었고, 새들이 가느다란 울음으로 아침을 알리고 있었다. 하늘은 맑았고, 땅은 고요했다. 그는 달콤한 숲속의 향기에 취해 숨을 들이쉬고 내쉬며, 이 아침이 단순한 하루의 시작이 아니라, 무언가 더 깊은 여정의 시작임을 느꼈다.

 문을 열고 나서자, 트루드는 마당의 긴 나무 의자에 앉아 있었다. 손에는 경전이 들려 있었고, 옆 테이블에는 갓 난로에서 가져온 듯한 찻주전자에서는 김이 무럭무럭 피어오르고 있었다. 리안은 조용히 고개를 숙여 인사했고, 트루드는 미소만으로 답했다.

 그날부터 며칠 동안 그는 트루드의 집에 머물렀다. 특별한 말들은 없었지만, 그는 종종 자신 안에 떠오르는 질문들을 조심스럽게 꺼내놓곤 했다. 그것은 진리에 대한 갈망에서 비롯된 물음들이었고, 트루드는 길게 답하지 않으면서도 하나하나를 분명하게 짚어주었다.

리안은 아침이면 따뜻한 차를 마주하였고, 낮이면 들판이나 나무 그늘에서 침묵 속에 책을 펼치거나 스스로 던진 질문들을 곱씹으며 생각에 잠기곤 했다. 저녁이면 트루드와 소박한 식사를 함께하며 하루를 마무리하였고, 때로는 식사 중 또 다른 물음을 흘려내기도 했다.

그날 저녁도 마찬가지였다. 식사가 끝난 뒤, 리안은 조용히 일어나 불빛이 부드럽게 흔들리는 벽난로 앞에 자리를 잡았다. 장작불이 타오르며 내는 소리를 들으며, 그는 두 손을 무릎 위에 올려놓고 가만히 앉아 있었다. 잠시 후 트루드가 부엌에서 무언가를 정리한 뒤 나와 말없이 리안 맞은편에 앉았다. 둘 사이엔 고요가 흘렀지만, 그 고요는 곧 다가올 대화를 준비하는 침묵처럼 느껴졌다.

그 침묵 속에서 리안은 자신도 모르게 그간의 여정을 돌아보고 있었다. 사르그에 살면서 품었던 혼란과 의문들, 사르그 도시의 실체를 마주한 충격과 각성들, 그리고 트루드를 만나 처음 들었던 '말씀이 인격이다'라는 선포까지. 그동안 흩어져 있던 조각들이 하나의 흐름을 이루는 듯 이어지고 있었다. 조용한 불빛 앞에서 그는 마음 안에 하나로 이어진 길이 생겨나고 있음을 느꼈다.

그 물음들은 어느새 한 방향으로 모여가고 있었다. 처음에는 얽히고설킨 체제에 대한 의문으로 시작되었으나, 시간이 흐르면서 그것은 진리가 무엇인지에 대한 갈망으로 옮겨갔다. 그리고 마침내, 그 모든 질문은 한 분의 인격을 향해 집중되고 있었다. 리안은 그 인격이 점점 마음 가까이에 다가오고 있음을 느꼈고, 어느 순간 자신이 그분의 말씀에서 흘러나오는 향기를 사랑하게 되었다는 결론에 도달하게 되었다.

그는 천천히 눈을 감았다. 마음속 어딘가에서 조용히, 그러나 분명하게 하나의 질문이 움직이기 시작했다. 언젠가 반드시 마주해야 할 질문이었고, 이제는 더 이상 미룰 수 없었다. 그 질문은 자신이 평생 불러왔던 한 이름에 대한 것이었다.

그 이름은 예배 시간마다 크게 선포되었고, 기도할 때마다 반복되었다. 설교는 그 이름으로 시작했고, 찬양은 그 이름으로 끝났다. 누구도 그 이름을 의심하지 않았고, 모두가 당연하게 그 이름을 부르며 믿음을 표현했다.

그러나 어느 순간부터 그 이름은 리안에게 낯설게 다가오기 시작했다. 처음엔 아주 작고 희미한 거리감이었고, 어떤 날은 그 이름을 부르면서도 정확히 누구를 가리키는지 알 수 없다고 느꼈다. 또 어떤 날은 그 이름을 부른 뒤 설명하기 어려운 공허함이 밀려왔다. 점점 그 이름이 실체 없는 소리처럼 남는다고 느껴졌고, 마침내 그는 그 이름을 입술로만 부르는 것에 불안함을 느꼈다.

그 이름에는 무언가 담겨 있는 것 같았지만 동시에 아무것도 담겨 있지 않은 듯 느껴졌다. 무엇보다 무서웠던 건, 그 이름을 부를수록 진짜 살아 계신 그분이 오히려 더 멀어지는 것처럼 느껴진다는 사실이었다.

그 이름은 '엘루아'였다. 너무 익숙한 이름이었기에 입술에서는 여전히 흘러나왔지만, 그때마다 가슴속 어딘가에서 공허함이 울렸다. 그러한 공허함 속에서 그는 속으로 조용히 물었다.

"내가 날마다 부르는 그 이름은 정말 그분의 이름이었을까."

모두가 그 이름을 경외했고, 아무도 의심하지 않았다. 리안 역시 평생 그 이름으로 기도했고, 말씀을 읽었고, 사람을 축복했다. 그 이름은 그의 신앙의 시작이었고, 반복된 습관이었으며, 익숙한 질서였다.

그런데 그 이름이 익숙해질수록 중심이 아니라 장식이 되었고, 신앙의 본질이 아니라 구호의 껍질로 남았다. 모두가 같은 이름을 부르고 있었지만, 그 이름이 가리키는 분은 저마다 달랐다. 사람들은 입으로는 하나의 이름을 말했고, 노래했으나, 마음으로는 각기 다른 것을 따르고 있었다.

그는 문득 에스겔 예언서 속 한 장면을 떠올렸다. 이스라엘은 조상 때부터 한 신을 섬긴다고 말하며 한 이름을 부르고 있었지만, 실제로는 각자 다른 신을 향하고 있었다. 어떤 자들은 금송아지를 만들어 섬겼고, 어떤 자들은 바알을 향했으며, 어떤 자들은 성전 안에 스스로 원하는 형상을 그려놓고 거기서 울고 있었다. 또 어떤 자들은 담무스를, 또 어떤 자들은 성전 앞에서 태양을 향해 절하고 있었다.

그들은 같은 신의 이름을 부르면서도 결국 자기가 원하는 신을 만들어 섬기고 있었던 것이다.

÷ ÷ ÷ ÷ ÷

그는 이어 경전의 또 다른 장면을 떠올렸다. 하늘에서 아들이 오셨을 때, 사람들은 그분을 알아보지 못했다. 날마다 그분의 이름을 부르며 사랑한다고 고백했지만, 정작 그분이 오셨을 때는 그를 받아들이지 않았다. 오히려 배척했고, 마침내 십자가에 못 박아 죽였다. 왜 그분의 이름을 부르던 그들이 정작 그분을 알아보지 못했을까. 그들이 사랑한 것은 정말 그분이었을까, 아니면 단지 입술로 부르던 '그 이름' 이었을까. 그렇다면 그들이 붙들었던 그 이름의 본질은 무엇이었을까.

겉으로는 그분을 사랑한다고 고백했지만, 결과적으로 그들의 마음은 진짜 그분을 향하지 않고 있었다. 한 이름을 부르고 예배하면서도, 결국 자신이 만든 이미지 속의 신을 섬기고 있었던 것이다.

÷ ÷ ÷ ÷ ÷

리안은 조용히 더 깊은 질문으로 들어갔다.

'만약 그분이 다시 오신다면, 나는 어떻게 그분을 알아보고 무엇으로 그분임을 확신할 수 있을까?'

'꿈이나, 환상을 통해 자신이 하늘의 아들이라 말한다면, 과연 나는 그분을 어떻게 분별할 수 있을까?'

세상에는 수많은 종교와 단체들이 같은 이름을 말한다. 모두가 똑같이 한 분의 이름을 사용하고 있지만, 실제로는 서로 다른 방향을 향해 거침없이 나아간다. 그러면서 그들은 자신이 믿는 길이 진리라고 주장한다. 그러나 각기 다른 길 위에서 같은 이름을 외치고 있을 뿐, 그들이 말하는 신은 실제로 서로 너무 달랐다. 본질도 다르고, 인격도 다르고, 모습도 다르고, 요구하는 것도 달랐다.

이름은 같았지만, 그 이름 안에 담긴 의미는 제각각이었다. 사람들은 그 이름의 인격을 기준 삼지 않았고, 그 이름이 가리키는 본질을 묻지도 않았다. 대신 자기 방식대로 해석하고, 자기 방식대로 섬기며, 각자의 종교 체계를 따라 걸어갔다. 그저 한 이름이면 되었다.

그는 스스로에게 물었다.

'그분이 율법의 옷을 입고 오신다면, 기복주의자와 인본주의자들은 그분을 불편해하지 않을까?'

'그분이 인본주의의 언어로 말씀하신다면, 율법주의자들과 기복주의자들은 그분을 판단하고 배척하지 않을까?'

'그분이 표적과 기사를 행하며 오신다면, 인본주의자들과 율법주의자들은 그분을 미신처럼 여기고 받아들이지 않지 않을까?'

리안은 이 질문들이 단지 가설이 아니라, 실제로 자신이 직면한 현실이라는 것을 자각했다. 그는 진지하게 스스로에게 물었다.

그렇다면 정말 중요한 질문이 생긴다. 거짓 선지자들도 기적과 표적을 행한다고 했는데, 진짜 그분의 표적은 그들과 어떻게 다를까? 나는 그 차이를 어떻게 구별할 수 있을까? 사단도 광명의 천사로 가장한다고 했는데, 그분의 사랑과 무엇이 다를까?

리안은 마음속에서 솟아나는 질문들을 더 이상 눌러둘 수 없었다. 눈에 보이는 것이 전부가 아니라면, 무엇으로 그분을 분별할 수 있는가? 소리로도, 이름으로도, 형상으로도 확신할 수 없다면, 도대체 무엇이 기준이 되어야 하는가?

왜 모두가 같은 이름을 말하면서도 서로 다른 길을 걸어가는 걸까? 왜 모두가 같은 경전을 사용하면서도 서로 그 경전을 다르게 해석할까? 왜 각자 자신만 옳다고 주장하며 다른 이들을 틀렸다고 하는 걸까?

만약 엘루아를 사랑한다고 외치는 도시 사르그에 그분이 오신다면, 그곳의 사람들은 과연 그분을 알아보고 받아들이고 섬길 수 있을까? 아니면 자기 생각과 다르다는 이유로 트루드에게 그랬던 것처럼, 끝내 그분마저 내쳐 버리지 않을까?

리안은 더 깊은 질문 속으로 내려갔다. 겉으로 드러난 신앙의 모양이 아니라, 그분의 이름 중심에 있는 인격을 향한 갈망이 점점 더 커지고 있었다.

하늘의 아들께서 "내 양은 내 음성을 안다"라고 하셨는데,

나는 정말 그분의 음성을 알고 있는가? 내가 늘 불러온 그 이름을 아는 것이 곧 그 음성을 아는 것은 아닐 것이다.

만약 그분이 다시 오신다면, 과연 누구의 편에 서실까? 혹시 한쪽 편에 서신다면, 똑같은 이름을 부르는 다른 편에 있던 사람들은 그분을 인정할까? 아니면 자신과 다르다는 이유로 그분을 거부하고, 심지어 대적하지는 않을까? 그분의 이름을 부르며 사랑한다고 고백했지만, 정작 그분이 자기 편이 아니라고 느낀다면 끝내 그분을 공격하지는 않을까?

그 질문들은 리안의 마음 깊은 곳을 찔렀다. 만일 이름 하나로 묶인 신앙이 정말 같은 분을 향하고 있는 것이라면, 왜 이렇게 많은 갈라짐과 대립이 존재하는 것일까?

내가 믿는다고 말해온 신앙이, 어쩌면 단 하나의 이름에만 묶여 있어서 그 이름이 오히려 그분의 얼굴을 가리는 눈가리개가 된 것은 아니었을까?

리안은 문득 자신이 너무 오랫동안 그분이 누구인지도 모르는 채, 그 이름 안에 갇혀 살아왔다는 사실을 깨달았다. 그 이름을 의심하는 것은 죄라고 배워왔기에 그는 질문조차 하지 못한 채 지내왔다. 그러나 그렇게 그 이름을 부르는 동안 정작 그분 사신은 점점 더 멀게만 느껴졌고, 결국 그분을 알지 못한 채 살아왔다는 것을 인정할 수밖에 없었다.

그분의 이름은 여전히 신앙의 언어 속에 남아 있었지만, 그 이름이 가리키는 인격은 점점 흐려지고 있었다.

÷ ÷ ÷ ÷ ÷

리안은 조용히 눈을 떴다. 불빛 너머에 앉아 있는 트루드를 바라보며, 조심스럽게 입을 열었다.

"트루드 선생님. 지금까지 사르그 도시에서 부르던 그 이름, 엘루아 … 정말 그분의 이름이 맞을까요? 그분의 이름이 맞다면, 왜 그 이름을 그렇게 오래도록 불렀는데도 그분에 대해서 아는 것이 아무것도 없을까요?"

그의 목소리는 낮았지만, 오랫동안 묻어두었던 고백이 실려 있었다.

그러던 리안은 더 깊은 질문을 던졌다.

"만약 그분이 사람들이 익숙하게 불러온 이름이 아닌, 전혀 다른 이름으로 오신다면 그분을 받아들일 수 있을까요? 아니면 사람들은 그 이름이 낯설다는 이유만으로, 그분을 거절하고 미워하지는 않을까요?"

그 물음에는 단순한 궁금증이 아니라, 자기 자신을 향한 반성과 두려움이 묻어 있었다.

'혹시 나도 그렇게 하지 않을까? 혹시 나도 이름이 낯설다는 이유만으로, 진짜 그분을 외면해 버리지는 않을까.'

트루드는 한동안 대답하지 않았다. 바람이 살짝 열어둔 창문 사이로 불어오자 벽난로의 불꽃이 흔들렸고, 그의 얼굴 위로 잔잔한 그림자가 일렁였다. 잠시 침묵이 흐른 뒤, 그는 낮고 또렷한 목소리로 말했다.

"그분의 이름은 없다네. 아니, 정확히 말하면 그분은 자신의 이름을 사람들에게 알리지 않으셨네. 사람들이 불러온 그 이름은 사람들이 스스로 만들어 부른 이름일 뿐, 정작 그분께서 친히 드러내신 이름은 없었네. 사르그 도시에서 부르는 '엘루아'도 마찬가지라네. 그것은 단지 '신'이라는 의미일 뿐, 그분의 참된 이름을 가리키는 것은 아니네."

리안의 눈동자가 조용히 흔들렸다.

"그분의 이름이 없다고요? 제가 지금까지 불렀던 '엘루아'가 단지 '신'이라는 의미라구요?"

트루드는 고개를 끄덕이며 조용히 대답했다.

"그렇다네. 정확히 말하면, 그분은 우리가 흔히 아는 방식으로 이름을 붙일 수 있는 분이 아니네. 우리는 어떤 대상을 부르기 위해 이름을 붙이지. 이름을 붙이면 그걸 구별할 수 있고, 어떤 것인지 설명하기도 쉽다네. 그래서 이름을 붙이면 그 것을 '이해했다'라고 생각하지. 마치 그 이름 하나 안에 그 존재의 전부가 담겨 있는 것처럼 말일세.

하지만 사실 이름을 붙이는 건 그 대상을 우리의 방식대로 정리하고 틀 안에 가두려는 행동이지. 우리는 이름을 통해 무언가를 구분하고, 알고 있다고 여기고, 심지어 다룰 수 있다고 착각하네. 그러나 그분은 우리를 창조하신 분으로 사람에 의해 정리되거나, 사람의 틀 안에 담길 수 있는 분이 아니시네."

리안은 그 말을 들으며 자신이 줄곧 해왔던 신앙의 방식을 돌아보았다. 그는 그분의 이름을 알고 있다는 이유로 그분을 안다고 착각했고, 그 이름을 부른다는 이유만으로 그분과 가까워졌다고 믿어왔다. 그리고 그 이름을 많이 부른다는 이유만으로, 자신이 그분을 사랑한다고 생각해 왔다.

트루드는 계속해서 말을 이어갔다.

"사람은 이름을 통해 상대를 호출하고, 분류하고, 자신의 언어 안에 가두려고 하지. 신의 이름조차도 말일세. 그렇게 해야 안심이 되고, 그 존재를 다룰 수 있다고 느끼기 때문이지. 하지만 그분은 인간의 언어나 개념 안에 갇히시는 분이 아니고, 누구도 그분을 정의할 수 없으며, 어떤 호칭으로도 그분의 전체를 담을 수 없다네."

÷ ÷ ÷ ÷ ÷

트루드는 잠시 말을 멈추고 리안을 바라보았다. 리안의 눈빛에는 놀람과 함께 조용한 동의가 담겨 있었다. 그의 말은 리안의 내면 깊숙한 곳을 건드렸고, 리안은 더 이상 반박하지 않았다.

트루드는 리안을 향해 고개를 살짝 돌리며 다시 말을 이었다. 그의 목소리는 단호하면서도 담담했다.

"그분은 이름으로 불리시는 분이 아니라, 자신의 말씀으로 자신을 드러내시는 분이라네. 우리가 그분을 알게 되는 것도 그분의 이름을 부를 때가 아니라, 그분이 말씀하실 때고, 그 말씀 안에서 그분을 만나게 될 때일세."

리안은 조용히 들으며 입술을 다물었다. 트루드는 말을 이어갔다.

"예전에도 믿음의 선지자가 그분께 그 질문을 했다네. '당신의 이름은 무엇입니까?' 그 사람이 바로 모세였지. 그는 하늘의 부름을 받고 이스라엘 백성을 이끌라는 사명을 받았을 때 이렇게 물었네. '제가 당신께서 저를 보냈다고 말하려면, 당신의 이름이 무엇인지 알아야 하지 않겠습니까?' 그때 그분은 이렇게 응답하셨네. '나는 나며, 나는 스스로 있는 자니라.'"

그는 말을 멈추고 불빛 너머의 어둠을 바라보다가, 낮고 분명한 목소리로 다시 이어 말했다.

"그건 단순한 이름이 아니었네. 그것은 그분의 존재가 피조물인 사람에 의한 어떤 규정도 허락하지 않는다는 선언이셨지. '나는 나다.', '나는 스스로 존재하는 자다.' 이 말씀은 그분이 누구에게서 유래하지도 않고, 어떤 틀에도 갇히지 않는 영원하고 한계 없는 존재라는 뜻이라네."

트루드는 잠시 말을 멈췄다가, 리안의 눈을 바라보며 천천히 덧붙였다.

"그 누구도 그분을 만들어내지도 않았고, 만들어낼 수도 없네. 어떤 단어도 그분을 정의할 수 없지. 우리가 그분을 설명하려 들 때마다, 그분은 이미 그 설명의 바깥에 계시네. 사람이 붙이는 이름은 언제나 한정된 틀과 경계를 만들지만, 그분은 결코 그런 틀 속에 갇히지 않으시는 분이라네."

그 말은 리안의 가슴 깊은 곳을 파고들었다. 그는 자신이 줄곧 부르던 '엘루아'라는 이름이 떠올랐다. 그 이름을 부르면 그분을 아는 것 같았고, 가까워진다고 믿었지만, 실상은 점점 공허해지고 멀어졌던 이유를 알 것 같았다. 그제야 리안은 어쩌면 그분의 이름이 아니라 그분의 말씀과 인격이 진짜 그분의 본질이라는 생각에 사로잡혔다.

÷ ÷ ÷ ÷ ÷

트루드는 리안의 흔들리는 눈빛을 바라보다가 다시 입을 열었다. 그의 목소리는 낮았지만, 힘이 있었다.

"이스라엘 백성들은 그분으로부터 말씀을 듣고 관계를 맺기 시작하면서, 어느 순간 그분을 부를 단어가 필요하게 되었지. 그래서 처음에 그분이 '나는 스스로 있는 자다'라고 하셨던 말씀의 히브리어 자음에 주님이라는 뜻의 '엘로힘'의 모음을 붙여 '야훼'라고 부르게 된 거네. 본래 그 말은 '있는 분', 혹은 '모든 것을 있게 하시는 분'이라는 뜻이었지. 다시 말해, 그분은 스스로 존재하시고, 모든 것을 있게 하시는 분이라는 의미였다네."

트루드는 잠시 말을 멈추고 불빛 너머를 바라보았다. 그리고 곧장 고개를 리안에게로 향하며 덧붙였다.

"하지만 시간이 흐르면서 그 단어는 처음 의도와 달리 하나의 고유 이름처럼 굳어버렸네. 원래는 그분이 어떤 분이신지를 설명해 주는 말이었는데, 사람들은 마치 그 단어만 알고 있으면 그분을 아는 것처럼 착각하게 된 거지."

리안은 그 말을 들으며 조용히 고개를 숙였다. 자신이 지금까지 부른 이름 속에 갇혀 있던 신앙이 떠올랐고, 그 틀을 넘어 계신 분이 있다는 사실이 점점 더 크게 다가오고 있었다.

÷ ÷ ÷ ÷ ÷

트루드는 고개를 돌려 리안을 똑바로 바라보았다. 그의 눈빛에는 단호함과 안쓰러움이 동시에 담겨 있었다.

"그러니 기억해야 하네. 그분은 단순히 이름으로 불릴 수 있는 분이 아니라는 사실 말일세. 그분은 우리가 이해할 수 있는 방식으로 함부로 호명할 수 있는 대상이 아니시네. 그분은 말씀으로 계시가 된 분이시지. 하늘의 신께서도 모세를 통해 이스라엘 백성들에게 십계명을 주실 때 이렇게 말씀하지 않았는가. '너는 주 네 하늘의 신의 이름을 헛되이 취하지 말라. 주가 그의 이름을 헛되이 취하는 자를 죄 없다 하지 아니하리라.' 이 계명은 단순히 그분의 이름을 부를 때 발음을 잘못하거나 말을 조심하라는 수준의 경고가 아니네. 그분의 본질, 곧 그분의 인격을 직접적으로 만나지 않고도 마치 아는 것처럼 이름만 부르는 것, 곧 껍데기만 붙잡는 것을 경고하신 것이지. 말씀을 인격으로 대면하지 않은 채 단순히 '이름'을 부르는 것은 결국 그분을 헛되이 부르는 것이고 죄를 짓는 것이네. 사람들은 그분의 이름을 많이 부르면 그분께서 기뻐하리라 생각하지만, 오히려 그분의 인격을 모른 채 이름만 반복하는 것은 죄를 쌓아가는 길이 될 뿐이라네."

리안은 무의식적으로 손끝을 만지작거리며 숨을 몰아쉬었다.

"…그럼, 지금껏 우리가 불러온 그분의 이름은 … 단지 우리가 만든 틀, 곧 껍데기에 불과한 걸까요?" 그의 목소리에는 두려움과 혼란이 섞여 있었다. 이름이라고 믿고 붙잡아 온 것이 사실은 텅 빈 외형일 수도 있다는 생각이 리안의 가슴을 무겁게 짓눌렀다.

트루드는 고개를 끄덕이며 말했다.

"그렇다네, 리안. 그 이름만 알고 그 이름 안에 그분의 인격이 없으면 껍데기가 되는 것이지. 그러나 그 이름 안에 그분의 인격이 있다면, 그 이름은 결코 껍데기가 되지 않네. 그런데 많은 사람들은 단지 그분께 이름을 붙여 놓고, 그 이름을 부르기만 하면 그분이 언제나 자기 곁에 있다고 믿으며 안심하지. 그렇게 되면 그분의 이름 자체는 마치 안전을 보장하는 부적처럼 취급되는 거라네. 결국 그들은 이름을 붙잡으면서도 그분의 인격을 놓친 채, 이름을 자기 방식대로 규정하고 필요할 때마다 다룰 수 있다고 착각하게 되는 것이네. 그러나 그분은 그런 방식으로 묶일 수 있는 분이 아니시지. 그분은 사람의 말로 다

담을 수도 없고, 어떤 언어로도 붙잡을 수 없는 분이시네."

÷ ÷ ÷ ÷ ÷

리안은 눈을 깜빡이며 한숨을 내쉬었다.

"그럼 … 그분의 이름을 부르는 건 무의미한 일이군요."

트루드는 고개를 저으며 손가락으로 테이블 위에 가만히 선을 그었다.

"아니네. 문제는 순서라네. 이름을 부르는 것이 무의미한 게 아니라, 먼저 그분의 말씀을 통해 그분을 만나야 하지. 그분의 인격을 알고, 그분의 본질을 경험해야만 한다네. 그렇게 알고 난 뒤 그분을 부르는 이름은 단순한 호칭이 아니라, 인격을 담아내는 고백이 되는 것이지. 이렇게 부를 때 비로소 그분의 이름을 부르는 것이 헛되지 않게 되는 것이네."

리안은 그의 말을 곱씹으며 시선을 밑으로 향했다. 이름을 먼저 붙잡으려 했던 자신의 신앙이 떠올라 마음이 서늘해졌다.

트루드는 그런 리안을 바라보며 말을 덧붙였다.

"그러니 이름이 먼저가 아니라, 반드시 말씀을 통한 만남이 먼저여야 하네. 그래야만 우리가 부르는 이름이 살아 있는 사랑의 고백이 되는 것일세."

리안은 고개를 숙인 채 손끝을 만지작거렸다. 그동안 자신은 그분의 인격은 알지 못한 채 그분의 이름만 부르며 살아온 게 아니었을까 하는 자책이 스쳤다. 이름은 있었지만, 그분과의 인격적 만남은 없었다는 생각이 마음을 찔렀다.

그는 문득 깨달았다. 자신은 마치 사랑하는 대상을 실제로 만나지도 못한 채, 그리고 그 사람이 자신을 어떻게 생각하는지도 모른 채, 그저 혼자서 이름만 부르며 '그분이 나를 사랑하실 거야, 내가 이렇게 하면 기뻐하시겠지'라고 추측하며 안도해 온 것과 다르지 않았다. 그것은 상대의 인격과 교제하는 사랑이 아니라, 자기 안에서 만들어낸 환상과 기대일 뿐이었다.

리안은 떨리는 목소리로 중얼거렸다.

"저는 그분의 이름을 부르면서도 정작 그분의 인격을 알지 못한 채 살아온 것 같습니다. 그저 그 이름만 붙잡고 있으면서 내가 그분을 사랑한다고 착각했었습니다."

트루드는 그런 리안을 바라보며 고개를 끄덕였다.

"바로 그 점이 문제라네. 인격을 만나지 못한 채 이름만 붙잡는 것은, 결국 자기 심리 속에서 만든 허상일 뿐이네. 그렇게 되면 그 이름은 고백이 아니라 자기 위로가 되어버리지. 그래서 반드시 먼저 말씀을 통해 그분을 만나야 하네. 말씀을 통해 그분이 누구신지를 알고, 그분이 나를 어떻게 바라보시는지를 경험해야 하지. 그래야만 우리가 그분을 부르는 이름이 진짜 사랑의 고백이 될 수 있다네."

리안의 눈가가 붉어졌다. 그는 자신이 그동안 이름에 안주했을 뿐, 인격을 만난 적은 없었다는 사실과 그가 부른 이름은 고백이 아니라 자기 위안이었음을 깨달았다. 그 순간 리안은 마음 깊은 곳에서, 말씀으로 계시되신 그분을 정말 알고 싶다는 갈망이 솟구쳤다.

트루드는 리안의 침묵 속 갈등을 읽은 듯, 부드럽게 말을 이었다.

"결국 문제는, 그 이름 자체가 잘못된 것이 아니네. 문제는 그분의 이름 안에 그분의 인격이 비어 있었기 때문이지. 자네가 그분을 알지 못한 채 그분의 이름을 불렀으니 공허했던 것이네. 그러나 일단 그분을 알고 나면, 그분의 이름은 그 어떤 단어로 불러도 틀리지 않게 되지. 이미 그분의 인격을 알고 있기 때문에, 이름은 더 이상 틀이 아니라, 그분의 실제를 가리키는 고백이 되는 것이네."

리안은 조용히 고개를 들었다. '틀리지 않는 이름'이라는 말이 이상하게 위로처럼 들렸다. 자신이 부르던 이름이 틀렸기 때문이 아니라, 그 이름안에 그분의 본질이 비어 있었기 때문이라는 걸 알 것 같았다.

트루드는 잠시 숨을 고르고 다시 말을 이어갔다.

"마치 우리가 어떤 사람과 인격적 만남을 가지면서 깊이 사랑하게 되었을 때, 그 사람을 '나의 장미', '나의 별', '나의 꿀'이라고 불러도, 그 모든 표현은 결국 그를 부르는 이름이 될 수 있지. 왜냐하면 그 고백들은 이미 알고 있는 인격에 대한 사랑에서 나오는 것이기 때문에, 그 대상을 어떤 이름으로 불러도 틀리지 않는 것과 같네. 오히려 그 이름들은 그 사랑하는 대상을 더 풍성하게 표현해 주는 언어가 되는 것이지."

트루드의 말에 리안은 눈을 깜빡이며 되뇌었다.

'고백으로서의 이름 …' 이건 처음 들어보는 방식이었다.

트루드는 리안의 반응을 지켜보다가 다시 말을 이었다.

"하지만 반대로, 한 번도 만나본 적도 없고 어떤 인격인지도 모르는 사람에게 '나의 장미', '나의 별', '나의 꿀'이라고 말한다면, 그건 말 자체가 성립되지 않게 되며, 만약 알지도 못하는 대상에게 그런 고백을 했다면 그 대상에게는 모욕이 된다네. 이것이 바로 그분의 이름을 헛되이 부르는 의미이기도 하지. 그러니 알지도 못하는 분을 향해 그렇게 부르는 것이 죄가 되지 않겠나? 또한 그런 표현은 누구에게도 진심으로 전달되지 않는다네. 왜냐하면 그 말 안에는 실체가 없고, 그 말을 향한 분명한 대상도 없기 때문일세. 표현만 있고 인격이 빠지면, 그 말은 결국 이름이 될 수 없고, 공허해지고, 방향도 사라진다네. 그렇게 되면 누구를 향해 말하고 있는지도 알 수 없게 되지. 그렇다면, 리안 … 그 고백에 누가 대답해 줄 수 있을까? 아니면, 누구에게 대답받기를 바라고 그 이름을 부를까?"

리안은 대답하지 않았다. 그는 잠시 눈을 감았다. 그는 트루드의 말이 틀리지 않다는 걸 알고 있었다. 자기도 모르게, 자신도 그런 공허한 이름을 너무 오랫동안 반복해 왔다는 사실이 가슴 깊이 느껴졌다.

그는 그분의 이름을 부르며 '사랑합니다'라고 말하면서도, 정작 그 사랑의 대상은 마음속에 또렷하게 자리 잡고 있지 않았던 순간들을 기억했다.

그리고 그 순간, 리안은 자신이 그 이름을 얼마나 오랫동안 무의식적으로 불러왔는지를 실감했다. 대상이 사라진 고백, 인격 없는 공허한 이름, 그 모든 말들이 더는 감춰지지 않았다.

트루드는 조용히 덧붙였다.

"이게 바로 인격 없이 이름만 부를 때 생기는 문제라네. 그래서 말씀을 통해 그분의 인격을 먼저 만나야 하는 것일세. 말씀을 통해 그분을 인격으로 알고 사랑하게 되면, 그 어떤 이름도 더는 허상이 아니고, 그분을 부르는 진짜 고백이 될 수 있지. 그분과의 인격적인 만남 후에는 그분의 이름을 무엇으로 부르든 간에 그것은 그 대상을 향한 사랑의 고백이 되는 거라네."

리안은 고개를 끄덕였다. 그 말이 마음에 와닿았다. 자신은 늘 그분을 불러왔지만, 곰곰이 돌아보니 그 이름을 부르는 것으로 신앙을 다한 줄 알았고, 정작 그분이 누구신지에 대해서는 깊이 알려고 하지 않았다는 사실이 마음을 찔렀다. 그분의 이름은 입에 늘 익숙했지만, 그분의 인격은 여전히 낯설었다.

÷ ÷ ÷ ÷ ÷

리안은 고개를 숙인 채 천천히 입을 열었다.

"트루드 선생님 … 이제야 조금 이해가 되는 것 같습니다. 그런데 왜 이름이 먼저 정해지면 구체적으로 어떠한 문제가 생기는지 더 자세하게 알려주세요."

트루드는 잠시 리안을 똑바로 바라보다가 부드럽게 대답했다.

"말씀을 만나기도 전에 이름부터 정해버리면, 그 이름이 곧 틀이 되고, 규정이 되고, 경계가 되기 때문이지. 그리고 사람들은 그 이름만 알면 그분을 다 아는 줄로 착각하며 그분을 더 이상 알려고 하지 않는다네. 정작 그분을 만나지도 않았는데, 이름만 아는 걸로 그분을 안다고 여기는 것이 문제가 된다네."

리안의 이마가 살짝 찌푸려졌다.

" …그러면 결국 이름만 붙잡고 있으면, 그분을 만나지 못한 채 스스로 안다고 속아버리는 거군요."

트루드는 고개를 끄덕이며 한 손으로 테이블 위를 그리듯 훑었다.

"맞네. 그렇게 되면 그분의 인격은 사라지고, 그분은 하나의 개념으로 축소되어 버리네. 실제로 만나고 교제해야 할 분이 사람에 의해 '정의된 이름'이나 '개념화된 틀' 안에 갇히게 되지. 그리고 사람들은 그분의 이름 안에 그분의 인격 대신 다른 대상을 넣는다네."

리안은 잠시 생각하다가 조심스레 물었다.

"그러니까 … 그래서 사람들이 '이웃을 사랑하는 것이 곧 하늘의 아들을 사랑하는 것'이라고 말하는 건가요? 하늘의 아들을 알지 못하고 그분의 이름을 불렀으니 그 이름의 빈 상자 안에 채워져야 할 어떤 대상이 있어야 하니까요."

트루드는 리안의 물음을 기다렸다는 듯 고개를 끄덕이며 단호히 말했다.

"그렇네. 많은 이들이 그렇게 말하지. '가난한 자나 사회적 약자가 곧 하늘의 아들이 아니겠는가. 우리가 그들을 돌본다면, 그것이 곧 하늘의 아들을 사랑하는 것이 아니겠는가.' 하지만 그렇게 말하는 까닭은, 정작 하늘의 아들을 인격으로 만나지 못했기 때문이라네. 그들에게 하늘의 아들은 실제로 교제한 분도, 교제할 분도 아니라, 세상 속에서 만날 수 있는 추상적 개념일 뿐이지. 그들이 그분의 이름을 인격 없는 개념으로 만들어 버렸으니. 그것은 당연한 결과네."

리안의 눈에 가볍게 놀라움이 스쳤다.

" …그러면 그건 결국, 불쌍한 사람을 볼 때 '혹시 저 사람이 하늘의 아들일지도 모른다' 라고 하는 것은 잘못된 것이군요."

트루드는 고개를 끄덕이며 목소리를 높였다.

"그렇다네. 그 말이 언뜻 들으면 아름답게 보이지만, 사실은 진리를 거꾸로 뒤집는 속임수라네. 하늘의 아들은 가난한 자나 사회적 약자로 대체될 수 있는 분이 아니시네. 오직 살과 피를 가진 분명한 한 인격으로 오신 분이시지. 자네가 다른 사람으로 대체될 수 없듯이 그분도 다른 존재로 대체될 수 없다네"

리안은 눈을 깜빡이며 고개를 끄덕였다.

" …그렇다면 '이웃을 사랑하는 것이 곧 하늘의 아들을 사랑하는 것'이라는 말은, 결국 잘못된 이해라는 거군요."

트루드는 고개를 끄덕이며 단호히 대답했다.

"맞네. 그건 그분의 인격을 훼손하는 사악한 행태일세."

÷ ÷ ÷ ÷ ÷

리안의 가슴속에서 조그만 파문이 일었다.

" …그런데 경전에서는 '이웃을 사랑하라'고 하지 않으셨나요? 그렇다면 그 이웃은 대체 누구를 말하는 건가요?"

트루드는 잠시 미소를 지으며 천천히 말을 이었다.

"자네도 알다시피 구약의 경전인 레위기에서 이렇게 말씀하셨지. '너는 네 이웃을 너 자신 같이 사랑하라.' 많은 사람들이 이 말씀을 세상 모든 사람을 향한 도덕적 가르침으로 이해한다네. 하지만 그 깊은 뜻은 따로 있지. 그 말씀은 결국, 하늘의 아들께서 육신을 입고 우리 곁으로 오실 것을 예언한 것이네. 곧 그분 자신이 육신을 입고 우리의 참된 이웃으로 오신다는 뜻이라네."

리안의 눈이 크게 흔들렸다.

" …그럼, 우리 자신처럼 사랑할 이웃은 세상 사람들이 아니라 … 살과 피를 가지고 육신으로 오신 그분을 말하는 것이었군요."

트루드는 고개를 끄덕이며 낮게 덧붙였다.

"옳네. 그러니 '이웃을 사랑하라' 는 말씀은 단순히 주변 사람을 사랑하라는 말이 아니었네. 사실 그 말씀은 곧, 하늘의 신을 사랑하는 것과 같은 의미로 장차 사람의 이웃으로 오실 그분을 자신처럼 사랑하라는 선포였던 것이지. 만약 이웃을 단순히 세상 사람들로만 이해한다면, 십계명의 첫 번째 계명인 '너는 나 외에 다른 신들을 네게 두지 말라' 는 말씀과 충돌하게 될 걸세. 그러나 이웃이 곧 오실 그분이라는 사실을 알게 되면, 두 말씀은 서로 모순되지 않고 하나로 이어지는 것을 깨닫게 된다네."

리안은 손끝을 꼭 움켜쥐며 잠시 말문이 막혔다. 그의 마음 속에서 오래된 자신만의 이해가 무너져 내리는 듯했다.

" …저는 이제껏 그 말씀을 전혀 다른 뜻으로 알고 있었습니다."

트루드는 부드럽지만, 분명한 목소리로 마무리했다.

"더 깊은 계시는 자네가 진리의 성에 들어가면 그분께서 친히 알려주실 걸세. 그때야 비로소 '이웃을 사랑하라' 는 말쏨의 참된 의미, 곧 그분을 인격으로 만나는 그분을 사랑하는 것이 무엇인지를 깨닫게 될 것이네."

÷ ÷ ÷ ÷ ÷

리안은 숨을 죽이며 트루드의 말을 곱씹었다. 그리고 이내 그의 마음속에는 또 하나의 질문이 떠올랐다.

" …그러면 하늘의 아들이 우리와 똑같은 인격, 곧 육체로 오셨다는 말은 정확하게 무슨 뜻인가요? 그저 인간의 몸을 잠시 빌리신 것과 다른 건가요?"

트루드는 잠시 리안을 똑바로 보더니, 테이블 위에 손가락으로 선을 그으며 천천히 말을 이었다.

"많은 이들이 바로 그렇게 오해하지. 마치 하늘의 아들이 인간의 몸을 빌려오신 것처럼 말이네. 하지만 그것은 진리가 아닐세. 그분은 실제로 우리와 똑같이 살과 피를 지니신 한 인격으로 오셨지. 인격은 다른 존재와 결코 대신 될 수도, 바뀔 수도 없네. 내가 곧 나 자신이듯, 다른 사람이 아무리 나를 흉내 내도 내가 될 수 없는 것처럼 말일세."

리안은 그분이 인격이시다는 말의 의미를 더 깊이 알기 위해 되물었다.

"그러면 … 그분이 오셨다는 건 단순히 어떤 개념이 아니라, 정말 한 분의 인격이 이 땅에 나타나셨다는 뜻이군요."

트루드는 고개를 끄덕이며 리안의 궁금증을 풀어 주려는 마음으로 더 자세하게 말을 이었다.

"그렇지. 그런데 사람들이 문제를 일으키는 지점은 바로 여기네. 앞서 말했듯이 그분을 인격으로 만나지 못하면 결국 개념으로 바꾸어 버리게 되지. 그래서 가난한 자나 불쌍한 자를 곧 하늘의 아들과 동일시해 버리는 것이네. 그러나 하늘의 아들은 실제 역사 속에 오셨고, 지금도 살과 피를 가진 말씀으로 계시는 인격이시네. 그분을 인격으로 만나지 못하면, 그분은 살아 계신 분이 아니라 누구든 자기 마음대로 해석하고 붙여 쓰는 이름으로 축소되고 마는 것이네."

리안은 더 자세하게 알고 싶은 듯 질문을 이어갔다.

" …그래서 사람들이 '이웃을 사랑하는 것이 곧 하늘의 아들을 사랑하는 것이다' 라고 말하는군요. 사람들이 그렇게 말하는 것은 그분을 만나지 못한 사람들이 그분의 이름을 개념으로 바꿔버렸기 때문이라는 거죠?"

트루드는 허리를 곧게 세우며 고개를 끄덕였다.

"맞네. 그 말이 언뜻 들으면 선하게 보이지만, 하늘의 아들은 결코 가난한 자나 사회적 약자로 대체될 수 없는 분이시네.

그분은 오직 살과 피를 가진 그 누구도 대신할 수 없는 인격으로 오셨지."

트루드는 잠시 숨을 고르며 손을 하늘로 들어 올렸다.

" '말씀이 육신이 되어 우리 가운데 거하시매 …' 그 말씀이 바로 그 증거라네. 제자들은 그분을 눈으로 보고, 손으로 만지고, 그분과 함께 먹고 마셨지. 그분께서 육신으로 계신 날이 지나간 뒤에도 그분은 사라지지 않으셨네. 부활 이후에도 말씀으로 여전히 살아 계셨고, 제자들은 그분의 말씀 안에서 그분의 인격과 교제를 이어갔지."

리안은 그 말을 듣고 가슴에 손을 얹었다.

" …그러니까 지금 우리가 말씀 안에서 그분을 만난다는 건, 단순히 글자를 읽는 게 아니라 그분의 인격과 실제로 교제를 하는 거군요."

트루드는 리안의 가슴을 향해 손가락을 가리켰다.

"옳은 깨달음이네. 그래서 '육신으로 오셨다'라는 고백은 단순히 과거 사건이 아니라네. 육신으로 오셨다는 고백은 그분이 지금도 살아 계신다는 고백과 연결되어야 한다네. 곧 그것은 지금도 말씀 안에서 우리가 그분과 하나 되어 함께 살아가고, 서로 교제할 수 있다는 선언이지."

리안은 잠시 눈을 감았다가 떴다. 그러나 곧 불안한 듯 낮게 물었다.

" …하지만 어떤 이들은 그걸 인정하지 않잖아요. 그분을 그냥 개념이나, 이웃 사랑으로만 돌려버리는 경우도 많잖아요. 사람들이 이 말을 받아들일까요?"

트루드는 단호하게 고개를 저었다.

"그래서 요한은 이렇게 말했지. '육체로 오신 것을 시인하는 영은 하늘께 속한 것이요, 시인하지 않는 영은 적그리스도의 영이라.' 육체로 오심을 부인한다는 건 곧 그분을 육체로 오신 한 분의 인격으로 인정하지 않고 개념으로만 이해하는 것이네. 불쌍한 자, 사회적 약자, 이웃이라는 말로 그분을 환원하는 것 말일세. 이처럼 하늘의 아들을 세상에 사는 다른 인격과 대체하는 것이 곧 사도 요한이 말한 그분께서 육체로 오신 것을 부인하는 적그리스도의 영이라네."

트루드는 눈을 감았다가 다시 뜨며 조용히 이어갔다.

"히브리서에도 기록되어있다네. '자녀들이 혈과 육에 속하였으므로 그도 같은 모양으로 혈과 육을 지니셨다.' 이는 그분이 단순히 인간의 모양을 흉내 내신 게 아니라, 실제로 혈과 육을 가지셨으며 우리와 똑같이 한 인격을 지닌 분이라는 의미네. 그러니 그분의 죽음도 환상이 아니고, 부활도 그림자가 아니었네."

리안은 떨리는 목소리로 속삭였다.

"…만약 그분께서 실제로 육신을 지닌 인격이 아니셨다면, 그분의 죽음도, 부활도 아무 의미가 없는 거네요."

트루드는 고개를 끄덕이며 단호하게 말을 이어갔다.

"그렇네, 리안. 만약 그분이 실제 육신으로 오신 인격이 아니었다면, 그분의 대속도 실제가 될 수 없지. 그러나 그분은 실제 살과 피로 죽으셨고, 실제로 살과 피로 부활하셨네. 그러니 살과 피를 가진 우리의 소망도 헛되지 않은 것이네. 만약 그분의 인격이 개념이라면 우리의 소망도 결국 개념이 되고 천국도 결국 개념으로 전락해 버리게 되지."

÷ ÷ ÷ ÷ ÷

리안은 잠시 숨을 고르며 망설이다가, 마음속 깊은 의문을 꺼냈다.

"선생님, 그런데 하늘의 아들께서 말씀하신 살과 피를 먹고 마신다는 게 … 도대체 무슨 뜻인가요? 그분께서 지금은 육체로 우리 곁에 계시지 않는데, 어떻게 우리가 그 살과 피를 먹을 수 있단 말인가요?"

트루드는 리안의 깊은 갈망을 알아차린 듯, 진중하면서도 따뜻하게 말을 이었다.

 "좋은 질문이네, 리안. 하늘의 아들께서도 분명히 이렇게 말씀하셨지. '내 살과 피를 먹고 마시지 않는 자는 나와 상관이 없으며, 살과 피를 먹고 마시는 자는 영생이 그 속에 있다.' 이 말씀은 단순히 그분이 육체로 계셨던 과거의 시간에만 해당하는 것이 아니네. 지금도 그 말씀은 유효하지. 그렇기 때문에 여기서 살과 피란 곧 말씀이 육신이 되신 그분 자신을 가리키는 것이라네. 그래서 우리가 그분의 살과 피를 먹는다는 건 곧 지금도 살아 계신 말씀을 받아들이고, 그 말씀을 생명의 양식으로 삼는다는 뜻이지. 육체의 음식이 몸을 살리듯, 말씀의 살과 피는 영혼을 살리는 양식이라네. 그러니 그분께서 지금 눈에 보이는 육체로 계시지 않는다 해도, 우리는 말씀을 먹고 마심으로 그분 안에서 영생을 얻는 것이네."

 리안은 그 말을 들으며 눈앞에 장면이 그려지는 듯했다. 트루드가 인용한 "살과 피를 먹고 마신다"는 말씀이 단순히 빵을 떼어 먹고 포도주를 마시는 의식이 아니라, 자기 내면의 법이 무너진 자리에서 지금도 살아 있는 말씀을 영혼 깊이 받아들이는 일이라는 사실이 마음에 와 닿았다. 그는 그 순간, 살과 피를 먹는다는 것은 말씀과 뜻을 하나로 삼는 것이며, 그 안에서 영생을 얻는 길임을 점점 더 분명히 깨닫게 되었다.

그리고 이어서, 하늘의 아들은 결코 추상적인 개념이 아니며, 역사 속에 실제로 오신 살과 피를 가진 인격이셨고, 지금도 말씀으로 살아 계셔서 영혼을 살리시는 분이라는 사실이 리안의 마음에 깊이 새겨졌다.

÷ ÷ ÷ ÷ ÷

리안은 조용히 고개를 숙였다. 지금까지 들은 말씀이 그의 마음속에서 하나의 불빛처럼 켜졌다. 그동안 자신은 그분의 이름만 부르며 살았음을 깨달았다. 그분의 이름을 불렀지만, 그 이름의 인격을 붙들지 못했다는 사실이 선명하게 다가왔다. 그래서 이제는 단순한 이름이 아니라, 살과 피로 오신 그분의 인격을 진정으로 알고 싶다는 갈망이 깊이 솟구쳤다.

그는 늘 '하늘의 아들을 안다'라고 말했지만, 실은 이름만 알고 살아왔음을 인정할 수밖에 없었다. 이름을 안다는 사실에 자신을 안심시켰지만, 정작 그 이름의 인격과 동행하며 살아간 적은 없었다. 그 자각이 조용히 그의 가슴을 찔렀다.

트루드는 리안의 얼굴에 스치는 미세한 떨림을 보며 눈길을 떼지 않았다. 그러고는 조용히 말을 이었다.

"리안, 중요한 건 이름을 아는 게 아니네. 그 이름 속에서 실제 살아 계신 분을 알고 있느냐 하는 것이네. 그분의 이름은 결국 그분의 인격이신 말씀 안에서만 드러나게 되어 있다네. 하늘의 말씀 아니고서는 그 어디에서도 그분의 마음을, 그분의 인격을 만날 수 없지."

리안은 그 말의 무게를 느끼며 잠시 눈을 감았다. 그는 그분의 마음을 처음으로 깨달았다. 자신이 붙잡아 온 것은 단순한 이름이었지만, 정작 그분이 원하셨던 것은 인격과 인격의 만남이었다는 사실을.

트루드는 손을 가볍게 모으며, 조용히 숨을 고르고 말을 이었다. 그의 목소리에는 한층 무게가 실려 있었다.

"그러니 말씀 없이 정한 이름은 결국 진리를 가리는 껍질이 되고, 고백이 아니라 틀로 굳어버리네. 인격이 사라지고 남는 건 구호뿐이지. 그분은 말씀으로 자신을 드러내시는 분이시네. 그러니 자네가 경전을 읽을 때마다, 그 말씀을 단순한 개념이나 규범으로 보아서는 안 된다네. 개념으로 보면 말씀은 자네 지식 속에 들어가 해석 거리가 되고, 규범으로 보면 말씀은 자네 삶을 통제하는 도덕과 윤리가 되어 버리지.

그러나 그 말씀을 인격으로 보면 이야기가 달라지네. 말씀 앞에 무릎 꿇게 되고, 그 말씀과 마음을 나누며, 뜻을 같이하는 관계 속에서 실제 인격과 마주하게 되지. 결국 말씀은 개념이 아니라 살아 계신 인격이시며, 규범이 아니라 지금도 우리와 함께하시는 분이시네. 그러므로 우리가 해야 할 일은 이름을 붙드는 것이 아니라, 살과 피로 오신 인격의 말씀과 마주하는 일이네. 그렇게 되기 위해서는 반드시 자신의 내면 구조가 완전히 타락했다는 것을 인정하고 말씀의 검이 자신을 해체하는 것을 받아들여야 하네."

리안은 그 말을 듣고 마음이 크게 흔들렸다. 그동안 자신은 말씀을 지식으로 해석하거나 윤리적 규범으로 적용하는 데에만 머물러 있었다는 사실을 깨달았다. 말씀을 개념으로 대할 때는 자신이 이해한 만큼만 진리를 소유한다고 착각했고, 규범으로 대할 때는 마치 스스로 도덕적으로 살면 된다는 자기 확신에 빠졌음을 알았다. 그러나 지금 트루드의 말을 통해, 말씀은 설명 거리나 삶의 기준이 아니라 자신의 내면이 무너진 자리에서 실제로 만나야 할 인격이라는 점이 분명해졌다. 리안은 처음으로 말씀 앞에서 무릎 꿇는다는 것이 어떤 의미인지 이해가 되었다. 그리고 신앙은 단순한 도덕적 행위가 아니라 인격과 인격의 만남임을 깊이 받아들이기 시작했다.

리안은 그 깨달음을 붙잡는 순간, 지금까지 자신이 서 있던 자리와 앞으로 나아가야 할 자리가 선명하게 대비되는 것을 느꼈다. 그동안 쌓아온 종교적 확신이 하나둘 흔들리며 무너져 내리는 소리가 마음 깊은 곳에서 들려오는 듯했다.

리안이 늘 당연하다고 여겼던 구조가 흔들리고 있었다. 자기가 붙들어온 마지막 기둥이었던 그 이름조차, 말씀을 알기 전에는 껍질일 뿐이라는 깨달음이 쓰라리게 파고들었다.

그는 조용히 입을 열었다.

"그렇다면 저는 종교의 도시 사르그에서 지금까지 이름만 믿어온 것인가요?"

트루드는 리안의 질문에 단호히 고개를 끄덕였다.

"그렇다네. 사르그는 신의 이름을 반복해서 부르게 했지. 기도마다, 예식마다, 설교마다 그 이름으로 시작하고 그 이름으로 끝나게 했지. 그리고 그 이름만 부르면 신앙이 완성된 것처럼 여겨지게 했네. 그러나 그 안에는 말씀의 본질이 없었고, 그 이름이 가리켜야 할 인격은 사라졌으며, 진리의 음성도 꺼져 있었지."

리안은 고개를 숙였다. 자신이 자주 사용했던 그 이름, 그 이름만 외치면 진리를 따른다고 생각했던 시간이 부끄럽게 떠올랐다. 그는 이제 알 것 같았다. 그 이름은 목적이 아니라 길잡이여야 했다는 사실을. 이름은 말씀으로 인도하는 표지판일 뿐이었는데, 그는 그 표지판만 붙잡고 사르그에 멈춰 서 있었던 것이다.

÷ ÷ ÷ ÷ ÷

트루드는 자신의 말을 리안이 이해하고 있는 것을 알아차리고, 한층 부드러운 눈빛으로 그를 바라보았다. 그리고는 더 깊은 이야기를 풀어냈다.

"사르그는 율법에서도 같은 짓을 했네. 그들은 율법에서 그분의 인격을 떼어내 버렸지. 인격이 빠진 율법은 더 이상 하늘의 아들께로 이끄는 가정교사가 되지 못했네. 그렇게 껍질만 남은 율법은 생명을 주지 못하고, 오히려 사람들을 메마른 규칙 속에 가두어 버렸지. 그래서 하늘의 아들께서는 참된 율법의 목적을 알게 하시려고, '경전은 곧 나를 증거한다'고 말씀하신 것이네.

결국 경전 안에 담긴 율법은 처음부터 끝까지 다 하늘의 아들을 가리키고 있었네. 율법이 가정교사로서 제 기능을 할 때에는 사람들을 오실 그분께로 인도했지만, 율법의 본질이신 그분의 인격을 율법에서 제거해 버리니 율법은 단순한 규범으로 전락해 버렸던 것이지.

그러나 율법을 자세히 들여다보면, 그 모든 조항이 결국 하늘의 아들을 증거하고 있음을 알 수 있네. 그러므로 하늘의 아들께서 율법을 완성하시러 오셨다는 말씀은 단순히 규범을 지키러 오셨다는 뜻이 아니네. 그것은 모든 율법이 처음부터 자신을 가리키고 있었다는 것을 드러내시고, 마침내 자신 안에서 성취될 것임을 밝히신 말씀이네. 결국 율법은 그 자체가 목적이 아니라, 하늘의 아들을 가리키는 표지판이었던 것이지."

리안은 그 말을 들으며 눈을 감았다가 다시 떴다. 머릿속에서는 경전이 단순히 지켜야 할 조항이 아니라 살아 있는 한 인격을 가리킨다는 말이 반복되었다. 그동안 자신이 경전을 지식으로 해석하거나 지켜야할 규칙으로만 붙들었던 기억이 떠올랐고, 그 순간 하늘의 말씀까지도 껍질처럼 다뤄 왔다는 두려움이 가슴을 파고들었다. 그는 무겁게 숨을 내쉬며 눈을 깜빡였다.

" …그러면 하늘의 아들께서 이 땅에 오셔서 직접적으로 자신을 증거하며 주셨던 말씀도 그렇게 될 수 있다는 말씀인가요?"

트루드는 잠시 눈을 감았다가 천천히 떴다. 그의 목소리에는 안타까움이 묻어 있었다.

"그렇다네, 리안. 하늘의 아들께서 직접 말씀하신 말씀에서도 같은 일이 일어났지. 사람들이 말씀에서 그분의 인격을 지워버렸네. 이것은 곧 말씀이 살과 피가 되신 분, 곧 육체로 오신 하늘의 아들을 부인한 것과 다름이 없는 것이지. 그 결과, 하늘의 말씀은 하늘의 신께로 나가는 생명의 길이 아니라 사람이 해석하는 개념이 되었고, 사람 중심의 종교적 규칙으로 축소되고 말았네."

리안은 눈을 크게 뜨며 다급히 물었다.

" …그래서 경전에서 그분의 인격을 빼버렸으니, 경전을 읽어도, 정작 그분을 만나지 못한다는 거군요?"

트루드는 테이블 위에 손가락으로 원을 천천히 그리며 고개를 끄덕였다.

"옳네. 사람들은 여전히 경전을 펼치고 글자를 붙잡지만, 그 속에서 그분의 인격을 지워버렸으니 결국 개념과 규범, 곧 글자만 남게 된 거라네. 글자가 신앙의 전부가 되고, 정작 그 글자가 증거하는 분께 가지 못하는 것이지."

그는 잠시 숨을 고르고, 다시 리안을 향해 말을 이었다.

"하늘의 아들께서도 말씀하셨네. '너희가 경전에서 영생을 얻는 줄 생각하고 경전을 연구하거니와, 이 경전이 곧 나를 증거하는 것이니라. 그러나 너희가 영생을 얻기 위하여 내게 오기를 원하지 아니하는도다.'"

리안은 그 말을 듣자, 손을 무릎 위에 꼭 모았다.

"…그러면 말씀에서 인격이 빠져버리면, 아무리 경전을 읽고 묵상하고 붙잡아도 결국 허상이 되는 거군요."

트루드는 깊은 숨을 내쉬며 고개를 끄덕였다.

"그렇지. 그래서 하늘의 아들의 살과 피를 전한다는 건 그분에 대한 지식이나 정보를 나누는 게 아니네. 그것은 곧 살아계신 인격을 전하는 것이지. 살과 피가 그분의 인격이시며, 그분이 다른 어떤 존재로 대체될 수 없는 오직 그분이라는 사실 말일세. 그 사실을 모르면, 경전의 모든 외침은 결국 껍질뿐이고, 실체 없는 소리에 불과하다네."

÷ ÷ ÷ ÷ ÷

리안은 고개를 숙이며 조용히 중얼거렸다.

"…그러니 결국, 그분의 인격을 모르는 사람에게는 하늘의 아들은 실제로는 없는 것이나 마찬가지군요. 아무리 그분의 이름을 부른다고 해도요."

드루드의 눈빛이 단호하게 빛났다.

"맞네. 그분이 이름만 있고 그 이름 안에 그분의 인격이 없는 자리에는 반드시 다른 것이 들어오지. 이미 언급했듯이 사람들은 '하늘의 아들을 사랑한다'라고 말하면서도, 실제로는 가난한 자를 돕는 것으로 대신하거나, 자기의 종교적 열심으로 대체해 버리네. 그러다 보니 신앙의 방향이 사람 중심으로 흩어지고, 결국 그분의 인격은 사라져 버리는 것일세."

리안은 고개를 들며 질문을 이었다.

"그래서 그분의 인격을 만나지 못한 사람들이 '돈을 가난한 자에게 쓰거나 하늘의 인격과는 상관없는 종교적인 것으로 쓰는 것이 곧 하늘의 아들을 위한 것'이라고 말하는 건가요?"

트루드는 손을 들어 가볍게 흔들며 답했다.

"그렇다네. 언뜻 들으면 그것이 선해 보이지만, 그것도 진리를 위장한 속임수지. 그분은 여전히 살아 계신 인격이시네. 그렇기에 그분, 곧 하늘의 말씀을 위해 쓰이는 것만이 참으로 그분을 위한 재정이지. 그분이 아닌 다른 데 쓰는 건 결국 그분과 관계없는 것이네."

그는 잠시 말을 멈추고, 리안을 바라보며 손을 모아 살짝 앞으로 내밀었다.

"자네도 생각해 보게. 누군가 자네와 아무 상관 없는 곳에 돈을 쓰고 나서 '이건 당신을 위해 쓴 거다'라고 한다면, 자네가 그 말을 인정하겠는가? 마찬가지로, 하늘의 아들을 위해 드린다고 하면서 정작 그분의 인격과는 상관없는 곳에 쓰인 것이라면, 그것은 결코 그분을 위한 것이 될 수 없다네. 결국 자기만족이거나 그분을 대체한 다른 대상을 위한 것일 뿐이지."

리안의 눈빛이 흔들렸다. 사르그에서 자신이 했던 수많은 종교적 행위들이 떠올랐다. 그는 그저 의무와 안심을 위해 재물을 드렸을 뿐, 정작 그분의 인격과는 아무 상관이 없었다는 것을 깨달았다. 그 기억은 그의 가슴을 무겁게 짓눌렀고, 후회가 파도처럼 밀려왔다.

트루드는 마치 리안의 마음을 읽는 듯 다시 말을 이었다.

"하늘의 아들께서도 값비싼 향유 옥합이 깨뜨려졌을 때, 가룟 유다가 '이것을 차라리 가난한 자들에게 나눠주는 것이 더 옳다'고 말했지. 그러나 하늘의 아들께서는 이렇게 말씀하셨네. '가난한 자들은 너희와 항상 함께 있거니와 나는 항상 함께 있지 아니하니라. 그는 내 장례를 위하여 내게 기름을 부은 것이니라.' 가난한 자를 돕는 일은 분명 사람들 사이에서는 선한 일이지만, 그렇다고 그것이 곧 하늘의 아들을 위하는 일은 아니네. 많은 사람들이 이 둘을 혼동하지. 가난한 자를 위하는 것이 곧 하늘의 아들을 섬기는 것이라고 착각하는 것 말일세. 그러나 하늘의 아들은 하늘의 아들이고, 가난한 자는 가난한 자일 뿐이네."

÷ ÷ ÷ ÷ ÷

리안은 잠시 머뭇거리다 눈을 들어 물었다.

"그런데 선생님, 말씀을 듣다 보니 한 가지가 여전히 마음에 걸립니다. 그러면 왜 하늘의 아들께서는 양과 염소의 비유를 말씀하시며, 헐벗은 자와 갇힌 자, 병든 자를 도와주는 것을 곧 자기에게 한 것이라고 하셨나요? 그 말씀에 따르면 가난한 자를 위해 재정을 쓰는 것이 곧 그분을 위한 일이 되는 것처럼 생각되어서요."

트루드는 리안의 눈을 바라보며, 이미 이 질문이 나올 것을 알고 있었다는 듯 차분히 설명을 이어갔다.

"리안, 그 비유를 자세히 살펴보게. 하늘의 아들께서 '너희가 이 작은 자 하나에게 한 것이 곧 내게 한 것이라' 하셨지. 그런데 주목할 것은, 그분이 그 작은 자들을 '내 형제'라고 부르셨다는 점이네. 이 말은 단순히 사회적 약자를 가리키는 것이 아니네. '내 형제'란 곧 말씀으로 새롭게 태어난 자들, 곧 하늘의 아버지의 뜻을 품은 자들을 가리킨다네. 이 형제의 개념에 대하여 하늘의 아들께서는 또한 이렇게 말씀하셨지. '누가 내 형제요 자매요 모친이냐? 아버지의 뜻대로 행하는 자가 내 형제요 자매요 모친이라.'

그러므로 양과 염소의 비유에서 강조된 것은 단순한 선행이 아니네. 핵심은 아버지의 뜻을 품은 자들, 곧 말씀으로 새롭게 태어난 이들을 향한 사랑과 섬김으로 결국 하늘의 아들을 향한 사랑이 드러난다는 것이지. 그 사랑은 그가 어디에 속해 있는지를 보여주는 가장 분명한 증거가 되는 것이네.

이전에도 내가 말했듯이, 하늘의 뜻을 행한다는 것은 곧 내 안에서 그 뜻이 중심이 되는 것이네. 그 뜻이 중심이 되지 않았는데 어떻게 그 뜻을 행할 수 있겠는가. 그러므로 하늘의 아들을 진정 사랑하는 자들은 자연스럽게 그 말씀을 가진 자들, 곧 그분의 형제들을 사랑하고 돕게 되어 있네. 왜냐하면 말씀을 사랑하는 마음은 말씀 자체에 머무르지 않고, 반드시 그 말씀을 품은 사람들에게까지 흘러가기 때문이지."

리안은 깊은 숨을 내쉬었다. 이제야 자신이 얼마나 큰 오해 속에서 살았는지를 알 수 있었다. 그동안 자신은 가난한 자들을 위한 선행만을 붙들고 그것을 곧바로 신앙이라고 착각해 왔다. 그러나 지금은 그것이 단순한 도덕적 선행이 아니라, 말씀의 인격을 가진 자들을 사랑하는 일과 연결될 때만 하늘의 아들을 위한 것이 된다는 사실을 깨달았소."

트루드는 고개를 숙였다가 다시 들어 올리며 덧붙였다.

"결국 가룟 유다는 그 혼돈에서 벗어나지 못했네. 그는 끝내 자기 뜻과 맞지 않는다는 이유로 하늘의 아들을 팔아넘겼고, 스스로 비참한 결말을 맞았지. 이 사건은 분명히 보여준다네. 하늘의 아들과 인격적으로 연결되지 않은 헌신이나 선행은 결국 껍데기에 불과하다는 것을 말일세.

그래서 하늘께서는 하늘의 인격을 사랑하지 않은 종교인들이 드린 십일조나 헌물을 기뻐하지 않으셨네. 하늘의 인격을 대체하여 다른 대상을 향해 드린 재물은 그분과 아무 상관이 없기 때문이지. 그분은 언제나 사랑으로 그분께 드려지기를 원하셨네."

트루드는 한순간 말을 멈추고, 선지자의 음성을 상기하듯 천천히 인용했다.

"아모스 선지자도 이렇게 말하지 않았는가. '이스라엘 집이여, 너희가 사십 년 동안 광야에서 희생과 제물을 내게 드렸느냐?'"

그는 잠시 리안을 바라보며 결론을 맺었다.

"이 말씀은 곧, 광야에서 이스라엘 백성이 많은 헌물을 드렸지만 참으로 하늘의 인격을 사랑하여 그분께 드린 것이 아니었음을 드러내네. 그들은 마음이 아닌 껍데기와 습관에 매여 있었고, 그들의 희생과 헌물은 결국 다른 대체된 존재를 향한 것이었지. 이것이 바로 인격 없는 헌신의 허상을 보여주는 증거라네."

리안은 트루드의 말을 곱씹으며 숨을 고르고 고개를 끄덕였다.

"…그러니까 진짜로 그분을 위해 비용을 쓴다는 건, 그분의 인격이신 말씀을 사랑하기 때문에 쓰이는 모든 것을 말씀하는 것이군요."

트루드는 조용히 미소 지으며 고개를 끄덕였다.

"옳네. 그것이야말로 그분을 사랑하는 증거요, 그분께서 지금도 육신이 말씀이 되어 우리와 함께 살아 계신다는 신앙의 실제 고백이라네."

리안은 지나온 시간을 돌아보며 무겁게 고개를 숙였다.

"…그러면, 우리가 하늘의 아들을 인격으로 알지 못한다면 우리의 모든 헌신과 수고도 결국 방향을 잃는 것이군요."

트루드는 손을 앞으로 내밀며 리안의 시선을 붙잡으며 말을 이었다.

"옳네. 하늘의 아들은 살과 피로 오셨고, 지금도 말씀으로 살아 계신 인격이시지. 그러니 그분의 인격이신 말씀을 사랑하기 때문에 드려지는 것만이 진짜 그분을 위한 것이며, 그것이야말로 그분께서 육체로 오신 것을 시인하는 실제 증거라네."

그 말은 리안의 내면을 깊이 찔렀다. 만일 그분의 인격을 알지 못한 채 살아왔다면, 지금까지 자신이 드려온 모든 신앙의 재정적 헌신과 수고와 열심은 결국 다른 방향으로 흘러가 버린 것이었다. 그는 자신이 그분을 위해 산다고 했지만, 실제로는 그분을 대체해서 사람을 중심에 둔 도덕과 윤리, 그리고 스스로 세운 종교적 기준을 따라 살아온 시간을 떠올리기 시작했다.

그는 자신이 얼마나 오랫동안 도덕적 선행과 윤리적 규범으로 그분의 인격을 대신해 왔는지 떠올렸다. 그것은 결코 생명을 주지 못했고, 사람을 새로 태어나게 하지 못했다. 그는 그 말씀이 곧 살아 있는 인격이셨음을 깊이 있게 깨닫고 있었다.

÷ ÷ ÷ ÷ ÷

리안은 마음을 추스르며 떨리는 목소리로 말했다.

"트루드 선생님 … 저는 … 더 알고 싶습니다. 그분을 정말 만나고 싶습니다. 이름이 아니라, 살아 계신 그분의 인격을 …"

그 고백은 오래 묶여 있던 그의 내면에서 터져 나온 듯했다. 지금껏 스스로도 숨기고 있던 갈망이 마침내 언어가 되어 흘러 나온 것이었다.

트루드는 리안의 눈빛을 가만히 바라보았다. 리안의 눈 속에는 단순한 호기심이 아니라, 생명을 갈망하는 목마름이 깃들어 있었다. 트루드는 미소를 지으며 낮은 목소리로 대답했다.

"리안, 바로 그 마음이 시작일세. 그분의 인격을 만나고 싶다는 갈망, 그분과 직접 인격적인 관계를 맺고 싶다는 열망이야말로 구원의 문을 여는 첫걸음이지. 껍질만 붙든 자는 결코 자네의 고백과 같은 이런 고백을 할 수 없네. 그러나 자네는 이제 그분께로 나아가는 문 앞에 서 있는 것일세."

트루드는 잠시 말을 멈추었다가, 한층 차분한 목소리로 이어 갔다.

"결국 말씀을 통해 그분의 인격을 만나지 못한다면 경전은 지식이 되고, 말씀은 길이 아니라 틀이 되고 만다네. 마치 죽은 글자를 붙잡고 있는 것과 같지. 하지만 한 영혼이 그분의 인격을 갈망한다면 그 말씀은 그 영혼의 발걸음을 이끄는 길이 되고, 그 영혼을 새롭게 하는 생명이 되는 것이네. 리안, 이제 자네가 말한 그 고백은 빈 껍질이 아니라 자네 안에 살아 있는 불씨가 된 것이네."

트루드는 잠시 고개를 숙였다가 다시 고개를 들며 말을 이었다.

"그분의 이름은 원래 그분을 알고 난 후에 부르는 사랑의 고백일세. 그분의 인격을 깊이 만나고, 진리를 실제로 경험한 뒤에 흘러나오는 살아 있는 고백말이네. 그런데 사르그는 이 순서를 완전히 뒤집어 놓았네. 인격을 만나지 않은 채, 타락한 내면의 법을 그대로 유지한 채 그 위에 신의 이름만 덧씌운 것이지. 그래서 겉으로는 경건해 보이지만, 속에는 여전히 말씀과 충돌을 일으키는 타락한 내면의 법이 자리를 차지하고 있네. 그러니 그들이 하늘의 말씀과 동행할 수 있겠는가? 그들은 입술로는 하늘의 뜻을 말하지만, 그 중심에는 여전히 타락한 법이 버티고 있으니 하늘의 뜻이 들어갈 자리가 없네. 그러니 결국 그들은 하늘의 뜻대로 살 수 없는 것이지."

리안은 그 말을 들으며 마음이 서늘해졌다. 이름을 부른다는 것이 고백이라고만 믿었던 자신의 과거가 눈앞에 겹쳐졌다. 입술로는 고백했지만, 정작 그 고백을 떠받칠 실제 인격은 자기 안에 없었다는 사실이 뼈아프게 다가왔다. 트루드의 말이 계속

이어질수록, 그는 이름의 외침과 인격 없는 신앙 사이의 간극을 더 선명히 느꼈다.

트루드는 잠시 숨을 고르고, 손끝으로 자기 무릎을 가볍게 두드렸다. 그의 눈빛은 리안을 깊이 꿰뚫고 있었다.

"그 결과, 그들이 하늘의 아들의 이름을 부르는 일은 더 이상 고백이 되지 못했네. 껍질일 뿐이지. 껍질은 소리를 낼 수는 있어도, 그 속에 생명은 없다네. 그들의 신앙은 이름으로 시작하고 이름으로 끝나지만, 정작 그 이름의 본질인 하늘의 아들의 인격은 그곳에 없었지. 결국 그들의 종교 구조는 하늘의 아들이신 진리를 드러내는 것이 아니라, 오히려 거짓을 교묘히 가리고 진리를 대적하는 틀이 되어버렸네."

트루드는 사르그에서의 자신의 모습을 뒤돌아보며 고개 숙인 리안을 향해 계속해서 덧붙였다.

"사르그에서 그분의 이름은 점점 틀이 되고, 사람들은 그 틀 안에서 하늘을 다 아는 것처럼 행동했지만, 정작 그분의 인격은 그들과 함께하지 않았네. 모두가 그 이름을 부르면서도 그분을 만나지 않았고, 결국 마음의 중심에는 타락한 내면의 법만 남았지. 그러니 내면의 법과 충돌을 일으키는 진리가 그 자리에 들어갈 수 있겠나. 그들은 스스로 신리를 믿는다고 착각했지만, 실상은 자기 법을 따르는 데 불과했네."

트루드는 한숨을 쉬고는 낮은 목소리로 말을 이었다.

"그 결과, 그분의 이름은 살아 있는 고백이 아니라 텅 빈 구호가 되었네. 그 구호는 단순히 공허한 소리가 아니었지. 그 구호는 사람 안에 이미 자리한 타락한 내면의 법을 더욱 굳게 고정하는 역할을 했고, 사람의 생각과 세상의 철학, 종교적 이념이 그 법을 더 강하게 떠받치게 되었네. 그래서 사르그는 그 이름으로 틀을 만들고, 그 틀을 신성시하며, 사람들을 그 틀 안으로 들어오도록 강요했지. 결국 이름은 통제가 되었고, 그 통제는 진리를 대적하는 체제로 뿌리내렸네."

그는 시선을 들어 리안을 응시했다. 리안은 얼굴에 긴장과 혼란이 뒤섞인 채 숨을 고르고 있었다. 그러자 트루드는 한층 더 깊은 목소리로 말을 이었다.

"그리고 바로 그 지점에서, 이 체제의 정체가 드러나는 거네. 이 모든 구조는 짐승이 설계한 방식이었지. 그는 처음부터 사람 안에 타락한 내면의 법이 자리 잡도록 유도한 존재네. 하와에게 진리의 말씀을 의심하게 하고, 자기 기준을 따르게 속였지. 그 순간부터 사람은 진리를 받아들일 수 없는 마음을 갖게 되었고, 짐승은 바로 그 타락한 내면의 법 위에 종교 체계를 세운 것이라네."

트루드는 잠시 말을 멈추고 리안의 얼굴을 조용히 바라보았다. 리안은 고개를 숙인 채 말없이 듣고 있었고, 눈가에는 미세한 떨림이 감돌았다.

"하늘의 말씀에서 떠난 사람들은 마음 깊은 곳에 이미 진리를 거부하는 기준과 질서를 품고 있었네. 짐승은 그 위에 신의 이름을 만들어 붙여 외형만 종교 신앙 구조를 세웠지. 그 체제 안에서는 하늘의 말씀과 충돌하는 내면의 법을 무너뜨리지도 않았고, 하늘의 말씀으로 돌아가는 회심도 없었고, 하늘의 말씀이 들어올 자리도 없었네. 모든 것은 이미 그 틀 안에서 설계된 것이었고, 그 틀은 사람을 통제하는 도구가 되었지."

리안의 호흡이 흔들렸다. 그는 자신이 바로 그 틀 안에서 평생을 살아왔다는 사실을 부정할 수 없었다.

트루드는 다시 고개를 숙였다가 들며 낮지만 또렷하게 말을 이어갔다.

"짐승은 하늘의 본질이 빠진 그 틀을 거룩하게 포장했네. 그래서 그 이름을 끊임없이 반복하게 했고, 그 틀 안에 들어온 자만 신의 백성이라 간주했지. 사람들은 그 틀 안에 들어가면 경건해진다고 믿었고, 하늘의 진리를 몰라도 그 체제에 복종하면 구원을 받는다고 믿었고, 신의 이름만 부르면 의롭다고 착각했네."

리안은 트루드의 말이 자신의 내면을 비추는 거울같이 느껴졌다. 트루드의 말은 자신의 과거를 그대로 투영하고 있었기 때문이다.

리안은 잠시 숨을 고르고, 마지막 희망을 걸듯 마음속에 남아 있던 질문을 꺼냈다.

" …그런데, 선생님. 그래도 그 안에서 살아가는 사람들이 경건한 모습으로 그분의 이름도 부르고, 열심히 기도도 하고, 최선을 다해 아낌없이 헌금도 드리는데 … 그 모든 것들이 잘못되었다는 건가요?"

트루드는 리안을 잠시 바라보다가 낮은 목소리로 천천히 대답했다.

"그렇다네, 리안. 겉으로는 그런 행위들이 분명 경건해 보이지. 질서도 있고, 모두가 같은 이름을 부르며 하나 된 것처럼 보인다네. 그러나 문제는 그 모든 행위가 어디에서 흘러나왔느냐 하는 데 있네. 그분의 인격을 만난 자리에서 흘러나온 고백과 헌신이라면 그것은 살아 있는 열매가 되지만, 그분의 인격을 만나지 못한 채 타락한 내면의 법 위에서 드려진 기도와 헌물은 결국 자기 확신과 자기 만족을 채우는 껍질일 뿐이지. 그러니 그 모든 행위가 누구를 향한 것이겠는가? 겉으로는 하늘을 향하는 듯 보였지만, 실제로는 자신을 위한 헌신이 되고 마네. 그래서 아무리 경건해 보여도 그 중심은 여전히 말씀과 충돌을 일으키고 있는 것이지. 그 마음 깊은 곳에는 이미 진리와 맞서 싸우는 타락한 내면의 법이 자리 잡고 있네. 그 법은 눈에 보이지 않지만 실제로는 사람들을 묶어 두는 힘으로 작동하지. 그리고 그 안에는 짐승과 연결된 코드가 숨어 있네. 내가 이미 자네에게 그 코드에 대해 설명하지 않았는가."

리안은 며칠 전에 트루드로부터 짐승의 코드에 대해 들은 기억이 떠올랐다. 그래서 그의 말이 곧장 이해되었다.

"…그렇다면, 그 타락한 내면의 법이 그대로 있으면 겉으로 아무리 종교적인 일을 해도 하늘과는 아무런 관계가 없다는 말씀이군요."

트루드는 고개를 끄덕이며 조용히 손바닥을 테이블 위에 얹었다.

"옳네. 겉으로는 기도도 하고, 전도도 하고, 헌금도 드리고, 믿음의 조상들의 무덤을 세워 기념도 하지. 그러나 속에 있는 그 타락한 내면의 법이 무너지지 않는 한, 하늘의 아들께서는 그 모든 것과 아무런 관계가 없으시다네."

리안은 모든 것을 이해한 듯 고개를 끄덕였다.

"…그러면, 겉은 신앙인 같은데 그 중심은 전혀 다를 수 있다는 말씀이군요."

트루드는 리안의 말을 받으며 낮은 목소리로 질문에 대한 답을 이었다.

"그렇네. 그래서 하늘의 아들께서도 종교인들을 향해 '겉은 깨끗하나 속은 더러운 잔과 대접', 또 '회칠한 무덤 같은 자들'이라 말씀하신 것이지. 겉은 종교적 경건으로 빛나 보이지만, 속은 타락한 중심이 그대로 남아 있었네. 그것이 바로 그들의 실체였지."

리안은 그 말을 곱씹다가 불안한 듯 조심스레 물었다.

"…그렇다면 결국, 그들이 아무리 신의 이름을 부른다 해도 실제로는 그 속에 있는 하늘의 말씀을 대적하는 타락한 법을 따르고 있다는 말씀이군요."

트루드는 눈빛을 깊게 가라앉히며 고개를 끄덕였다.

"옳네. 사람들은 입으로는 신의 이름을 부르지만, 실제로 그들은 타락한 내면의 법을 따라 사는 것이네. 바로 그것이 하늘의 아들께서 지적하신 위선의 모습이지. 그 내면의 법이 무너지지 않았으니 그들이 하늘의 법을 따를 수 있겠는가?"

리안은 한동안 말이 없었다. 손가락만 만지작거리며 침묵을 이어가자, 트루드가 다시 조용히 말을 이었다.

"요한복음에서도 하늘의 아들께서 이렇게 말씀하셨지. '너희 아비는 마귀니, 그의 욕심대로 너희도 행하고자 하느니라.' 내가 며칠 전에도 말했듯이, 이것은 곧 사람 안에 이미 마귀의 코드가 심겨 있다는 뜻이라네. 사람은 태어날 때부터 그 코드를 품고 있기에, 진리를 거부하고 자기 기준을 따라 살아가게 되지."

리안은 그 말을 듣자, 등줄기를 타고 서늘한 기운이 내려가는 것을 느꼈다.

" …그 법은 결국 사람으로 하여금 하늘의 법과 부딪히게 만드는군요. 그래서 종교인들이 진리를 가진 이들을 배척하는 것이고요."

트루드는 테이블 위에 손가락으로 작은 원을 그리며 고개를 끄덕였다.

"그렇네, 리안. 사람 안에 타락한 법은 짐승의 코드와 맞물려 버리네. 겉으로는 경건해 보이지만, 실제로는 짐승의 질서에 종속되는 것이지. 그래서 아무리 종교적인 빛깔을 낸다 해도,

그 깊은 곳을 움직이는 건 다른 질서라네. 결국 사람은 자기 안의 코드와 하나 되는 짐승과 연합하여, 진리를 대적하고, 진리를 제거하려 드는 것이네."

리안은 한숨을 내쉬었다. 마치 말씀이 아닌 다른 것이, 짐승 같은 무언가가 자기 마음 깊은 곳에 앉아 있는 듯한 기분이 들었다. 트루드의 눈빛에는 안타까움이 묻어 있었고, 리안은 그 침묵의 무게 안에서 한동안 말을 잇지 못했다.

조용히 숨을 고르던 트루드가 낮은 목소리로 말을 이었다.

"결국 하늘의 은혜를 입지 못한 사람들은 진리를 단 한 번도 마주하지 못한 채, 짐승이 만든 틀 안에서 평생을 살게 되었네. 입으로는 진리를 안다고 말하지만, 실제 삶은 신을 향한 길이 아닌 전혀 다른 길을 가는 것이지. 겉으로는 신을 믿는 것 같아도, 실제로는 짐승의 구조 속에 갇혀 살아가는 것일세. 그게 바로 사르그네. 짐승이 세운 종교 왕국이지. 자네도 알다시피 그 왕국에 살던 사람들이 하늘의 아들을 죽였다네."

리안은 괴로운 마음을 안고 고개를 들어 트루드를 바라보았다.

"겉으로 보기엔 사르그는 경건하고 질서 있어 보여요. 그런데 그 중심은 타락한 상태 그대로란 말인거죠? 마치 하늘의 아들께서 오셨을 때 하늘의 아들을 배척하고 죽였던 유대인의 모습처럼요."

트루드는 잠시 리안을 바라보다가 고개를 끄덕였다.

"그렇네, 리안. 사르그는 본래부터 진리를 대적하기 위한 목적을 따라 세워진 도시였네. 겉으론 경건했고 모두가 질서 정연하게 하나 된 것처럼 보였지. 하지만 실제로는 사람마다 자기 안의 법을 기준 삼고 있었고, 그 위에 짐승이 만든 질서가 신성화되어 있었네. 그러니 그들은 신앙생활을 한다고 믿었지만, 실제로는 자기 안의 타락한 법을 섬기고 있었던 것이지. 그 질서가 사람들을 진리 없는 종교에 묶어 두었고, 신의 이름에 매이게 했고, 외형에 순종하게 했네. 결국 그들은 한 번도 진리를 만나지 못한 채, 자기 안에 자리한 타락한 법을 따라 짐승의 틀 속에서 살아간 것일세."

리안의 눈빛이 흔들렸다. 그는 입술을 깨물며 속으로 중얼거렸다.

" …저도 … 이름을 부른다고 했지만, 실제로는 그 틀 안에 매여 있었습니다. 내면의 법이 무너지지 않으면 결국 하늘과는 전혀 상관없는 종교인이 되는군요."

트루드는 잠시 시선을 옮겼다가 다시 리안을 바라보았다.

"그렇네, 리안. **하늘의 아들**에서 사르그의 종교 지도자들을 책망하신 것도 바로 그것이네. 그분은 이렇게 말씀하셨지. 어떤 이들은 교인 하나를 얻기 위해 바다와 육지를 두루 다니다가, 한 사람을 개종시키면 결국 그 사람을 자신들보다 더한 지옥의 자식으로 만든다고. 겉으론 그 개종한 사람이 새로운 회심자처럼 보였지만, 실제로는 그를 더 깊은 속박으로 끌어들인 것이지. 진리를 모시지 않은 체제 안으로 들어오는 순간, 그는 더 강한 영적 결박 속에 묶여 버리게 된다네."

리안은 트루드의 그 말이 낯설었지만 동시에 그 말을 납득할 수밖에 없었다.

"…그 일은 지금도 계속 일어나고 있는 거군요."

트루드는 고개를 끄덕이며 조용히 대답했다.

"그렇지. 자네가 살고 있는 사르그에서도 계속 일어나고 있네. 사르그의 종교 체계는 지금도 겉으로는 경건하고 정결해 보이지. 하지만 그 속에는 여전히 사람의 타락한 내면의 법이 구조화되어 자리하고 있네. 그 구조화된 법이 무너지지 않는 한, 어떤 종교적 외형을 덧씌워도 결국 짐승의 질서에 묶일 수밖에 없는 거라네. 그 종교체제 안에서 내면의 법을 따라 사는 사람들은 회심하지 않은 채 신의 이름만 붙잡고 종교적 외형을 유지하지. 그것이 옳은 것이라고 확신하면서 말이네."

트루드의 말을 들으며 리안의 가슴 한쪽이 뻐근해졌다. 그는 입술을 조금 떼었다가 다시 다물었다. 잠시 뜸을 들이던 리안이 낮고 조심스럽게 말했다.

"저도 … 진리를 알고 있다고 생각했어요. 그런데 그게 아니었네요. 그 이름을 안다고 해서, 진리와 함께 산 건 아니었어요."

트루드는 말없이 리안을 바라보았다. 그 눈길 속에는 비난도 없고, 동정도 없고, 다만 진실이 머물렀다.

"바로 그게 예전에 유대인들이 하늘의 아들을 대적하던 형태가 그대로 유지되고 있는 짐승의 종교 왕국일세. 겉으로는 하늘을 말하지만, 그 중심엔 진리가 없고, 모두가 진리를 안다고 말하면서도 정작 누구도 진리와 동행하지 않는 구조. 그런 형태가 지금도 계속되는 곳이 사르그라네."

리안은 고개를 조금 숙였고, 눈빛은 바닥을 향해 있었다. 그 안에서 뭔가 오래된 것이 천천히 무너지고 있었다. 트루드는 리안의 마음의 반응을 받아내며, 말을 이어갔다.

"사르그는 처음부터 '말씀의 인격'이 아닌 '이름'을 붙잡았지. 사람의 타락한 법 위에 종교라는 건물을 지어 올렸네. 그래서 겉으로는 하늘을 말하는 것처럼 보였지만, 그 중심엔 하늘의 인격이 없는 그 속이 텅 빈 이름만 있었고, 그 텅 빈 이름을 반복하고 지키는 일이 신앙의 전부가 되어버린 것이지."

그는 손을 들어 자기 가슴 쪽을 가리키며 말을 이었다.

"문제는, 그 구조 안에는 진리가 들어갈 수 없었다는 것이네. 왜냐하면 그 내면의 법 자체가 이미 진리를 거부하는 성질을 갖고 있기 때문이지. 진리는 타락한 법과 공존할 수 없으니, 그 법이 무너지지 않는 한 말씀의 인격은 그 중심에 들어갈 자리가 없네. 하지만 사람들은 그 법을 무너뜨리려 하지 않았고, 오히려 그 위에 신의 이름을 얹고 체계를 만들어 세우고 그것을 신앙이라 선포했지."

리안은 천천히 눈을 들어 하늘을 바라보았다. 그는 어릴 적부터 수없이 들어왔던 그 이름을 떠올렸다. 그러나 그 이름들 속은 비어 있었고, 그 이름 안에 진짜 그분은 계시지 않았다.

트루드는 하늘을 바라보고 있는 리안을 바라보며 조용히 말을 이었다.

"하늘의 진리는 살아 있는 인격이기 때문에, 단순한 이름이나 틀로는 결코 담을 수 없지. 말씀을 하늘의 인격으로 바라볼 때만 비로소 진리를 만날 수 있다네. 하지만 짐승은 처음부터 경전에서 그분의 인격을 제거해 버리고, 그 자리에 이름만 남기고 사람 중심의 체계를 만들었네. 그리고 경전을 사람이 자기의 지식으로 해석하는 개념과 사람이 스스로 자기 삶을 통제하는 규범으로 바꾸어 버렸지. 그것은 사람들 안에 이미 들어 있던 타락한 법, 곧 사람 중심의 법과 딱 맞아떨어졌고, 그렇게 종교 체계는 완성되었네."

리안은 조용히 숨을 들이쉬었다. 지금까지 자신이 속해 있던 모든 신앙 구조가, 이름을 반복하며 스스로 의롭다고 여겼던 방식이, 실제로는 진리가 들어오는 것을 완전히 가리고 있었다는 사실이 마음을 흔들었다.

트루드는 다시 낮고 단단한 목소리로 말을 이었다.

"결국, 그 체계 안에서 사람들은 진리를 아는 것이 아니라, 이름에 적응하며 살아가는 거네. 이름은 반복되지만, 고백은 없고, 구조는 단단하지만, 생명은 없지. 그게 바로 지금도 계속되는 짐승이 세운 종교 제국이네."

트루드는 잠시 말을 멈추었다가 리안의 얼굴을 살피며, 다시 차분히 이어갔다.

"그런데 그 제국에 사는 사람들은 그 이름을 붙잡았기 때문에, 그 이름이 자신을 구원해 줄 것이라고 철석같이 믿고 있네."

리안은 그 자리에 조용히 앉은 채, 한참을 침묵했다. 그의 안에서 무엇인가 무너지고 있었고, 동시에 아주 조심스럽게 새로 심겨지는 것이 있었다.

트루드는 낮고 단호하게 말했다.

"짐승이 원한 구조가 바로 그것이지. 이름만 같게 만들고, 모두가 그 이름만 부르게 하면서, 실제로는 하늘의 복음을 대체해서 다른 복음과 다른 영을 받아들이게 만든 것이지."

리안은 고개를 조금 들었지만, 말은 하지 못했다. 트루드의 말이 그의 안에 오래 묵은 구조를 건드리고 있었기 때문이었다. 그는 과연 자신이 알고 부른 이름 속에 무엇이 있었는지 되짚기 시작했다.

트루드는 리안을 바라보며 설명을 이어갔다.

"겉으로는 모두 하나인 것처럼 보이도록 설계되었지만, 그 속에는 무수한 거짓이 섞여 있었네. 진리는 없고, 결국 그들에 의해 만들어진 신의 이름 안에 진리가 있어야 할 그 자리에 사람을 대신 집어 넣었네."

트루드의 눈빛은 흔들리지 않았다. 리안은, 마치 오래전부터 트루드가 이 구조를 꿰뚫고 있었음을 느낄 수 있었다.

"그래서 사람들은 그 이름을 외치지만, 그 이름 안에는 더 이상 진리가 없다네. 이름은 남았지만, 인격은 제거된 채 껍데기만 반복되고 있는 것일세."

리안은 침을 꿀꺽 삼켰다. 그가 그토록 애써 불렀던 신의 이름조차, 껍데기가 될 수 있다는 사실에 마음이 서늘해졌다.

이제 그의 마음 깊은 곳에 '이름이 아니라 인격'이라는 말이 새겨지고 있었다.

트루드는 리안을 바라보며 말을 이었다.

"이것이 진실한 신앙의 순서일세. 우리는 신을 알되, 그분의 말씀을 통해 그분을 알아야 하네. 이름으로 인격을 알아가는 것이 아니라, 인격으로 이름을 고백해야 한다네."

리안은 천천히 고개를 끄덕였다. 트루드는 계속해서 말을 이었다.

"그런데 사르그는 이 순서를 완전히 뒤집어버렸다네. 신의 말씀을 제거한 채 이름만을 반복하게 했고, 사람들로 하여금 그 이름 안에서 신을 안다고 착각하게 했지."

리안은 그 순간, 사르그 거리마다 울려 퍼지던 합창 소리와 설교자들의 외침이 떠올랐다. 모두가 힘차게 신의 이름을 반복해 불렀지만, 그 안에는 그분의 인격이신 말씀의 울림이 없었다는 사실이 이제야 또렷하게 느껴졌다. 이름은 가득했지만, 그분의 인격은 없었다.

리안은 조용히 숨을 들이마셨다. 이제 그는 자신이 붙잡아왔던 신의 형상이 낯설게 느껴지기 시작했다. 하지만 그 낯섦은 두려움이 아니라, 묘하게 해방처럼 다가왔다. 그동안 왜 자신이 그 이름을 부르면서도 마음이 공허했는지 알 것 같았기 때문이다.

트루드는 단호하게 말했다.

"사르그의 사람들은 더 이상 말씀 안에 계신 그분을 만난 것으로 그분을 아는 것이 아니라, 그저 '그 이름을 안다'라는 사실만으로 신을 안다고 말하지. 그러니 이름은 같지만 그 이름 안에 있는 본질은 다 다를 수밖에 없다네."

그 말이 끝나자, 리안은 고개를 천천히 숙였다. '이름이 아니라 말씀 안에 계신 그분이었어.' 그 고백이 그의 마음속에서 아주 조용하게, 그러나 또렷하게 피어오르고 있었다.

÷ ÷ ÷ ÷ ÷

리안은 잠시 숨을 고르다가 고개를 들었다.

"그러면 … 이제 저는 그분을 어떻게 불러야 합니까?"

트루드는 조용히 그러나 확실하게 대답했다.

"그분을 말씀의 신이라 부르게. 그분의 이름은 말씀이시기 때문이네. 말씀은 말이나 교리가 아니라 살아 계신 그분의 인격이고, 자네를 부르시는 생명일세. 내가 자네에게 그분을 말씀의 신이라고 부르라고 한 것은 그분을 이름으로 알지 말고, 말씀으로 그분을 알아야 한다는 말일세."

리안의 손끝이 떨리기 시작했다. 그는 오랜 시간 그 이름으로 기도했고, 그 이름으로 가르쳤고, 그 이름으로 옳고 그름을 분별했다. 하지만 지금은 그 모든 것이 허공에 흩날리는 메아리처럼 느껴졌다.

"자네는 지금까지 '이름'만 붙잡으면 진리가 자네와 함께할 거라고 믿었지. 하지만 그 이름 안에는 진리가 없었다네. 진리는 단지 어떤 말이나 기호가 아니라, 살아 있는 분이시기 때문이지. 그분은 살아계신 인격이시기에 자네가 진심으로 그분을 찾기를 원하시고, 지금도 자네를 기다리고 계시네."

리안은 고개를 들지 못한 채 가만히 들었다. 그동안 너무도 익숙했던 '이름'이라는 보호의 울타리가, 이제는 자신을 가두었던 벽이었음이 깨달아졌다.

트루드는 숨을 고르며 말을 이었다.

"말씀은 언제나 인격이었고, 언제나 생명이었네. 진리는 책 속에 갇힌 개념이나 규범이 아니네. 진리는 자네처럼 숨 쉬고 말씀하시는, 실제로 만날 수 있는 살아 있는 분이시지. 그래서 하늘의 진리는 정보나 지식으로 머리에 채우는 것이 아니라,

인격으로 만나야 하는 분이시네."

리안의 눈빛이 흔들렸다. 말씀을 '읽는다'라는 말은 익숙했지만, 말씀을 '만난다'라는 말은 전혀 다르게 다가왔다. 리안은 어딘가에서 그분이 자신을 보고 계신 듯한 느낌에 가슴이 떨려왔다.

트루드는 조금 더 부드럽게 말을 이었다.

"리안, 진리는 곧 하늘의 인격이시네. 그러니 진리를 안다는 건 어떤 지식을 쌓는 게 아니라, 그분을 실제로 만나 깊은 교제를 나눈다는 뜻이지. 그래서 하늘의 아들께서도 말씀하시지 않았나. '너희가 진리를 알지니 진리가 너희를 자유롭게 하리라.' 그 말씀은 단순히 지식이 사람을 자유롭게 한다는 뜻이 아니네. 오직 그분 자신이 내면의 법의 속박으로부터 자유하게 하신다는 의미지. 그러니 진리를 알기 위해서는 먼저 자네가 붙들고 있는 자기 기준을 내려놓아야 하네. 자기 기준이 주인이 된 채로는 결코 그분과 교제할 수 없기 때문이지. 진리는 사람이 해석하는 개념이 아니라, 사람을 꿰뚫고 다스리시는 인격이시네."

리안은 조용히 숨을 내쉬었다. 그 순간 트루드가 말한 '자기 기준'이라는 말이 큰 바위처럼 마음을 짓눌렀다. 그는 그 기준이 무너지지 않으면 진리도 들어올 수 없다는 사실을 직감했다.

트루드는 계속해서 천천히 말을 이었다.

"그러니 진리를 안다는 건 내가 주인이 되어 해석하는 게 아니네. 오히려 진리가 나를 비추고, 내 내면 깊은 곳에 숨어 있는 타락한 구조를 드러내는 것이지. 그분과의 교제 속에서 말씀이 자네를 꿰뚫고, 진짜 자네를 보여줄 때, 그때 비로소 진리를 본다는 말일세."

리안은 아무 말도 하지 못한 채 그 말을 마음에 새겼다. '진리가 나를 보는 것이구나. 내가 진리를 보는 게 아니라.' 그 단순한 깨달음이 그의 눈앞을 환히 비추었다.

그 순간, 그는 말씀 자체가 자신을 부르고 있다는 확신이 들었다. 리안은 그 부름 앞에서 어떤 말도 필요하지 않음을 알았고, 오직 깊은 침묵으로 답할 뿐이었다. 열린 창문 사이로 들어온 바람이 스쳐 지나가자, 흔들리던 불빛은 서서히 잦아들었고, 어둠 속에서 그는 자신이 붙잡아 온 껍데기뿐인 이름을 내려놓고 있었다. 그 내려놓음은 두려움이 아니라, 마치 새로운 길이 열리는 듯한 깊은 고요였다. 트루드는 곁에 조용히 머물렀다. 그의 침묵은 차갑지 않았고, 도리어 따뜻하게 리안을 감싸 주고 있었다.

÷ ÷ ÷ ÷ ÷

리안이 잠시 침묵하는 동안 트루드는 자리에서 일어나 부엌으로 들어갔다. 그는 작은 접시에 잘라 둔 빵 조각과 말린 과일을 담고, 쟁반 위에 찻잔과 함께 올려 거실로 돌아왔다.

리안은 서둘러 일어나 트루드의 손에서 쟁반을 받아 테이블 위에 올려놓았다.

트루드는 벽난로에서 은근히 끓고 있던 주전자의 물을 찻잔에 따랐다. 말린 꽃잎이 찻잔 안에서 퍼지며 은은한 향이 방 안 가득 번졌다.

"마시게."

트루드는 잔 하나를 리안 쪽으로 밀어주며 미소를 지었다. 리안은 두 손으로 잔을 받들어 들고 따뜻한 향기를 깊이 들이켰다. 차향이 목을 타고 내려가자 긴장했던 마음이 조금 풀리는 듯했다.

잠시 고요가 흘렀다. 리안은 빵 조각을 집어 들며 머뭇거리다가 조심스레 물었다.

"선생님, 말씀은 단순한 글자가 아니라 살아 계신 인격이라고 하셨지요. 그런데 말씀을 통해 그분을 정말 만나면 … 어떤 일이 일어나는지요?"

트루드는 손에 들고 있던 찻잔을 내려놓고 리안을 똑바로 바라보았다. 그의 눈빛은 고요했으나 흔들림 없는 확신이 담겨 있었다. 그리고 차향을 머금은 채 천천히 입을 열었다.

"리안, 복음서를 보게. 하늘의 아들이 종교인들과 마주하셨을 때, 그분이 하신 일은 칭찬이나 위로가 아니었네. 오히려 그들의 중심을 드러내고 무너뜨리셨네. 그들이 겉으로는 경건한 듯 보였지만, 그 속에는 하늘의 자리를 차지하려는 탐욕과 말씀을 자기 기준으로 재단하려는 교만이 자리 잡고 있었네. 그러니 그들은 결국 진리와 끊임없이 충돌할 수밖에 없었지.

진리이신 그분을 실제로 만나는 자리에서는 이 모든 것이 드러나 버렸네. 그들의 가식은 진리의 빛 앞에서 감추어지지 못했고, 끝내는 진리를 반박하다가 분노하여 그분을 대적하는 데까지 나아간 것이지. 이것이 바로 새롭게 태어나지 않은 종교인이 진리의 인격을 마주할 때 드러나는 실체라네.

진리는 언제나 사람의 내면 깊숙이 검처럼 파고들어, 타락한 법을 건드리며 그 뿌리를 흔들기 시작하지. 그렇기 때문에 진리의 인격을 만난다는 것은 처음부터 부드러운 위로로 시작되는 것이 아니라, 잘못된 중심을 드러내며 무너뜨리는 일로 시작되는 법이네."

트루드는 잠시 숨을 고르며 리안을 바라보았다. 그의 목소리는 고요했지만 흔들림 없는 확신이 담겨 있었다.

"말씀이신 그분의 인격은 단순한 기록이나 감동적인 문장이 아니네. 그분은 지금도 살아 계시며 지금도 움직이시는 분이지. 그분은 사람의 마음을 꿰뚫고 들어오셔서, 내면에 자리한 타락한 법을 무너뜨리고 그 자리에 생명의 말씀을 심으시는 분이시네. 그래서 그분을 만난다는 것은 위로나 칭찬으로 시작되는 일이 아니네. 오히려 숨겨진 어두움을 드러내어 무너뜨리는 일로 시작되는 것이지. 그리고 그 무너짐 이후에는 새로운 통치가 시작되네. 그분이 자네 안에 왕으로 자리하실 때, 자네의 삶 전체가 말씀을 중심으로 다시 세워지는 것이네."

그는 찻잔을 들어 천천히 한 모금 마시고는 다시 조용히 말을 이었다.

"말씀은 살아 있는 의사와 같네. 깊이 숨어 있는 병을 찾아내고, 암세포를 도려내듯 자네 속을 수술하시지. 겉으로 멀쩡해 보여도 속에 자리한 변질된 뿌리를 제거하듯, 말씀은 사람의 영과 혼과 육을 쪼개어 드러내고 고치며 새롭게 회복시키시는 것이네. 그래서 경전은 말씀을 '살아 있는 검'이라 부른다네.

그 검이 사람의 내면을 관통할 때, 말씀과 충돌하는 죄가 드러나고 제거되며, 마침내 참된 의의 길이 열리게 되는 것이지."

리안은 고개를 숙이며 손끝을 떨었다. 말씀을 자신의 지식으로 해석할 수 있다고 생각하며, 그 말씀을 단순한 정보나 지식으로만 여겼던 자신의 부끄러운 모습이 떠올랐다. 그러나 지금 그는 처음으로, 말씀이 실제로 살아서 움직이며 자신 안에서 역사를 시작하고 있다는 것을 느끼며 침묵하고 있었다.

트루드는 리안의 침묵의 의미를 이해한 듯 부드럽게 고개를 끄덕였다.

"자네가 정말 그분을 왕으로 모시고 싶고 그분을 진심으로 사랑한다면, 그 말씀이 자네 안에 들어와 하나하나 무너뜨리고 자네를 새롭게 세우실 걸세. 그것이 회심이고, 그것이 구원이라네."

그 말은 리안의 가슴 깊숙이 박혔다. 그는 더 이상 말할 수 없었다. 자신 안에 여전히 굳건히 자리 잡은 내면의 법이 실제로 자신을 다스리고 있었다는 사실을 부정할 수 없었기 때문이다. 그의 침묵 속에서 트루드의 목소리가 다시 이어졌다.

"결국 말씀이 자네 안에 들어와 왕좌에 앉아 다스리기 시작하며, 자네의 내면의 법에서 흘러나온 '죄'에 대한 생각이 바뀌고, '의'에 대한 기준이 바뀌며, '심판'에 대한 법의 기초가 달라지네. 곧 자네 안에 있던 모든 기준은 말씀에 의해 무너지고, 자네는 말씀의 기준으로 새롭게 태어나게 되지. 그때부터는 자네가 말씀을 판단하는 자리에 있지 않고, 오히려 그분이 자네를 다스리는 자리에 계시게 된다네. 이것이 바로 왕권의 교체이고, 주권의 교체이며, 진짜 회심이 일어나는 순간이지."

리안은 눈을 감았다. 더는 질문이 떠오르지 않았다. 이제는 받아들여야 할 시간이라는 것을 알았다.

÷ ÷ ÷ ÷ ÷

트루드는 리안을 바라보며 당부하듯 말을 이었다.

"그리고 꼭 기억하게. 그 말씀이 자네 안에 들어오기 시작하면 가장 먼저 일어나는 일은 감동이 아니라 전쟁이네. 자네 안에 있던 기준, 생각, 경험, 자아의 왕국을 향해 말씀은 의사가 수술하는 칼을 들고 오듯 검을 들고 들어오시지. 왜냐하면 자네 안에 자리잡은 내면의 법이 바로 진리를 막고 있던 암세포와 같은 구조였기 때문이네."

그의 목소리는 조용했지만, 그 안에는 결코 흔들리지 않는 단호함이 담겨 있었다. 리안은 순간적으로 마음 한구석이 저릿하게 찔리는 것을 느꼈고, 자신도 모르게 움켜쥔 손에 힘이 들어갔다. 감동이 아니라 전쟁. 그 말이 그의 머릿속을 울리고 있었다.

트루드는 리안의 눈을 바라보며 낮은 목소리로 이어갔다.

"말씀의 검은 결국 자네 중심에 있는 왕좌를 겨냥하네. 그 자리는 원래 신의 인격이신 말씀이 앉아야 할 자리인데, 지금은 자네가 그 자리에 앉아 있네. 진리는 그 자리를 되찾으려고 싸우는 것이고, 그 전쟁의 목적은 말씀이 내면의 법 위에 앉아 자네를 통치하던 죄를 쫓아내고 그 왕좌에 앉는 걸세."

리안의 가슴은 묘하게 뻐근해졌다. 그 말씀이 너무 직접적이어서 한순간 숨이 막히는 듯했기 때문이다. 그 자리에 앉아 있는 것이 자신의 자아며, 그것이 죄라는 말인가. 그의 눈은 다시 트루드를 향했다.

트루드는 조용히 그러나 단단한 어조로 이어갔다.

"그 자리가 누구의 것인지, 자네가 <u>스스로</u> 묻고 <u>스스로</u> 대답해야 하네. 그걸 인정하는 순간부터 진짜 전쟁은 시작되는 걸세."

리안은 떨리는 입술로 용기를 내어 물었다.

"제가 그 자리에 앉아 있다는 건 무슨 뜻인지 더 자세하게 알려주세요."

트루드는 리안의 마음을 알고 있었던 듯 천천히 고개를 끄덕이며 차분히 설명했다.

"그 자리는 하늘의 말씀과는 상관없이 자네가 스스로를 다스리던 자리네. 자네의 생각, 자네의 기준, 자네의 경험, 자네의 판단이 진리라고 믿었던 자리 말일세. 하지만 그 자리는 원래 타락한 자네의 내면의 법이 있어야 할 자리가 아니라, 하늘께서 계셔야 할 말씀의 자리네. 자네의 타락한 구조가 무너질 때야 비로소 그분이 그 자리를 차지하실 수 있는 자리 말이네."

그의 목소리는 낮고 조용했지만, 그 안에는 깊은 확신이 담겨 있었다. 리안은 말없이 고개를 숙였다. 마음속에서 무언가가 다시 무너지고 있었다.

÷ ÷ ÷ ÷ ÷

트루드와 리안은 한동안 따뜻한 차를 마시며 고요히 앉아 있었다. 벽난로에서 일렁이는 불빛이 방 안을 은근히 비추었고, 차향은 긴 대화를 이어온 두 사람의 마음을 잠시 풀어 주었다. 짧은 쉼은 숨을 고르는 듯한 평안을 주었지만, 리안의 눈빛은 다시 깊어졌다. 오래 묻어 두었던 질문이 떠오른 듯, 그는 조심스럽게 트루드를 바라보았다.

"선생님의 말씀을 들으니, 사르그가 종교의 도시가 된 까닭은 결국 사람들이 자기 안에 있는 타락한 내면의 법을 무너뜨리지 않은 채, 단지 신의 이름만 부르며 그것으로 만족했기 때문이었네요. 겉으로는 경건한 것 같아도 실제로는 자기 기준을 고집한 채 이름만 붙잡았고요. 그런데 진리를 알기 위해서는 반드시 이 도시를 떠나야만 하는지요? 아니면 이 안에서도 그분을 만날 수 있는 길이 있나요?"

트루드는 찻잔을 내려놓고 잠시 생각에 잠겼다가, 천천히 고개를 끄덕였다. 그의 목소리는 단호했으나 조용했다.

"좋은 질문일세. 자네가 이미 느끼고 있는 것처럼, 사르그는 단순히 돌과 벽으로 세워진 도시가 아니네. 그것은 사람들의 내면에서 시작된 것이지. 태어날 때부터 사람은 하늘의 법을 잃고 스스로가 법이 되어 살아왔네. 그러나 그 법은 온전한 법이 아니라 암세포처럼 변형되고 왜곡된 법이었지. 그 구조가 모여 큰 질서를 만들었고, 그 질서가 곧 사르그라는 도시가 된 것이네."

트루드는 잠시 숨을 고르며 말을 이었다.

"사람이 자기 안의 타락을 인정하지 못하면, 종교적 외형으로 그것을 덮으려 하지. 그러나 그 외형은 속박을 풀어 주는 것이 아니라, 오히려 더 깊은 사슬을 만드는 법이네. 자네가 경험한 사르그의 화려한 성전과 제도, 그것들은 모두 사람 안의 왜곡된 기준이 모여 세운 체제일세. 그래서 사르그에 머무는 자는 겉으론 경건해 보여도, 결국 자기 자신을 높이고 진리를 대적하는 길을 따를 수밖에 없네."

리안의 가슴은 무거운 것이 눌리듯 조여 왔다. 트루드의 말이 사르그 도시와 자기 자신을 동시에 비추는 거울처럼 다가왔기 때문이다.

트루드는 차를 한 모금 마신 후 다시금 리안의 눈을 똑바로 바라보며 말을 이었다.

"그러니 자네가 질문한 대로, 이곳 안에서 진리를 만날 수 있느냐 묻는다면, 대답은 분명하네. 사르그는 진리가 앉을 자리를 허락하지 않는 구조라네. 사람의 타락한 내면 위에 세워진 종교 체제 안에서는 아무리 이름을 부르고 선행을 쌓아도, 결국 자아가 왕좌에 앉아 있을 뿐이지. 그래서 반드시 그 자리에서 벗어나야만 하네. 떠남은 곧 단절을 의미하는 것이 아니라, 오히려 참된 만남을 향한 준비라네. 진리는 거짓된 틀에서 벗어날 때만 비로소 인격으로 다가오시는 분이지."

리안은 말없이 고개를 숙였다. 따뜻한 차향은 여전히 방 안에 감돌았지만, 그의 내면은 차가운 바람 앞에 선 듯 떨리고 있었다. 그는 이제 자신이 붙잡아 온 울타리와 습관, 그리고 사르그라는 도시가 곧 자기 안에 있는 타락한 법이 모여 만든 구조였음을 알았다. 그 구조 위에서는 결코 말씀의 인격을 만날 수 없다는 사실이 가슴 깊이 새겨졌다.

트루드는 조용히 찻잔을 들어 한 모금 머금었다가, 다시 내려놓으며 말을 이었다.

"앞서 언급했듯이 사르그는 경전에서 하늘 아들의 인격을 제거시켰네. 말씀은 개념과 규범이라고 가르쳤고, 신은 세상의 지혜로운 자가 그 글자를 해석해야만 알 수 있는 존재라 말했지. 곧 말씀에서 인격을 지워버리고 그 자리에 사람을 세운 것이네. 그러니 사람들은 말씀을 자기 기준으로 해석했고, 신을 자기 틀 안에 가두었지. 결국 말씀을 도구로 삼아 체계를 만들고, 그 위에 종교를 세운 것이네. 그 종교는 진리를 대적하는 구조가 되었지."

리안의 눈에 작은 떨림이 일었다. 지금껏 쌓아왔던 모든 신학과 이론이 무너지는 성처럼 보였다. 그는 자신이 신을 안다고 했던 모든 말들이 사실은 껍데기였음을 부인할 수 없었다.

트루드는 조용히 그러나 단호하게 이어갔다.

"말씀은 하늘의 신이네. 말씀은 곧 신의 인격이지. 그런데 사르그 사람들은 인격을 지운 말씀을 외우며 인격 없는 신앙을 유지하려 했네. 그래서 종교가 되었고, 구조가 되었지만, 하늘의 생명은 그곳에 없었지.

그래서 하늘의 말씀은 살아 계신 분으로 사람을 구원하기 위해 타락한 사람의 내면의 법과 그 위에 세워진 종교 체제를 무너뜨리러 오셨지. 그러나 그분은 아무 마음에나 들어오지 않으시네. 단순히 자리를 차지하려는 분이 아니라, 사람이 진리를 사랑하고 그분과 연합하기를 원할 때, 그분은 진리를 사랑하는 자의 내면의 법을 무너뜨리고 들어오시는 분이시지.

그분은 강제로 들어오시지 않네. 문을 두드리시되, 사람이 그 문을 열어 그분을 받아들일 때만 들어오시네. 왜냐하면 그분은 인격이시기 때문이지. 그분은 그분의 음성을 듣고 그분을 사랑하고 신뢰하여 자리를 그분께 내어드리는 사람 안에만 왕으로 좌정하시네."

리안은 말하려다 그저 고개를 숙였다. 더는 설명이 필요하지 않았다. 그분이 지금 문밖에서 자신의 문을 두드리고 계시며, 그 문은 자신이 열어야 한다는 사실이 너무도 분명했기 때문이다.

그는 마음을 가다듬고 떨리는 목소리로 조심스레 물었다.

"그렇다면 말씀을 사랑하지 않는다면 … 결국 신을 만날 수 없다는 말씀이군요?"

트루드는 고개를 끄덕이며 낮게 대답했다.

"그렇네. 말씀을 사랑하지 않는데 어떻게 말씀과 연합할 수 있겠는가? 말씀과의 연합은 마치 두 인격이 서로 사랑하며 하나가 되는 것이라네. 그런데 사르그는 말씀을 인격으로 대하지 않았지. 그들은 생명의 말씀을 하나의 물건처럼 취급하며, 자신이 교회에 나오거나 헌신으로 값을 치르면 곧바로 그 생명을 얻을 수 있다고 가르쳤네. 결국 하늘의 말씀이신 생명을 언제든 사고팔 수 있는 물건처럼 여겼던 것이지. 이것은 하늘의 인격을 존중하는 태도가 아니라, 그분의 인격을 무시하는 태도일세. 마치 누군가를 사랑하지 않으면서도, 그 사람이 무조건 자신을 사랑해야 한다고 생각하는 것과 다르지 않네. 이것은 상대를 향한 인격 모독이지."

그는 들었던 찻잔을 조용히 내려놓고 말을 이었다.

"생각해 보게. 우리가 누군가를 인격으로 사랑한다고 해 보세. 그렇다면 그 인격 앞에서 함부로 할 수 있겠는가? '내가 그 만남의 장소에 나가주기만 해도, 상대는 감지덕지하며 무조건 나를 사랑해야 한다'라고 여기는 것이 어떻게 진짜 사랑이 될 수 있겠는가. 오히려 늘 두려운 마음으로 '내가 아무리 좋은 것을 선물해도, 그가 내 선물을 받지 않으면 어쩌지' 하고 자신을 낮추는 마음이 생기지 않겠는가. 이것이 인격을 향한 진짜 사랑 아니겠는가. 바울이 말한 구원에 대해 두렵고 떨림도 같은 자리라네. 그것은 단순히 구원의 불확실성이나 조건부 보장이라는 의미가 아니라, 그분을 너무나 사랑하기 때문에 생겨나는 떨림이네. 구원이 오직 그분의 마음에 달려 있으며, 나는 구원에 있어서 전적으로 수동적인 존재일 뿐이라는 자각이지. 내가 온 마음을 다해 사랑하지만, 그 인격이 나를 받아주실지, 내 사랑을 받아주실지 모른다는 경외의 떨림 말일세. 그러니 두려움이란 그분 앞에서 내가 한없이 작은 존재임을 아는 동시에, 불타는 사랑 속에서 상대의 인격을 존중하고 높이기 때문에 생겨나는 마음이라네."

트루드는 리안을 똑바로 바라보며 단호하게 덧붙였다.

"그러나 사르그의 종교는 하늘의 인격을 그렇게 대하지 않았네. 그들은 '교회에만 나오면 구원을 받는다'라고 가르쳤지. 그래서 사람들은 '내가 여기 와 있는데 그분이 구원하지 않겠어? 내가 이렇게 사람들로부터 존경을 받을 정도로 선하게 살았는데 구원을 받는 것은 당연하지 않겠어? 내가 이렇게 희생하고 헌신했는데 당연히 그분이 가진 것을 다 주겠지' 하며, 하늘의 인격을 무조건 받아주어야 하고, 가진 모든 것을 내어주어야 하는 존재처럼 여겼네. 이것은 사랑이 아니라 인격에 대한 모욕일세. 말씀은 살아 계신 인격이시며, 그분을 무시하거나 이용하는 자리에서는 결코 연합이 일어나지 않네. 연합은 오직 사랑과 존중 속에서만 이루어지는 법이지."

트루드의 말은 리안의 마음을 꿰뚫고 들어왔고, 리안은 입술을 굳게 다물었다. 그의 마음은 부끄러움으로 깊이 찔렸다. 그는 설교했고 구절을 외웠고 진리를 가르친다고 했지만, 정작 말씀을 그분의 인격으로 사랑한 적은 없었다. 그러면서 그분이 자신을 사랑할 수밖에 없다고 느끼며 자신을 높였다. 그에게 말씀은 늘 책이었고, 신앙은 틀이었고, 신은 분석의 대상일 뿐이었다.

"저는 그분을 인격이 아니라 물건 취급했었습니다…"

그는 자책하듯 낮게 중얼거렸다.

"경전을 수없이 읽었지만, 그 안에서 그분을 만난 적은 없습니다. 저에게 말씀은 지식이었고, 신은 개념이었습니다. 제가 한 말들은 진리가 아니라 그저 제 생각에서 나온 말이었을 뿐입니다."

트루드는 고개를 끄덕이며 부드럽지만, 단단히 말을 이었다.

"그게 바로 자네 내면에 있는 사르그네. 내면이 타락했는데, 그 위에 종교의 천으로 덮어버렸지. 진리가 없는 곳에 신의 이름만 남았네. 경전의 말씀은 반복되었지만, 그 말씀은 생명이 아니라 틀이 되었고, 신은 이름 속에 가려져 개념과 규범으로 정의된 경건 속에 묻혔지."

리안은 조용히 숨을 고르며 자신이 걸어온 길을 되짚었다. 자신 안에도 사르그가 있다는 것이 충격으로 다가왔다. 지금껏 말씀을 전했지만, 그분의 인격은 자신 안에 없었고, 신을 전한다고 했지만, 말씀의 신은 자신 안에 계시지 않았다. 자신이 섬긴 것은 신이 아니라, 신에 대한 자기 생각과 경험이었다. 자신의 이러한 모습이 사르그와 닮아 있었다. 사르그 도시는 자신의 내면에 이미 세워져 있었던 것이다.

트루드는 다시 부드럽게 그러나 분명하게 이어갔다.

"하늘의 말씀이 중심에 없는 신앙은 결국 사람이 주인이네. 자기 생각과 감정으로 만들어낸 신을 섬기는 것이지. 그것은 진리가 아니라 진리를 가장한 환상일세. 진짜 신은 말씀 안에만 드러나고, 그 말씀은 곧 그분의 인격이시지. 사람을 부르시고, 꿰뚫으시고, 무너뜨리고, 새롭게 하시는 분이시네."

리안은 가슴을 눌렀다. 자신 안에는 자신도 알지 못했던 공간이 있었다. 그곳은 원래 말씀이 앉으셔야 할 왕좌였지만, 지금까지는 자신의 자아가 주인 행세를 하고 있었던 것이다. 그리고 그 자아는 종교적 외형으로 포장된 채 편안히 자리를 지키고 있었다.

트루드의 목소리는 더 깊어졌다.

"말씀은 책이 아니네. 말씀은 살아 있는 분이고, 자네와 하나 되기를 원하는 인격이시지. 그래서 자네는 그분의 살과 피를 양식으로 먹고 마셔야 하네. 그래야 그분의 살과 피가 자네의 살과 피가 되는 것이네. 이는 양식을 먹으면 그것이 내 살과 피가 되는 것과 같은 이치일세. 그래야 그분이 자네와 하나가 되는 것이네."

리안은 조심스럽게 물었다.

" …그럼, 말씀은 그분의 살이고, 복음은 그분의 피라는 말씀이군요."

트루드는 고개를 끄덕였다.

"그렇다네. 말씀은 그분의 살이고, 말씀 안에 하나의 물줄기로 흐르는 생명을 지닌 복음은 그분의 피일세. 그 피 안에 하늘의 생명이 흐른다네. 그분을 먹고 마시면, 살은 자네 안에서 자라나고 피는 자네 안에서 순환하지. 그래서 반드시 둘 다 있어야 하네. 그래야 그분과 하나 되고, 진짜 그분의 생명이 자네 안에 자라나는 것이지.

아담이 하와를 보며 '이는 내 살 중의 살, 뼈 중의 뼈'라고 말하지 않았나. 그건 사랑의 고백이자 연합의 선언일세. 말씀도 그렇네. 말씀이 자네의 살이 되고, 복음이 자네의 피가 될 때, 비로소 자네는 그분과 하나 되어 그분을 자신처럼 사랑하게 되지. 그렇게 연합되지 않으면 아무리 '사랑합니다'라고 외쳐도, 그건 공허한 구호일 뿐이네. 그분을 자신처럼 사랑할 수도 없지. 그분이 자네가 되지 않았는데 어떻게 그분을 자네처럼 사랑할 수 있겠는가?"

리안은 그 말을 듣고 가만히 고개를 숙였다. 입으로는 그분을 끊임없이 사랑한다고 말해왔지만, 실제 그의 마음은 여전히 사르그의 질서 안에 머물러 있었음을 깨달았다. 그는 속으로 떨리는 마음으로 물었다.

" …그렇다면, 그분과의 연합은 단순히 고백으로 끝나는 게 아니라, 그분의 뜻이 내 중심에 들어와 그분의 뜻에 따라 그분과 동행해야 한다는 말씀이군요?"

트루드는 잠시 미소를 머금으며 고개를 끄덕였다.

"옳네. 살과 피로 하나 되는 것은 결국 그분의 뜻이 자네 안에 들어와 중심을 차지함으로 자네의 삶 전체가 그분을 따르는 길로 옮겨지는 것을 뜻하지. 그분과의 연합은 육신의 감정이 아니라, 길을 선택하는 실제적 걸음으로 드러나네. 또한 그분과 동행하며 자네에게 주어지는 그분 때문에 지는 십자가는 그분을 사랑한다는 증거가 될 것이라네."

그는 잠시 말을 멈췄다가, 더 깊은 눈빛으로 덧붙였다.

"그러니 자네가 정말 그 진리의 인격과 연합하기를 원한다면, 이 도시를 떠나야 하네. 사르그의 북동쪽에 있는 좁은 문을 지나야 하지. 그 문은 누구나 지나갈 수 있는 문이 아니네. 오직 진리를 사랑하는 이들에게만 허락된 문이지. 그 문을 지나면 자네는 좁은 길을 따라 '율법의 성'을 지나고, '예언의 성'을 지나, 마침내 '진리의 성'에 들어가게 될 걸세."

리안은 그 말을 들으며 천천히 숨을 들이쉬었다. 마음 깊은 곳에서부터 무언가가 크게 요동쳤다.

트루드는 계속해서 말을 이었다.

"그 여정에서 자네는 말씀의 영과 동행하게 될걸세. 그리고 그분에 의해서 자네 안에 있던 타락한 내면의 법의 구조가 하나씩 무너지게 될 걸세. 처음에는 자신도 몰랐던 자아의 성벽이 드러나고, 그 다음엔 종교가 남겨놓은 구조들이 하나씩 깨어지게 되지. 결국 마지막 성에 다다르면, 자네 안에 있던 내면의 법이 완전히 무너지고, 진리의 성에서 하늘의 생명과 연합하게 될 것이네. 그분은 자네의 왕좌에 앉으실 것이고, 자네는 참된 생명을 얻은 자로 하늘에 속하게 될 것이네."

그 말은 부드러웠지만, 리안의 마음에는 날카로운 검처럼 깊이 박혔다. 그는 눈을 감고 입술을 다물었다. 말씀이 그의 마음을 흔들고 있었고, 기억과 생각들이 그를 잠잠하게 만들었다.

트루드는 리안의 침묵을 기다려주었다. 그리고 마지막으로 덧붙였다.

"이전에 말했듯이, 이 길은 옳기 때문에 가는 것이 아니네. 그분을 사랑하기 때문에 가는 길이지. 결단으로 가는 것도 아니고, 오직 사랑의 향기에 이끌려 걷는 길일세."

리안은 고개를 끄덕였다. 그 말이 깊이 스며들었다. 그것은 단순한 선택이 아니라, 자기 안에 세워져 있던 부패한 왕국을 무너뜨리고, 진리의 인격을 받아들이는 일이었다.

그는 눈을 감았다. 이 여행은 단순히 떠나는 것이 아니라, 자신의 안에 있던 잘못된 왕국을 허무는 여정이었고 새로운 왕을 모시는 길이었다. 진리를 향한 여정은, 바로 타락한 내면의 구조가 드러나는 순간부터 시작되는 것이었다.

트루드는 잠시 리안을 바라보다가 조용히 말했다.

"피곤할 테니 이제 들어가 쉬게."

그 말에는 따뜻한 권면이 담겨 있었다. 리안은 고개를 숙이며 방으로 향했다. 그러나 몇 걸음 가지 않아 멈춰 섰다. 그는 다시 트루드를 향해 몸을 돌렸고, 낮지만, 확고한 목소리로 말했다.

"선생님 … 저는 떠나겠습니다."

그 눈빛에는 결단이 담겨 있었다. 리안은 다시 입을 열었다.

"이 길이 옳아서가 아니라 … 사랑하기 때문에 떠나겠습니다. 저는 이 진리를 사랑합니다. 그리고 이 진리와 연합하기를 원합니다. 여기에 머무는 동안, 제 안에 진리를 향한 사랑이 있다는 것을 확신하게 되었습니다."

트루드의 입가에 고요한 미소가 번졌다.

"잘 생각했네. 그 사랑이 자네를 이끌 것이네. 그 향기가 좁은 문을 지나 진리의 성으로 자네를 인도할 것일세."

리안은 다시 트루드에게 다가가 고개를 숙였다. 그리고 조심스럽게 말했다.

"지난번에 말씀하신 그 지도 … 좁은 문과 세 개의 성, 율법의 성과 예언의 성, 그리고 마지막 진리의 성으로 향하는 길이 기록된 그 지도를 부탁드립니다."

트루드는 말없이 고개를 끄덕였다. 그는 장롱을 열어 손때 묻은 작은 가죽 두루마리를 꺼내 리안에게 내밀었다.

"이 지도를 잘 간직하게. 지식으로 길을 찾지 말고, 오직 사랑으로 길을 찾게. 자네가 말씀을 사랑하기 때문에 이 길을 걸어간다면, 그분은 반드시 자네를 인도하실 걸세."

리안은 두 손으로 지도를 받았다. 작고 가벼운 두루마리였지만, 그 안에 담긴 그려진 한 길, 한 길이 품고 있는 위엄이 두루마리를 결코 가볍게 느껴지지 않게 했다. 그는 방으로 돌아와 트루드에게서 받은 지도를 자세히 살펴본 후 그 지도를 소중히 다시 말아 가방에 넣고 침대에 누웠다. 고요한 방 안에서 리안의 마음은 두려움과 설렘이 동시에 일렁였다. 그러나 그 모든 것을 덮는 평안이 있었다.

그는 눈을 감았다.

사랑이 이끄는 여정은 이제 시작을 알리고 있었다.

제 4 장

죄의 길

아침이 되자, 리안은 조용히 눈을 떴다. 창문 너머로 쏟아지는 햇살이 방 안을 부드럽게 감싸고 있었고, 그는 천천히 몸을 일으켰다.

그는 작은 숨을 들이쉬고 문을 열었다.

트루드는 이미 마당에 나와 있었다. 리안의 얼굴을 보자 그의 얼굴에는 어김없이 잔잔한 미소가 피어올랐다.

"어서 앉게, 리안. 잘 잤는가?"

트루드가 물으며 찻잔에 차를 따랐다.

"네, 감사합니다."

리안은 공손히 잔을 받아 들었다.

둘은 말없이 차를 마셨고, 그 짧은 침묵 속에 서로의 마음이 충분히 전해졌다.

잔을 내려놓은 후, 리안이 먼저 입을 열었다.

"이제 가봐야 할 것 같습니다. 아직 정리해야 할 것들이 남아 있어서요. 그동안 … 정말 감사했습니다."

트루드는 조용히 고개를 끄덕였다.

"그 길, 쉽지는 않을 걸세. 그러나 자네는 이미 그 길 위에 있네. 진리가 자네 안에 새겨졌고, 자네는 이제 자네가 사랑하는 그 진리를 따라 살아갈 테니 말이네."

리안은 그 말을 조용히 되새기며 고개를 숙였다. 짧은 침묵이 흘렀다.

트루드는 그의 어깨를 가볍게 두드렸다.

"기억하게. 돌아갈 곳은 자네가 살던 도시가 아니라, 그분의 품일세."

그 말에 리안은 미소 지으며 고개를 끄덕였고, 방에 돌아가 가방을 챙겼다. 그가 다시 나왔을 때, 트루드는 손수 준비한 작은 꾸러미를 내밀었다. 헝겊에 곱게 싸인 빵과 말린 열매, 물 한 병이 정성으로 담겨 있었다.

"먹을 것을 좀 챙겼네. 사르그로 가는 길이 짧지 않지."

리안은 두 손으로 그것을 받아들고 트루드의 따뜻한 배웅에 고개를 숙였다.

그는 트루드와 애틋한 작별 인사를 나눈 뒤, 조용히 사르그를 향해 발걸음을 돌렸다. 리안은 뒤돌아보지 않고 걸어갔고, 트루드는 그 뒷모습을 끝까지 바라보았다.

광야의 여정을 지나온 리안은 사르그에 다시 발을 디뎠다. 사르그는 더 이상 그에게 안식처가 아니었고, 그곳에 머물러야 할 이유가 남아 있지 않았다. 그러나 떠나기 위해서는 반드시 정리해야 할 것들이 있었다.

그는 자신이 지내던 집으로 향했고, 익숙한 복도를 따라 방 안으로 들어섰다. 한때 무릎 꿇고 기도하던 마룻바닥을 다시 밟았고, 정성 들여 적었던 노트와 메모들을 스쳐 지나갔다. 벽에 걸린 문구들은 여전히 경건함을 말하고 있었지만, 그의 마음은 아무것에도 붙들리지 않았다.

그는 한동안 방 한가운데 조용히 앉아 침묵했다. 그 침묵 속에서 트루드의 마지막 말을 떠올렸다.

"모두 내려놓고 한 성에 들어갈 것만 챙기게. 그다음 성을 위해 필요한 것들은 그 성의 성주가 챙겨줄 걸세. 자네가 말씀을 진심으로 사랑한다면, 그 사랑 때문에 모든 것을 포기할 수 있을 것이네. 우선순위는 항상 사랑의 크기로 정해지지."

그때는 그 말의 의미가 선명하게 다가오지 않았지만, 지금은 마음으로 조금씩 깨달아지고 있었다. 그에게 말씀은 이제 계시나 가르침이 아니었다. 그의 마음을 움직이는 하늘의 인격이었고, 사랑의 대상이었다. 그 사랑이 그가 붙잡고 있던 것들을 하나씩 내려놓게 하고 있었다.

그는 이제야 하늘의 아들께서 "한 종이 두 주인을 섬기지 못할 것이니, 혹 이를 미워하고 저를 사랑하거나, 혹 이를 중히 여기고 저를 경히 여김이라." 라고 말씀하셨는지를 깨닫기 시작했다.

그 말씀은 전에는 지나치게 극단적으로 느껴졌지만, 지금은 너무나 당연하게 다가왔다. 이 길은 실제로 내려놓지 않으면 시작조차 할 수 없는 여정이라는 사실을 그는 부인할 수 없었다.

그는 서번에 머물고 있을 때 트루드가 들려주었던 망대의 비유를 떠올렸다. 망대를 세우려는 자는 먼저 앉아 그 비용을 계산하지 않으면 안 된다고 하셨다. 무엇이 가장 소중한 것인지를 정하지 않은 채 걸음을 내디딘다면, 결국 중간에서 멈출 수밖에 없을 것이라는 자각이 마음 깊이 찾아왔다. '무엇 때문에 이 길을 가는지를 생각하지 않고 막연하게 그냥 가다 보면 길이 열리겠지' 라는 생각으로는 결코 끝까지 갈 수 없다는 사실을 그는 이제야 진심으로 인정하게 되었다.

그는 자리에서 일어나 하나씩 물건들을 정리했다. 필요 없는 옷을 꺼내어 내려놓았고, 종교적 규율이 적힌 책자들을 골라냈다. 그리고 남겨질 사람들에게 전할 편지를 조용히 접어두었다. 그는 더 이상 자신이 가는 길에 대하여 설명하거나 변명하지 않기로 결심했다. 누구에게도 자신의 길을 증명할 필요가 없다고 여겼다. 말씀은 그분의 길이었고, 그 길은 오직 그분을 향한 사랑 때문에 걷는 길이기 때문이었다.

그는 이제 알고 있었다. 광야로 나가는 이 여정은 단지 장소를 옮기는 일이 아니라, 마음 깊은 자기 내면의 질서를 부수는 길이라는 것을. 리안은 세상의 시선과 안락을 벗어던지는 그 길을 떠날 준비에 마음을 쏟았다.

장기간 여행을 위해 적당한 배낭 하나를 준비했다. 그리고 빵과 물, 옷가지 약간, 메모장, 그리고 트루드가 손수 건네준 지도를 챙겼다.

떠나는 날, 그는 동이 트기 전 마지막으로 침실의 창문을 열었다. 사르그의 공기는 차가웠고, 거리엔 아직 검푸른 어둠이 남아 있었다. 그러나 그는 위축되지 않았다. 그 어둠 안에, 말씀의 향기가 더욱 선명하게 느껴졌다. 그것은 어디선가 불어오는 바람처럼 그의 가슴을 부풀게 했다.

"나는 이 길이 옳은 길이라서 가는 것이 아니라, 진리를 사랑해서 이 길을 간다."

그의 입에서는 자신도 모르게 이 말이 숨결에 실려 나왔다.

이 고백을 할 때 아가서의 고백이 리안의 귓전에 맴돌았다.

"네 기름이 향기로움으로 인하여 네 이름이 쏟아지는 향유 같으니, 그러므로 처녀들이 너를 사랑하나이다."

그의 발걸음은 사랑하는 이를 향해 내딛는, 두근거리는 심장의 고백이었다. 그는 준비를 마쳤다. 몸에는 장기간의 여행을 잘 견딜만한 외투를 걸쳤고, 발목을 덮는 단단한 신발을 신었다. 그가 챙긴 모든 것은 오직 하나의 목적을 위해 존재했다.

÷ ÷ ÷ ÷ ÷

그는 사르그의 북동쪽 외곽을 향해 걸었다. 리안은 아무도 관심 두지 않는, 오래된 숲속 같은 외진 길을 따라 나아갔다. 그 길 위에는 오랫동안 인적이 없어서인지 잡풀들이 길게 자라

길을 구분하기가 쉽지 않았다. 사람의 발자국 하나 보이지 않는 들판을 묵묵히 걸었다. 그리고 마침내 트루드가 일러준 광야로 나가는 문 앞에 도착했다.

문은 생각보다 작았고, 오래되어 보였다. 바닥에는 덩굴과 잡초가 엉켜 있었고, 모서리가 깨어진 돌기둥들이 오랜 세월 동안 그곳을 지탱하고 있었음을 말해주고 있는 듯했다. 최근에 누군가 지나갔을 법한 흔적은 보이지 않았다. 그 문은 사람들의 기억 속에서 지워진 길처럼 보였다. 이 문은 사람들의 말들에만 수없이 오르내리는 문이었고, 실상 그 문으로 들어가는 사람들은 거의 없었다.

그는 문 앞에 멈춰 섰다. 문은 닫혀 있었고, 위에는 낡은 돌판 하나가 가로로 깊이 박혀 있었다. 거칠게 패인 그 표면에는 오래전 누군가에 의해 새겨진 글씨가 바래진 채 남아 있었다.

이 문은 단순한 출입구가 아니었다. 그 돌판의 글은 이 길이 우연히 세워진 길이 아님을 말해주고 있었다. 누군가가 이 문 위에 말씀을 새긴 것은, 이 문을 통과하려는 사람에게 경고이자 초대였고, 선언이자 질문이었다.

그는 그 돌판에 새겨진 문장을 천천히 읽었다.

"좁은 문으로 들어가라, 생명으로 인도하는 문은 좁고 길이

협착하여 찾는 이가 적음이라."

글자 하나하나가 가슴 깊이 파고들었다. 많은 이들이 외면했던 그 좁은 문이 지금 그의 앞에 있었고, 이제 리안은 그 문이 두렵지 않았다. 오히려 그 문 앞에서 마음이 낮아졌고, 감사가 차올랐다.

사람들의 눈에는 그 문이 좁고 불편해 보였을지 모르지만, 말씀의 향기에 취한 리안의 눈에는 그 문이 다정하게 다가왔다. 사랑이, 진리를 향한 갈망이 그의 시선을 바꾸었다.

그 문을 오래 바라보던 리안의 마음속에 문득 한 구절이 떠올랐다.

"그는 그 앞에서 연한 싹 같고 마른 땅에서 나온 뿌리 같았으며, 그에게는 고운 모양도 없고, 풍채도 없었으며, 우리가 보기에 흠모할 만한 아름다움도 없었도다."

이 문도 그 구절과 닿아 있었다. 겉으로는 아무것도 끌리지 않았고, 눈길조차 멈추지 않을 만한 초라한 모습이었지만, 리안은 이상하게도 이 문에 매력이 느껴져 눈을 뗄 수 없었다.

그 순간, 리안은 하늘의 아들께서 하신 말씀이 떠올랐다.

"내가 곧 양들의 문이니라."

그 말씀은 눈앞의 이 문과 겹쳐지며 마음 깊은 곳을 울렸다.

사람들의 눈에는 그저 낡고 초라한 문으로 보였겠지만, 리안에게는 오히려 그분을 닮은 문으로 다가와 사랑스럽게 보였다. 마치 말씀으로 지어진 문처럼, 사랑은 그의 눈을 열어 그 안에 숨겨진 아름다움을 보게 했다. 사람들은 흠모하지 않았으나, 그는 사랑했기 때문에 바라보았고, 바라보았기 때문에 더욱 사랑하게 되었다.

문 위에 내려앉은 먼지와 흠집, 금이 간 돌기둥조차도 이제는 오래된 찬송처럼 들려왔다. 그 문을 향한 리안의 마음이 모든 것을 새롭게 바라보게 했다.

많은 이들이 무심히 지나쳤던 그 무명의 문은, 리안에게는 마치 추억 속의 고향의 대문처럼 정겹고 소중하게 다가왔.

그 문은 작고 낡았지만, 오래전부터 사랑하는 자를 기다리며 그 자리를 지키고 있는 인격처럼 서 있었고, 리안은 그 문 앞에 멈춰 서서 한동안 그 문에 시선을 떼지 못했다. 그 순간 그의 안에서는 설명할 수 없는 갈증이 다시 치밀어 올랐다. 그것은 단순히 지식의 부족이나 신앙의 공백에서 오는 허전함이 아니라, 말씀을 인격으로 대면한 순간부터 마음 깊은 곳에서 솟구쳐 오르기 시작한 갈망이었다. 바로 그 갈망이 리안이 좁은 문을 기쁨으로 통과하게 하는 힘이 되고 있었다.

그는 그분에 대해 더 알고 싶었고, 더 가까이 다가가고 싶었으며, 이제 진리를 이해하려는 갈망이 아니라, 그분을 만나고자 하는 열정으로 가득했다. 그 갈증은 그를 무너뜨리기보다 내려놓게 했으며, 억지로 무릎 꿇게 하기보다 자발적으로 몸을 낮추게 했다.

진리를 향한 그의 사랑은 좁은 문 앞에서 머뭇거리지 않게 하는 힘이 되었다. 그는 그 문을 두려워하지 않았다. 문이 좁아서 많은 것을 버려야 한다는 사실도 그에게는 아무런 걸림이 되지 않았다.

그 문 자체가 말씀의 향기로 가득하다는 사실 하나만으로 충분했다. 말씀을 향한 갈망이 모든 내면의 저항을 잠재웠고, 그분을 향한 사랑이 모든 이성적 계산을 녹여냈다.

리안의 마음속에는 또다시 하늘의 아들께서 하신 말씀이 떠올랐다.

"내가 문이니, 누구든지 나로 말미암아 들어가면 구원을 받고, 또 들어가며 나오며 꼴을 얻으리라."

그 말씀은 좁은 문 앞에 선 그의 마음을 더욱 뜨겁게 하였고, 지금 그가 들어가려는 문이 단순한 상징이나 제도의 경계를 넘는 것이 아니라, 살아 계신 말씀, 곧 그분 자신이라는 것을 리안은 더욱 분명히 깨달았다.

그 깨달음은 리안에게 하늘의 지혜로 다가왔고, 그 지혜는 그의 발걸음을 밀어주는 실제 힘이 되었다. 그 사랑이 그를 끌어당겼고, 그 목마름이 그를 눌러 앉히지 않고 일으켜 세웠다.

그는 문 앞에서 고개를 숙이고, 몸을 낮추었다. 무릎을 굽혀 문 앞의 흙바닥에 손을 짚었다. 낡은 돌 하나하나가 무릎을 찔렀다. 바람은 어깨 위로 먼지를 실어 날랐으나, 그는 두려워하지 않았다. 오히려 말씀이 가까워지고 있다는 확신이 그를 더욱 담대하게 만들었다.

그는 알았다. 그 문 너머에는 더 깊은 말씀이 기다리고 있다는 사실을. 그리고 그 말씀은 향기처럼 흘러나와 그의 마음을 설레게 하며 그의 발걸음을 재촉했다.

"나는 이제 말씀 안에 담긴 그분의 숨결을 사모하며, 이 길 위에 내 걸음을 맡긴다."

그 고백은 허공에 흩어지지 않았고, 조용히 그의 마음에 머물러 걸음을 이끄는 힘이 되었고, 마침내 그의 앞에 놓인 길이 되었다. 이제 그는 더 이상 의지로 이 길을 가는 것이 아니었고, 옳고 선하여서 이 길을 택하는 것도 아니었다. 다만 사랑하기에, 그 사랑을 따라 걸음을 옮기게 된 것이었다.

그를 이끈 것은 어떤 종교적 의무도, 감동적인 체험도 아니었다.

그의 발걸음을 진짜로 움직이게 한 것은 단 하나였다. 형식도, 감정도 아닌, 오직 진리에 대한 사랑. 이해할 수 없어도 붙들고 싶은 그 말씀, 설명할 수 없어도 살아 있는 듯 느껴지는 그 인격. 바로 그 사랑이 그의 믿음을 이끌었다.

그 순간, 리안의 마음속에 또 한 구절이 떠올랐다.

"하늘의 아들 안에서는 할례나 무할례가 아무 효력이 없으되, 사랑으로 역사하는 믿음뿐이니라."

결국 그는 말씀을 향한 사랑으로 그 문을 통과했다.

바람이 계속 불어와 그의 뺨을 때렸고, 발밑의 흙은 메마르고 거칠었지만, 이상하게도 그의 마음은 더 가벼워졌다. 말씀의 향기는 점점 짙어졌고, 그 향은 바람을 타고 그의 영혼 안으로 천천히 스며들고 있었다.

리안의 육체는 점점 긴장을 느꼈고, 환경은 그에게 점점 더 적대적으로 다가왔다. 그렇지만 그의 영혼은 그 모든 현실보다 더 깊은 기쁨으로 채워지고 있었고, 마음속에는 설명할 수 없는 평안이 조용히 솟아올랐다.

그는 이 여정이 외부 환경을 바꾸는 길이 아니라, 그 환경을 지나며 자기 내면의 구조를 무너뜨리는 길이라는 것을 깨달았다.

진짜 기쁨은 외부 환경에서 오는 것이 아니라, 진리를 사랑하는 마음속 깊은 곳에서부터 차오른다는 것을 그는 체험하고 있었다.

그는 돌아보지 않았고, 뒤를 생각하지도 않았으며, 무엇이 옳은지, 무엇이 틀렸는지 스스로 판단하지도 않았다.

그 길이 얼마나 거칠지, 어떤 결과가 따를지 따지지 않았고, 말씀의 향기를 사랑했기에, 그 향기를 따라 조용히 걸음을 옮겼다.

그에게 있어 옳고 그름을 따지는 일보다 더 중요한 것은, 그분의 인격을 만나 연합하는 것이었다. 그분을 향한 사랑은 그를 판단의 자리에서 내려오게 했고, 그는 더 이상 옳은 길을 선택한다는 확신보다, 말씀을 사랑하는 것으로 충분하다는 사실을 붙들었다.

그는 어떤 명분도 더 붙이지 않았고, 어떤 논리도 필요하지 않았다. 단지 말씀을 향한 사랑 때문에 앞으로 나아갔다.

÷ ÷ ÷ ÷ ÷

그런데 얼마 지나지 않아 길가에 박혀 있는 하나의 돌기둥이 그의 시선을 붙잡았다. 거친 돌 표면 한가운데에는 '죄의 길'이라는 글귀가 깊게 새겨져 있었고, 먼지가 덮여 있었지만, 그 글자는 여전히 또렷했다.

리안은 문득 발걸음을 멈추었다. 자신 앞에 놓인 길 위에 이런 문장이 서 있다는 사실이 쉽게 이해되지 않았다. 분명 말씀을 따라 걷고 있었고, 그 사랑에 이끌려 한 걸음씩 나아가는 중이었는데, 왜 그 이정표는 이 길을 '죄의 길'이라 말하고 있을까.

그는 한참을 돌기둥 앞에 서서 그 문장을 바라보았다. 그 돌에 깊이 새겨진 글자, '죄의 길'은 마치 오래전부터 그를 기다리고 있었던 것처럼 침묵 속에서 반짝이고 있었다.

그는 조용히 생각에 잠겼다. 왜 이 길이 '죄의 길'일까. 사르그에서도 그는 죄를 회개했고, 날마다 정결함을 구하는 말씀을 들으며 살아왔다. 죄를 멀리하고자 애썼고, 거룩해지기 위해 싸워왔다. 그런데 왜, 이제 막 발을 디딘 이 길 위에 말씀을 통한 '위로의 길'이 아닌 '죄의 길'이라는 이름이 붙어 있는 것일까. 리안은 이 길로 들어서면 비록 외적으로는 좁은 길일지라도 풍성한 말씀들이 넘쳐날 줄 알았다.

그러나 그 이정표 하나가 그의 섣부른 확신을 뒤흔들었다.

말씀이 그를 이끄는 줄 알았고, 그 사랑이 자신을 향하고 있다는 것도 분명했는데, 그 사랑이 그를 죄의 길로 데려가는 것처럼 보이는 이 표식 앞에서 그는 심란한 가운데 돌기둥을 바라보며 한동안 그 자리에 서 있었다.

그 이정표는 어떤 것도 설명하지 않았다. 하지만 리안은 이 길이 그가 아는 방식으로는 이해되지 않는 길이라는 것을 알 수 있었다.

그는 마음속 의문을 간직한 채, 다시 발을 내디뎠다.

계속해서 길을 따라 걷던 리안은 첫 번째 구부러진 지점에서 다시 검은 돌판 하나를 보았다. 흙 속에 묻히듯 놓인 검은 돌판은 길의 이정표처럼 자리하고 있었다.

그 돌판은 검은빛을 머금고 있었고, 표면에는 수많은 계절이 지나며 남긴 흠집과 긁힌 자국들이 얽혀 있었다. 그 돌판의 부서진 가장자리와 갈라진 틈 사이로는 먼지들이 스며들어 있었고, 마치 지나간 시간이 돌 위에 겹겹이 발자국을 남겨놓은 것 같았다.

그러나 그 세월의 발자국들을 뚫고 여전히 또렷이 남아 있는 글귀 하나가 있었다.

누군가 오래전에 이 돌 위에 마음을 담아 새긴 그 문장은,

칼로 새긴 듯 깊고 단단한 음각이었다. 그 문장은 리안의 시선을 붙잡았다.

"그가 와서 죄에 대하여 세상을 책망하시리라."

리안은 천천히, 떨리는 마음으로 그 문장을 읽었다.

돌판에 새겨진 말씀은 리안이 이 길을 시작하고 품었던 기대를 또 다시 꺾었다.

좁은 문으로 이어진 이 길을 시작한 자에게 격려의 한마디, 따뜻한 말씀이 반갑게 마중 나와 줄 것을 기대했는데, 지금 이 말씀은 그의 중심을 가르는 칼날같이 다가왔다. 그가 걸어온 길, 품고 있던 생각, 조심스레 붙들고 있던 소망들까지도 이 한 구절 앞에서 멈춰 섰다.

'죄에 대하여 … 책망하시리라.'

기대하지 않았기에 리안은 당황스러웠다. 위로가 아닌 책망, 긍휼이 아닌 죄. 왜 시작부터 이런 말씀이 놓여 있는 걸까. 무엇이 잘못되었던 걸까. 설명할 수는 없었지만, 어딘가 깊은 곳이 조용히 흔들렸다.

리안은 그 자리에서 더 움직이지 못한 채, 돌판을 응시했다. 위로보다 앞선 책망. 그것은 그의 걸음을 멈추게 했고, 마음속 어디엔가 조용한 균열을 일으켰다. 죄와 책망이 실제로 다가오니, 그것이 현실이 되어 리안의 마음은 고통스러웠다.

진리를 향해 나아가는 길의 첫머리에서, 리안은 그 말씀 앞에 홀로 섰다. 설명되지 않는 당황스러움 속에서도, 그는 그것을 외면하지 않았다.

그 말씀 속에는 칼날과 같이 거짓과 혼합된 마음을 그대로 안아주지 않는 냉철함이 있었다. 그 말씀 앞에서 발걸음을 멈춘 채 서 있던 리안은, 설명할 수 없는 낯선 불편함과 함께, 자신의 내면 깊은 곳에서 조용히 저항 세력들이 일어나고 있다는 것을 느꼈다.

그는 '죄에 대하여 책망하시리라' 라는 그 말씀이 마음 안에서 다시 뚜렷이 울리는 것을 느꼈다. 죄에 대하여 책망하신다고 하셨는데, 그렇다면 … 나에게 있는 죄는 대체 무엇일까?

리안은 곧장 그 질문에 대답하려 들었다. 그는 자신도 모르게, 자기 안에 이미 만들어져 있던 기준들 속에서 죄를 정의하려 했다.

먹고사는 문제, 사람들과의 관계, 말실수나 실망을 안긴 기억들, 양심에 걸렸던 순간들. 리안은 그런 것들을 하나씩 떠올리며 조용히 되뇌었다.

'혹시 그런 게 죄였던 걸까 …? 아니면 내가 알지 못하는

다른 어떤 것이 있을까?'

그가 떠올린 것들은 대부분 도덕과 윤리, 인간관계와 책임감, 감정과 의무감 안에서 형성된 것들이었다. 본능처럼 그 틀 안에서 죄를 찾으려는 흐름이 마음속에서 조용히 움직이고 있었고, 그 안에서 가장 먼저 떠오른 것이 바로 부모였다.

곧바로 리안의 마음은 묵직한 죄책감에 덮였다. 연로하고 병약한 부모의 만류를 뿌리치고 나왔던 기억이 생생하게 되살아났고, 그를 바라보던 두 분의 눈동자에서 흘러나오던 고요한 슬픔이 그의 가슴을 날카롭게 찔렀다.

그러나 그것으로 끝나지 않았다. 한때 그를 진심으로 아꼈던 이들, 어린 시절부터 함께 자라고 교제를 나눴던 친구들의 염려와 만류를 매몰차게 뿌리친 그날이 떠올랐다. 그때 자신이 내린 냉정한 결정이, 지금 무거운 돌같이 마음에 다시 얹혔다. 그는 그날 누구의 손도 붙잡지 않았고, 어떤 눈물에도 머뭇거리지 않았다. 한 사람 한 사람의 얼굴을 외면한 채 걸어 나왔고, 그들의 진심 어린 사랑조차 뒤로한 채, '진리를 따른다'라는 이유로 자신을 단단히 세웠다.

하지만 지금, 그들의 마음이 거짓이 아니었다는 것을 느끼고 있었다. 그들을 밀어냈던 자신의 태도가 누군가에게는 깊은 상처가 되었을지 모른다는 생각이, 조용히 그의 내면을 찔렀다. 그것은 단순한 후회가 아니었다. '죄책감'이라는 이름으로, 천천히 그의 가슴 깊은 곳에 내려앉고 있었다.

그는 그 사랑들을 배신한 듯했고, 떠나는 길에서 남겨진 마음들을 외면한 자신이 너무 차갑게 느껴졌다. 사랑하는 이들을 아프게 한 채 걸어온 걸음이 이기적인 선택이었던 것처럼 여겨졌고, 그 죄책감으로 인해 그의 마음은 흔들리기 시작했다.

"내가 그곳을 떠나 이 길을 선택한 것이 정말 옳았던 걸까."

리안의 괴로움은 그 기억에만 머물지 않았다. 그는 이 길을 걷는 동안, 마음속 깊은 곳에서 올라오는 악한 생각들과 싸우고 있었다. 사르그에서 벗어난 이 순간조차도, 사르그가 강조하던 육체의 정결함과 도덕적 기준이 자꾸 떠올랐고, 그 기준에 미치지 못한 자신이 자꾸만 수치스럽게 느껴졌다.

그는 자신 안에 아직도 남아 있는 사르그의 기준들에 스스로를 비추며 자주 고개를 떨구었고, 말없이 자신을 책망했다. "나는 여전히 같은 죄를 반복하고 있잖아. 달라진 게 아무것도 없잖아. 지금 이 길을 걷고 있는 내가 사르그에서의 삶과 뭐가 달라진 거야. 죄에 대한 책망은 사르그에서도 똑같이 있었잖아." 그는 속으로 계속 중얼거렸고, 말씀을 사랑하며 말씀을 따르고 있다고는 하지만 실제로는 죄의 감각에서 전혀 자유롭지 못하다는 것을 인정하지 않을 수 없었다.

그는 앞을 향해 발을 옮겼지만, 마음은 제자리에서 맴돌았다. 좁은 문을 지나왔다고 믿었지만, 이곳까지도 똑같은 죄의 그림자가 자신을 따라오고 있었고, 도망치듯 떠나온 사르그에서의 익숙한 삶이 문득 그리워지기도 했다.

사르그에서 리안은 자신의 죄를 다루려 애썼고, 정결한 삶을 위해 끊임없이 무언가를 행했으며, 겉으로는 늘 경건하게 살려고 노력했었다. 그곳의 종교적인 규율은 명확했고, 모든 사람은 그 기준에 따라 평가받았으며, 그는 그런 기준에 부합한 성취를 이루며 자족감을 누릴 수 있었다.

그런데 지금 이 길에서는, 자신이 하는 일이란 말씀의 향기를 따라 걷는 것 외에 아무것도 없었고, 외적으로는 아무 변화도 없는 것처럼 느껴졌다. 사르그에서는 회개도 있었고, 금식도 있었고, 특별한 많은 예식들도 있었고, 종교적인 많은 모임도 있었고, 여러 신앙의 성취를 위한 노력도 분명히 존재했다.

하지만 지금은 아무것도 할 수 없었고, 오직 말씀이 이끄는 대로 걷는 것만이 허락되었다. 스스로 할 수 있는 선택도 없었고, 돌아갈 길도 보이지 않았다. 걸음을 멈출 수도 없었다. 그저, 앞으로 나아가는 것 외에는 다른 길이 주어지지 않았다.

그는 점점 불안해졌고, 마음속에서 조용한 의심이 고개를 들기 시작했다. 어느 순간, 이런 생각이 떠올랐다.

"이 길이 정말 진리의 길이 맞을까? 이 길이 진리의 길이라고 해도, 진리는 여기만 있는 게 아닐지도 몰라. 내가 떠나왔던 그 자리에도 진심이 있었고, 사랑이 있었고, 경전을 전하던 입술들이 분명히 있었잖아.

그리고 이 초라하고 외로운 길보다, 사르그의 생활이 오히려 더 살아 있는 것처럼 느껴지기도 해. 그곳에는 늘 정기 예배가 있었고, 많은 교사들의 가르침이 있었고, 함께 울고 웃던 사람들이 있었잖아. 그러면 … 왜 나는 그 모든 것을 다 부정해야 했던 거지?"

그 의심은 소리 없이 마음속 깊이 스며들었고, 곧 안개처럼 그의 생각을 덮기 시작했다. 처음엔 잠깐 스친 생각일 뿐이라고 여겼지만, 그 생각은 점점 무게를 더해갔다.

그리고 그는 알지 못하는 사이에, 말씀이 이끌던 길에서 천천히 벗어나기 시작했다.

리안의 발걸음은 조금씩 익숙했던 방향으로 기울었고, 그의 마음도 그쪽을 향해 조용히 쏠려 있었다. 이제 그는 더 이상 처음처럼 길을 따라 곧게 걷고 있지 않았다. 말씀이 중심이었던 자리에서 한 걸음, 또 한 걸음씩 어긋나기 시작했다.

÷ ÷ ÷ ÷ ÷

그러는 사이 주변 풍경은 어느새 안개로 가득한 어두운 계곡으로 바뀌어 있었다. 공기는 눅눅하고 무거웠고, 땅은 조용히 끈적한 진흙으로 변해가고 있었다. 그의 발은 점점 더 깊이 빠져들었고, 진흙은 발목을 넘고 무릎을 지나 허리까지 차올랐다. 몸 전체가 그 진흙의 늪으로 빠져 들어갔고, 그는 그곳에서 빠져나올 수 없다는 사실을 깨닫기 시작했다.

그는 두려움 가운데 외쳤지만, 돌아오는 대답은 없었고, 메마른 입술 사이로는 낮은 탄식만이 흘러나왔다. 어디로 가야 할지 알 수 없었고, 마음은 복잡하게 얽혀 흐트러지기 시작했다. 불안과 공포는 한 번에 밀려왔고, 가슴 깊은 곳에서 쉼 없이 요동쳤다.

방향을 잃은 영혼은 폭풍우처럼 흔들렸고, 처음 말씀을 따르며 품었던 사랑의 기억도 점점 희미해져 갔다. 그 흔들림은 그를 붙잡아 줄 아무것도 남기지 않은 채, 조용히 그러나 확실하게 그를 더 깊은 어둠 속으로 끌어내리고 있었다.

그는 더는 버틸 수 없다는 듯, 무너진 마음을 안고 영혼 깊은 곳에서 흘러나오는 기도를 올렸다.

"신이시여 ... 저는 지금 너무 고통스럽고, 너무 두렵습니다. 제가 계속 빠져들고 있습니다. 저를 불쌍히 여겨주시고, 저를 이곳에서 끌어내어 주옵소서."

그의 외침은 희미한 안개 속으로 흩어졌고, 그의 숨소리는 점점 가빠졌다. 진흙은 이제 그의 가슴께까지 차올랐고, 팔과 다리는 무겁게 가라앉고 있었으며, 몸을 움직일 수조차 없었다.

리안은 계속해서 허우적거리며 나오려고 안간힘을 썼다. 그러나 그러면 그럴수록 그는 늪으로 더욱 깊이 빠져들었다. 공포는 그의 영혼을 짓눌렀고, 두려움은 그의 온몸을 휘감았다.

온 사방은 어두웠으며, 하늘은 아무 말도 하지 않았고, 땅은 그를 놓아줄 생각이 없었다. 그는 홀로였고, 더 이상 자신을 스스로 구할 수 없다는 것을 분명히 느꼈다.

÷ ÷ ÷ ÷ ÷

바로 그때였다. 갑작스레, 저 멀리서 무언가 소리를 내며 움직였고, 어두운 안개를 가르며 무거운 발소리가 가까이 다가왔다. 리안은 그 방향을 향해 눈을 들었고, 그 흐릿한 시야 너머에서 한 사람의 실루엣이 어둠을 뚫고 다가오는 것을 보았다.

그 사람은 망설임 없이 늪지대의 가장자리로 다가왔고, 굵은 밧줄을 풀어 리안을 향해 힘차게 던지며 소리쳤다.

"이 밧줄을 꽉 잡게."

밧줄은 리안의 어깨를 감싸듯 떨어졌고, 그는 반사적으로 팔을 들어 그것을 붙잡았다.

리안은 혼신의 힘을 다해 그 밧줄을 움켜쥐었다. 손은 미끄러졌고, 진흙이 계속해서 밀려들었지만, 리안은 밧줄을 놓지 않았다. 리안이 잡은 밧줄의 반대편에서는 강한 손이 그를 당겼고, 구덩이 바깥으로 리안의 몸이 조금씩 끌려 나왔다. 그의 몸은 점점 땅 위로 드러나기 시작했다.

한참을 빠져들고 끌려 오르기를 반복하던 끝에, 마침내 리안은 진흙 구덩이 밖으로 완전히 나왔다. 리안은 땅 위에 엎드린 채 거칠게 숨을 몰아쉬었고, 진흙투성이인 몸이 단단한 땅 위에 닿자 비로소 온몸이 조금씩 진정되기 시작했다. 심장은 여전히 거세게 뛰었지만, 이제 살았다는 자각이 그의 가슴속 깊이 울렸다.

그 순간, 리안을 끌어올렸던 사람이 조용히 다가왔다. 그 사람은 천천히 리안의 곁에 앉았다. 그는 단정한 옷차림이었고, 그의 눈빛은 깊었고 따뜻했다. 그의 얼굴에는 말로 다 표현할 수 없는 평온함과 진중한 기운이 담겨 있었고, 리안은 초췌한 자신의 모습이 부끄러워 그 앞에서 아무 말도 할 수 없었다.

잠시 침묵이 흘렀고, 그 사람은 조용히 입을 열었다.

"이 늪은 이 길을 걷는 수많은 사람들이 자네와 같이 말씀의 길을 의심하고 육신의 감정에 휩쓸리다가 빠지는 늪이라네."

그의 말은 따뜻했지만 단호했고, 리안을 향한 분명한 책망이었다. 리안은 고개를 숙인 채 아무 대답도 하지 못했다. 자신의 마음 깊은 곳이 들킨 것 같았고, 더는 그의 앞에 숨길 수 없다는 것을 느꼈다. 그는 말을 이어갔다.

"자네는 오직 말씀의 향기만을 기쁨으로 여기며 그 길을 따라갔어야 했네. 이 길은 모든 육신의 감정을 내려놓고 말씀을 사랑하는 마음으로만 걸어야 하는 길일세."

리안은 그 말을 듣자, 가슴안이 서늘해지는 것을 느꼈다. 조금 전, 마음에 일었던 의심과 연민, 후회와 혼란이 말씀을 향한 사랑보다 앞서 있었음을 부인할 수 없었다. 그는 잠시 리안을 바라보다 다시 조용히 말했다.

"잠시 그것을 의심하는 순간, 육신의 감정에 휘말리게 되는 것일세. 그 육신의 감정에 휘말리게 되면, 반드시 뒤를 돌아보게 되지. 그리고 연민의 감정에 빠져들어 결국 죄책감의 족쇄에 발목이 잡히게 되네."

그 말이 끝나자, 리안은 숨을 깊이 들이켰다. 마치 그는 리안의 마음 안을 들여다보며 그가 그 늪에 빠진 과정을 정확히 짚어낸 듯했다. 지금 자신이 처한 상황의 그 모든 흐름이 정확히 그 말속에 담겨 있었다.

그는 조용하면서도 단호하게 말했다.

"이 늪은 그 족쇄에 잡힌 사람들이 자연스럽게 빠져드는 곳이지. 그래서 말씀을 그 어떤 것보다 사랑하지 않는 사람은 결코 이 길을 갈 수 없다네."

리안은 천천히 고개를 들었다. 그의 눈에 뜨거운 것이 맺혔다. 자신이 말씀을 사랑한다고 믿고 걸어왔지만, 지금 그 사랑이 얼마나 쉽게 흔들렸는지를 인정하지 않을 수 없었다. 그는 더는 변명할 말이 없었고, 그저 조용히 입술을 깨물며 그의 말을 가슴 깊이 새겼다.

리안은 아무 말도 하지 못했다. 그의 말은 너무 정확했고, 자신의 상태를 명확히 짚고 있었다. 리안은 고개를 숙였고, 진흙으로 얼룩진 자기 손을 바라보았다. 그 손은 말씀의 길을 걷겠다고 다짐했던 손이었고, 이제는 흔들리고 의심했던 흔적들로 가득했다.

그는 조용히 리안의 침묵을 기다려주었고, 이내 천천히 말을 이어갔다.

"말씀은 살아 계신 인격이시고, 향기는 그분의 생명에서 나오는 사랑의 향기라네. 그런데 자넨, 그 사랑의 향기를 맡으면서도 그분을 의심했지."

÷ ÷ ÷ ÷ ÷

그의 말투는 부드러웠지만, 그 안에는 진실이 담겨 있었다. 리안은 고개를 떨구었다.

"그 의심은 사실, 자네 안에 있는 내면의 법이 그분께 저항을 시작한 것이었네. 그리고 자네가 느낀 그 육신적인 연민들, 육신적인 감정들, 육신의 죄책감들, 그 모든 것들은 다 그 내면의 법에서 흘러나온 것이지."

리안은 숨을 가볍게 들이켰다. 마음속 어딘가에서 무겁게 내려앉은 단어 하나가 그의 가슴을 찔렀다. '저항'이라는 말이었다.

그의 말은 계속되었다.

"자네 안의 그 법은 자신의 왕좌를 빼앗기지 않으려고 자네의 감정을 자극했네. 그래서 자네가 진리의 길을 가지 못하게 하려고 자네를 이 늪에 빠지게 만든 것이고, 결국 자네를 공포스럽게 하여 다시 사르그로 돌아가게 하려 한 것이었네."

그 말은 구체적이었고 분명했다. 리안은 이제야 자신이 왜 그렇게 흔들렸는지를 조금씩 이해하기 시작했다. 그것은 단순한 감정의 동요가 아니라, 그 안에 뿌리박힌 내면의 법이 다시 고개를 든 것이었다.

리안은 여전히 아무 말도 하지 못한 채, 조용히 그의 말을 받아들이고 있었다.

리안의 눈빛은 흔들렸고, 숨결은 무거워졌다. 그 안에서 쏟아질 듯한 감정이 차올랐고, 결국 그의 눈에는 눈물이 고였다.

리안은 말없이 숨을 몰아쉬었고, 억눌린 감정이 터져 나왔다. 그가 흘린 눈물은 단지 회한이 아니었다. 그것은 말씀보다 더 익숙했던 자신의 법이 여전히 자신을 다스리고 있었고, 그 법이 말씀을 향한 걸음을 막아섰다는 자각에서 터져 나온 고백이었다.

그는 리안의 눈물을 보며 고개를 끄덕였고, 조용히 입을 열었다.

"자네는 진리를 따른다는 이유로 많은 것을 떠났겠지. 부모도, 친구도, 공동체도, 좋아하던 일도, 소중하게 생각하던 물건도 말일세. 그 모든 것들은 자네에게 소중한 것들이었을 거네. 자네가 그들을 떠났을 때는 단지 결단의 문제 같았겠지만, 사실은 그 순간부터 감정의 족쇄와 싸우는 여정이 시작된 것이었지."

리안은 조용히 고개를 끄덕였다. 부모님의 눈빛, 친구들의 말림, 공동체의 염려, 소중한 것들을 내려놔야 한다는 것으로 인한 머뭇거림, 모두가 자신이 아끼고 사랑했던 것들이었지만, 육신의 감각적 사랑이 이 길을 걷고 있던 어느 순간 말씀보다 더 크게 느껴졌던 기억이 떠올랐다. 그는 입술을 다물었고, 그 침묵 안에서 부끄러움이 고개를 들었다.

그는 침묵하고 있는 리안을 바라보며 계속해서 말을 이었다.

"하지만 자네가 진리의 길을 걷기로 결심했다면, 이 좁은 길을 위해 그들을 떠났을 때처럼, 다시는 뒤를 돌아보아서는 안 되네. 왜냐하면 마음속에 여전히 남아 있는 육신의 감정들이 자네를 속이고 그 시절로 다시 끌어당기기 때문이지."

그 말에 리안의 가슴이 덜컹 내려앉았다. 돌아보지 않겠다고 다짐했던 자신이, 결국 그 감정들 앞에서 무너졌음을 그는 인정할 수밖에 없었다. 그는 리안을 살피면서 말을 이었다.

"그 감정들은 겉으로 보기엔 따뜻하고 아름다운 것 같지만, 사실은 자네의 발을 잡아끌어 과거로 돌아가게 만드는 족쇄 같은 것이라네. 그런 감정에 매인 채로는 결코 진리의 길을 온전히 따라갈 수 없다네."

그의 말은 비난이 아니었고, 따뜻한 책망이었다. 그러나 그 책망은 거짓 없는 진실이었고, 리안은 그 진실 앞에서 감히 변명할 수 없었다.

"특히 자네가 떠나온 관계들 속에서 남겨진 미안함이나 연민의 감정은, 말씀보다 사람을 먼저 생각하게 만들지. 그 순간 자네는 멈추게 되고, '이 길이 맞는가?' 하는 의심이 생기게 되며, 그 의심은 자네의 내면의 법을 더욱 견고하게 만든다네."

리안은 고개를 들어 그를 바라보았다. 그의 말은 끊임없이 리안의 깊은 곳을 건드리고 있었고, 그 눈빛은 리안을 판단하려는 것이 아니라, 그를 일으키려는 의지로 가득 차 있었다.

"자네는 마음으로는 진리를 따르고 싶었지만, 자네의 내면의 법이 자네의 육신의 감정을 자극해서 자네를 붙잡아 다시 뒤를 돌아보게 했던 거라네. 결국 자네는 그 감정에 이끌려 옛길로 발을 돌렸고, 그래서 이 길에서 길을 잃고 미끄러진 것일세."

리안은 잠시 숨을 멈췄다. 그의 말은 사르그에서는 누구에게도 들어본 적 없는 말이었다. 누구도 그의 어려운 환경에 대하여 책망한 적이 없었고, 대부분은 그를 이해하려 하거나, 혹은 위로해 줄 뿐이었다. 그러나 지금, 그는 위로가 아닌 진리를 말하며 리안을 책망하고 있었다.

리안은 그 앞에서 조심스레 입을 열었다.

" …그 말씀이 맞습니다. 저는 아직 제 안에 있는 법을 내려놓지 못했었나 봅니다. 전 그저, 말씀을 사랑한다고 생각했지만, 사실은 아직 … 저 자신을 더 사랑했던 것 같습니다."

그 고백은 짧았지만, 그 안에는 무너지려는 마음이 담겨 있었고, 그 무너지려는 마음은 오히려 그를 가볍게 했다.

리안의 고백을 들은 그는 조용히 미소 지으며 고개를 끄덕였다.

"그것을 인정했다면, 자네는 이제 다시 이 좁은 길을 걸을 수 있네. 다시 마음을 새롭게 한다면, 이 길은 여전히 자네의 길이 될 것일세."

그 말은 명령이 아니었고, 리안을 향한 초대였다. 리안의 마음속에 다시 작은 빛 하나가 피어오르기 시작했다. 희미하지만 따뜻한 빛이었다.

그는 평온한 얼굴을 하고 있는 리안을 바라보며 말을 이어갔다.

"자네가 오직 말씀에서 나오는 사랑의 향기만을 맡으며 걸었다면, 그 말씀은 자네를 말씀의 길에서 벗어나지 않도록 지켜줬을 거네. 그분은 단 한 번도 자네를 놓으신 적이 없지만, 자네가 먼저 그분을 의심하면서 그분의 손을 놓아버렸지."

그 말에 리안은 고개를 떨구었다. 리안은 입술을 깨물었고, 눈빛은 다시 흔들렸다. 그는 한동안 자신이 확신 가운데 걷고 있다고 믿었지만, 이제는 자신이 얼마나 쉽게 흔들리고 의심했는지를 인정할 수밖에 없었다.

부끄러웠고, 아팠고, 자신이 너무 연약하다는 것을 다시 느꼈지만, 그의 눈빛 앞에서 리안은 도망칠 수 없었다. 그 눈빛은 책망을 넘어선 진리를 향한 부르심이었다.

리안은 조용히 입을 열었다.

"저는 … 정말 말씀을 사랑했습니다. 그러나 제 안에 남아 있던 육신의 감정들이 그 사랑의 향기를 가로막았습니다. 그분을 따르고 싶었고, 그 길을 기뻐했지만, 어느 순간 그 감정들이 말씀보다 앞서 제 마음을 흔들기 시작했습니다."

그 고백은 조용했지만 깊었다. 그는 그 고백에 고개를 끄덕였다.

"그 고백이 바로 시작이네. 그 사랑이 진심이라면, 진리는 자네 안에서 다시 살아 움직이게 될 것이고, 그 길은 다시 열릴 것이네."

리안은 천천히 고개를 들었다. 더 이상 눈물을 감추지 않았다. 그 눈물은 회한이 아니라, 회복의 시작이었다. 그의 심장은 다시 말씀을 향해 뛰기 시작했다.

÷ ÷ ÷ ÷ ÷

입술이 떨렸고, 말은 쉽사리 나오지 않았지만, 그는 조심스럽게 물었다.

"정말 … 감사합니다. 저를 구해 주셨을 뿐만 아니라, 제 마음의 잘못된 상태를 들을 수 있도록 해주셔서요. 그런데 … 제가 선생님을 어떻게 불러야 할까요? 선생님은 … 어떤 분인가요?"

그의 눈빛에는 경외가 담겨 있었고, 그 물음에는 사람의 이름을 묻는 것이 아니라, 그 앞에 선 그의 인격의 본질을 알고 싶다는 갈망이 담겨 있었다.

그는 리안의 물음에 조용하고도 분명한 목소리로 대답했다.

"나는 프시엘이라 하네. 이 길을 걷다가 이 늪에 빠진 자들이 도움을 요청하면 손을 내미는 일을 한다네. 그러나 단지 그들을 끌어내기만 하지는 않네. 나를 전적으로 신뢰하고 자신을 맡기는 자에겐, 말씀의 검으로 그 안에 남은 육신의 감정을 도려내 주는 일을 하지. 그리하여 다시는 흔들리지 않도록, 말씀만을 따르며 걷도록 돕는 일을 한다네."

그 이름은 처음 듣는 이름이었지만, 프시엘이라는 음절 하나하나가 마치 오래전부터 리안의 마음속 어딘가에 새겨져 있던 것처럼 다가왔다. 낯선 이름이었지만 낯설지 않았고, 처음 듣는 이름이었지만 마음은 이미 알고 있는 인격처럼 친숙했다.

리안은 숨을 고르며 프시엘의 눈을 정면으로 바라보며 그 마음 깊은 곳에서 우러나오는 고백을 담아 말했다.

"선생님은 … 제 생명의 은인이십니다. 저는 선생님을 믿고 따르겠습니다. 그리고 저는 … 정말 말씀을 사랑합니다. 부끄럽지만, 그 사랑이 흔들렸던 것을 인정합니다. 이제는 다시는 이 감정의 늪에 빠지지 않도록, 제 안에 남아 있는 육신의 감정들도 말씀의 검으로 제거해 주시고, 진리의 길로 인도해 주십시오."

프시엘은 조용히 고개를 끄덕이며 손을 내밀었고, 리안은 망설임 없이 그의 손을 붙잡았다.

프시엘의 손은 리안을 말씀의 길로 다시 이끄는 손이었다. 그 손을 붙든 순간, 리안의 마음속에 다시 한 줄기 생명의 길이 열리기 시작했다.

프시엘은 조용히 리안의 얼굴을 바라보았다. 그는 잠시 침묵

한 뒤 부드러운 말로 리안에게 말을 남겼다.

"이제 밤이 깊었으니, 내가 묵는 처소로 가세."

그는 더 말하지 않았고, 리안도 고개를 끄덕인 채 묵묵히 그 뒤를 따랐다.

두 사람은 말없이 어둠 속을 지나, 고요한 밤공기 속에 발걸음을 맡긴 채 천천히 걸음을 옮기기 시작했다. 늪을 지나 좁은 산등성이를 따라가자, 수풀 너머에 작은 천막 하나가 모습을 드러냈다. 천막은 소박한 겉모습이었지만 바람을 잘 막아줄 수 있을 만큼 튼튼해 보였고 아늑해 보였다.

그는 천막의 문을 열고 리안을 조심스레 안으로 이끌었다. 안은 조용하고 단정했으며, 벽 한편에는 물이 담긴 대야와 수건, 그리고 정돈된 옷 몇 벌이 놓여 있었다. 프시엘은 리안에게 조용히 말했다.

"자네의 몸에 묻은 것은 단순한 진흙이 아니라, 자네의 내면에 달라붙어 있던 흔적들이네. 내가 준비한 따뜻한 물로 몸을 씻고 이 옷으로 갈아입게. 새것은 아니지만, 말씀을 따르기로 결심한 자들에게 내가 건네는 옷이라네."

리안은 고개를 숙여 그 옷을 받아들었고, 프시엘이 준비한 따뜻한 물로 몸을 씻고 천천히 옷을 갈아입었다. 그 옷은 헐렁

했지만 가볍고 따뜻했으며, 몸을 조이지 않았지만, 마음은 단단하게 감싸주었다.

리안은 그 옷을 입은 순간, 마음속에 오래 잠들어 있던 평안이 다시 살아나는 것을 느꼈다.

프시엘은 조그만 난로에 불을 지폈고, 천막 안은 곧 따뜻한 공기로 채워졌다. 그는 리안에게 자리를 내주었고, 리안은 바닥에 깔린 얇은 담요 위에 조심스럽게 몸을 뉘었다. 옷은 포근했고, 천막 안은 따뜻했으며, 말씀 안에 있다는 감각은 마치 한때 잃어버렸던 품에 돌아온 것 같은 위로를 주었다.

그 밤, 리안은 오랜 여정 중 처음으로 마음 놓고 깊은 잠이 들었다. 혼란과 두려움은 잠시 물러났고, 감정의 폭풍 속에서 던져졌던 영혼은 조용히 숨을 골랐다.

그의 눈꺼풀 너머로도 말씀의 향기가 느껴졌고, 그 향기는 꿈속에서도 그를 감쌌다.

÷ ÷ ÷ ÷ ÷

아침이 밝았다. 천막의 천 사이로 은은하게 들어오는 햇살에, 리안은 눈을 떴다. 밤새도록 단 한 번도 깨지 않았고, 깨어난 순간에 그의 마음은 고요했다. 몸을 일으켜 앉자, 프시엘은 조용히 말씀의 두루마리를 접으며 고개를 들어 리안을 향했다.

"이제부터 자네는 나와 함께 이 길을 걸을 걸세. 그리고 그 길 위에서 자네는 말씀을 들으며, 자네 안에 남아 있는 육신의 감정들이 얼마나 거짓된 것인지 하나하나 보게 될 걸세. 마치 가려져 있던 베일이 천천히 벗겨지듯, 말씀이 자네의 내면을 비추기 시작할 걸세."

그의 눈빛은 어제보다 더 깊었고, 목소리에는 여전히 흔들림이 없었다.

"자네가 지금껏 따라왔던 육신의 감정들, 연민과 두려움, 조급함과 외로움 같은 것들, 그것들이 마치 진실처럼 자네를 지금까지 이끌었을 걸세. 하지만 그것들은 실상은 진리가 아니었고, 진리를 가리는 장막이었네."

리안은 잠시 고개를 숙였다. 그의 마음속에 어제 느꼈던 죄책감이 스쳐 지나갔다. 그는 떨리는 목소리로 물었다.

"그렇다면 … 제가 느낀 죄책감조차 말씀에서 온 게 아니란 말인가요?"

프시엘은 고개를 끄덕였다.

"그 죄책감조차, 말씀의 책망이 아니라 자네 육신의 감정에서 일어난 반응일 뿐이라네. 내면의 법이 만들어낸 감정적 고발이었지."

리안의 눈빛에 혼란이 어렸다. 그는 답을 찾듯 다시 물었다.

"그럼 제 감정과 판단의 뿌리 … 그것도 결국 제 안에 남아 있던 내면의 법에서 나온 것인가요?"

프시엘은 조금 더 굳은 목소리로 대답했다.

"맞네. 그 내면의 법은 진리를 대적하는 구조였지. 이제 말씀이 자네 안에 깊이 들어가기 시작하면, 그 모든 감정과 감각, 판단들이 어떻게 자네를 속여왔는지가 드러나게 될 걸세."

그는 리안에게 조금 더 가까이 몸을 기울이며 낮게 덧붙였다.

"그때 자네는 선택해야 하네. 무엇을 붙들고, 무엇을 내려놓을 것인지. 말씀을 더 사랑한다면, 그 말씀이 자네 안의 육신적인 감각들에서 오는 거짓을 잘라내실 것이네. 그 검으로 내면의 법이 해체되는 과정은 고통스럽지만, 그 무너뜨림을 통해 생명의 길이 열린다네."

리안은 조용히 고개를 끄덕였다.

마음 한편에서는 알 수 없는 두려움이 일었지만, 리안은 더 이상 그 감정에 휘둘리지 않겠다고 결심했다. 어제 프시엘 앞에서 한 고백은 진심이었고, 이제는 그 진심을 행동으로 증명해야 할 때였다.

"저를 가르쳐 주십시오. 저는 그 말씀의 검 아래에서 저 자신이 해부되고 해체되기를 원합니다. 제 안에 남아 있는 육신적인 감정들과 왜곡된 판단들, 그 모든 것이 말씀 앞에서 낱낱이 드러나 제거되기를 원합니다. 더 이상 숨기고 싶지 않습니다. 어떤 감정도, 어떤 생각도 말씀 앞에서 감출 수 없다는 걸 이제 압니다. 그러니 제 안의 거짓들을 드러내 주시고, 다시는 옛 모습으로 돌아가지 않도록 인도해 주세요. 어떤 대가를 치르더라도, 다시는 그 길로 걷지 않겠습니다."

프시엘은 그 대답을 듣고 한동안 아무 말도 하지 않았다. 그저 조용히 리안을 바라보았고, 눈빛에는 안도와 기쁨이 동시에 담겨 있었다.

"좋네. 자네가 진심으로 원한다면, 이제부터 내가 자네와 함께 걸으며 말씀의 빛으로 세상의 어둠뿐 아니라 자네 안에 숨어 있던 어둠도 드러내겠네. 그 말씀이 자네의 깊은 곳을 비추게 될 것이고, 드러나고 해체된 것들은 더 이상 자네를 속이지 못하게 될 걸세. 진리는 항상 빛으로 오고, 그 빛이 임하면 거짓은 숨을 곳이 없게 되지."

프시엘은 리안과의 대화를 마치고 조용히 일어나 아침을 준비했다. 그는 말없이 빵을 잘라 작은 접시에 올리고, 곁에 두었던 말린 과일을 그릇에 담았다. 조그만 난로 위 주전자에서는 물이 끓어오르며 은은한 차향이 천막 안에 퍼졌다.

리안은 프시엘이 건네는 빵을 받아 들었다. 바삭하고 건조한 빵은 목을 메이게 했으나, 곧이어 따라준 따뜻한 차가 그것을 부드럽게 삼키게 해 주었다. 이어서 입에 넣은 말린 과일 조각은 은근한 단맛을 남기며 긴장을 누그러뜨렸다. 긴 여정을 앞둔 마음이 잠시 풀리듯 굳어 있던 그의 어깨가 조금 느슨해졌고, 앞길의 무게도 잠시 잊혀지는 듯했다.

식사가 끝나자 프시엘은 미리 준비해 둔 자루를 꺼내 길 위에서도 먹을 수 있도록 빵과 과일을 차곡차곡 담고, 물병을 넣어 리안에게 건네주었다. 리안은 말없이 그것들을 배낭에 넣어 짊어지고 마음을 다잡았다. 작은 준비물이었지만, 이제는 앞으로 나아가야 한다는 결심을 굳게 하는 짐이 되었다.

프시엘은 마지막으로 천막 주변을 정리한 뒤 문을 닫았다. 그는 리안을 향해 고개를 끄덕였고, 두 사람은 말없이 눈빛을 나누었다. 모든 준비가 끝났음을 확인하자 그들은 나란히 좁은 길을 향해 발걸음을 옮겼다. 발밑에는 부드러운 모래가 깔려 있었고, 광야 한가운데 뻗은 한 길이 멀리까지 이어지고 있었다.

하늘은 높고 바람은 시원했다. 리안의 마음에는 오랜만에 맑은 기쁨이 스며들었고, 앞서 걷는 프시엘의 뒷모습을 바라보며 기다려 온 여정이 이제 막 시작되었음을 느꼈다. 무너졌던 자리에서 내밀어진 손을 붙잡고 다시 걷는 지금, 그는 단순히 사람의 손이 아니라 말씀과 동행하는 길로 들어섰음을 알았다.

리안은 고개를 들어 광야의 하늘을 바라보았다. 그곳에는 장막도, 구조물도 없었고 오직 하늘과 빛과 바람만이 있었다. 그 가운데 서 있는 리안은 설명할 수 없는 평안을 느꼈다. 이제 그는 혼자가 아니었다. 그의 옆에는 프시엘이 있었고, 그 발걸음에는 말씀이 함께하고 있었다.

길은 단순하고 고요했으나 리안의 가슴은 떨림으로 가득했다. 지나간 아픔보다 앞으로 드러날 진리에 대한 기대와 갈망이 더 크게 자리 잡고 있었다. 발걸음은 자연스레 한 방향을 향했고, 그들은 곧 마주할 첫 성, 율법의 성으로 나아가고 있었다.

구름 한 점 없는 하늘 아래 바람은 낮게 땅을 스치며 그들을 이끌었다. 잠시 말없이 걷던 프시엘이 걸음을 멈추고 리안을 돌아보며 낮은 목소리로 말했다.

"자네가 내 손을 붙들었으니, 이제 나는 자네에게 해야 할 말을 시작하겠네."

프시엘의 목소리는 부드러웠지만, 리안은 그것이 결코 가벼운 이야기가 아닐 것을 직감했다.

"이 길은 자네가 선택한 길이네. 그리고 나는 이 길 위에서, 자네가 지금껏 붙들고 있던 감정과 생각, 옳다고 믿어온 기준들 가운데 무엇이 말씀과 어긋나 있는지를 하나하나 보여줄 생각이네. 자네가 죄를 알고 싶다고 했지. 그렇다면 나는 자네 안에 남아 있던 그 감정의 판단들, 육신의 감각으로 내렸던 결정들, 그리고 자네 스스로 선하다고 여겼던 태도들 속에 감춰진 죄를 정확히 짚어주겠네.

왜 그것이 죄였는지, 그러나 왜 자네는 그것을 죄로 여기지 못했는지, 그리고 왜 자네 안에 그 죄가 익숙함으로 자리 잡았는지 … 나는 그 모든 이유를, 자네가 걸음을 옮길 때마다 차근차근 밝혀주려고 하네."

리안은 고개를 끄덕이며 걸음을 맞췄다.

사막의 바람이 그의 옷자락을 흔들었고, 마음속에서 어떤 무거운 감정이 서서히 떠오르기 시작했다.

프시엘은 조용히 이어갔다.

"자네는 지금껏 죄를 감정으로 판단했을 걸세. 마음이 불편하면 죄라고 생각했고, 마음이 괜찮으면 문제없다고 여겼을 거네. 누군가에게 미안한 감정이 들면 회개했고, 스스로 괜찮다고 느끼면 죄가 아니라고 했겠지."

그 말에 리안은 걸음을 잠시 멈추었다.

그는 자신의 지난 삶이 그 말속에 고스란히 담겨 있는 것을 느꼈다.

감정으로 죄를 해석하고, 그 감정의 높낮이에 따라 자기 영혼의 상태를 판단했던 수많은 날들이 떠올랐다. 프시엘은 계속해서 말을 이었다.

"하지만 그건 죄에 대한 정의가 아니네. 감정은 사람마다 달라서 같은 상황에 대해 심하게 죄책감을 느끼는 사람도 있고, 아무런 감정도 느끼지 않는 사람도 있지. 또 한 사람의 마음속에서도 자기 유익이 개입되는 경우엔 자신의 상황을 합리화하며 죄책감을 덜기도 하지. 그런 감정이 변하지 않는 기준이 될 수는 없지 않겠나."

프시엘은 리안을 바라보며 잠시 걸음을 멈추었다. 리안은 고개를 끄덕였지만, 눈빛은 여전히 혼란스러웠다. 그는 자신도 모르게 입을 열었다.

"하지만 그 죄책감이 너무 깊게 느껴질 때는 … 그게 진짜 죄라는 뜻은 아닐까요?"

프시엘은 고요하게 숨을 들이킨 후 다시 말을 이었다.

"리안, 자네도 잘 알지 않나. 같은 상황에서도 어떤 날은 괜찮게 여겨졌던 것이 다른 날엔 더 깊은 죄책감으로 다가오는 걸 말일세. 또 나에게 일어난 일에 대한 감정과 다른 사람에게 일어났을 때의 감정이 다르네. 감정은 언제나 흔들리고, 상황에 종속되며, 자신의 상태나 환경에 따라 달라지기 때문에 기준이 될 수 없네."

그는 천천히 발걸음을 옮기며 주변의 광야를 손짓으로 가리켰다.

"만약 길이를 측량하는 자가 고무줄이라고 생각해 보게. 그 측량 자가 사람에 따라 달라진다면, 그 자로 측정된 길이를 누가 신뢰할 수 있겠나? 오늘은 길고 내일은 짧아지는 자로 세상의 도량형을 정한다면 누가 그것을 받아들이겠나?"

리안은 조용히 고개를 숙였다.

조금 전에 스스로 내뱉은 말이 얼마나 불완전했는지를 그는 이제야 깨달았다.

감정은 오랫동안 그에게 가장 설득력 있는 얼굴로 다가와 자신을 속일 준비가 되어 있었고, 프시엘의 말은 단순한 설명이 아니라 자기 안의 무언가를 정확히 찔러오는 듯했기에 리안은 아무 말도 할 수 없었다.

리안의 표정을 보며 프시엘은 계속 말을 이었다.

"죄를 판단하는 잣대가 사람마다 다르다면, 누구도 옳고 그름을 정확히 말할 수 없고, 결국 모든 판단은 서로의 감정에 휘둘려 버리게 되네."

프시엘은 잠시 멈추었다가 다시 조용히 말했다.

"그래서 죄는 사람의 감각이나 느낌으로 정해지는 것이 아니라, 변하지 않는 하늘의 말씀 앞에서만 정확히 측정되고 분별 되는 것이네. 말씀은 흔들리지 않으며, 처음과 끝이 같고, 모든 것을 있는 그대로 드러내는 참된 빛이기 때문이지."

프시엘은 무릎을 꿇고 모랫바닥에 손가락으로 길게 선을 그었다. 그리고 리안을 바라보며 다시 말했다.

"이 선이 자네 안의 기준이었지. 자네의 감정이 그 선을 만들었고, 상황과 사람에 따라 그 선은 계속 바뀌었을 것이네. 하지만 말씀은 그렇지 않네. 말씀은 움직이지 않고, 흔들리지 않으며, 시간과 감정에 따라 변하지도 않지. 그래서 자네가 진짜 죄를 보려면 말씀의 기준이 자네의 기준이 되어야 하네. 말씀이 자네의 기준이 되려면 자네의 기준은 버려져야 하는 것일세."

÷ ÷ ÷ ÷ ÷

리안은 계속해서 선을 바라보며 한동안 아무 말도 하지 못했다. 그의 마음 한가운데에, 말씀이 아닌 다른 기준이 여전히 자리하고 있다는 사실이 선명하게 드러나고 있었기 때문이었다. 그는 마치 광야 한가운데 맨몸으로 홀로 선 것처럼 느껴졌고, 스스로가 얼마나 불안정한 판단 위에 서 있었는지를 깊이 자각하고 있었다.

감정은 진리처럼 느껴졌지만, 진리는 결코 감정이 아니었고, 그는 처음으로 죄를 보는 눈이 자신 안에 없다는 것을 인정하고 싶어졌다.

리안은 프시엘이 땅 위에 그은 선을 바라보며 지금까지 자신이 그어놓은 그 선을 믿고 살아왔다는 사실에, 말할 수 없는 혼란을 느꼈다. 그리고 동시에, 말씀이라는 절대적인 기준이 세상에 존재한다는 사실이 마음속 깊은 안도를 주었다. 그는 낮게 말했다.

"감정이 아니라 … 말씀으로 …"

그 한마디가 입에서 흘러나오는 순간, 지난날 자신이 붙잡고 있었던 수많은 감정이 얼마나 모래 위에 그은 선 같았는지, 얼마나 쉽게 움직였는지를 떠올릴 수밖에 없었다.

프시엘은 자리에서 일어났다. 그의 시선은 앞으로 나 있는 광야의 좁은 길을 향하고 있었다.

리안은 프시엘과 함께 길을 걸어가다 문득 마음이 무거워졌다. 자신이 과거에 죄라고 여겨왔던 것들이 떠올랐다. 종교적인 법으로 인한 죄책감, 사회법으로 인한 죄책감, 양심적인 것들에 의한 죄책감까지. 그는 조금 전 '감정이 아니라 말씀으로' 라는 고백을 내뱉었지만, 곧바로 의문이 들었다. '그렇다면 지금껏 나를 짓눌러온 수많은 죄책감이 말씀에서 비롯된 것이었을까? 아니면 내가 세운 기준과 세상이 정한 법에서 비롯된 것이었을까? 만약 후자라면, 내가 죄라고 믿었던 것들은 부정되어야 하는가? 그렇다면 말씀을 기준 삼는다는 것은 무슨 의미일까?

÷ ÷ ÷ ÷ ÷

그는 고개를 떨구며 조심스럽게 물었다.

"그렇다면, 지금까지 제가 죄라고 여겼던 것들, 그건 모두 잘못된 판단이었나요?"

프시엘은 천천히 고개를 끄덕이며 말했다.

"그렇다네. 자네가 지금껏 옳고 그름을 판단해 온 그 기준 자체가 잘못되었다면, 그 판단이 아무리 진지했더라도 결국 잘못된 것이네. 감정은 판단의 도구가 될 수 없고, 자네 안에 있던 내면의 법이 말씀의 법과 반대되는 법이었다면, 그 법으로 죄를 재단한 모든 판단은 처음부터 다시 분별 되어야 하네."

프시엘은 잠시 말을 멈추더니, 리안이 더 쉽게 이해할 수 있도록 손에 자갈 하나를 집어 들며 비유를 덧붙였다.

"이 자갈을 잰다고 해보세. 만약 자가 잘못되었다면, 자갈의 크기를 아무리 정성껏 측정해도 그 측정값은 거짓이 되네. 자가 잘못되었는데 누가 그 측정값을 신뢰하겠는가. 측정하는 마음이 진지했든, 태도가 정직했든, 잘못된 자로 잰 수치는 결국 틀린 값일 뿐이네."

리안은 그 말을 듣고 더 깊은 혼란에 빠졌다.

그는 망설이다가 조심스럽게 다시 물었다.

"그럼, 그게 … 죄가 아니라는 말인가요?"

프시엘은 고개를 저으며 단호히 말했다.

"그건 죄가 아니라고 단정하는 것도, 그렇다고 옳다고 말하는 그것도 아니네. 그것은 죄냐 아니냐의 문제가 아니라, 잘못된 기준으로 잰 모든 판단이 아예 무의미하다는 뜻이네. 아무리 정직하게 재단했다 해도, 자가 잘못되었다면 그 결과는 모두 거짓일 뿐이지. 그러니 죄냐 아니냐를 가지고 다투는 것 자체가 의미가 없는 일이네. 왜냐하면 처음부터 자가 잘못되었기 때문이지."

프시엘은 손에 쥔 자갈을 내려놓으며 다시 말을 이었다.

"그러나 판단할 수 없는 것은 아니네. 그 모든 것은 '말씀의 기준'으로 다시 측정하면 된다네. 말씀의 기준이란 곧 하늘의 신과의 관계를 통해서 드러나는 기준이지. 죄는 인간의 법이나 양심의 감정으로 재단되는 것이 아니라, 말씀과의 관계, 곧 말씀의 기준에서만 분별된다네.

예를 들어 살인을 생각해 보세. 사람의 눈에는 살인이 분명한 죄로 보이지. 그러나 사울이 아각 왕을 죽이지 않았을 때는 어떠했는가. 사람의 눈에는 그것이 자비처럼 보였지만, 말씀의 기준에서 그것은 불순종이었고 곧 죄였네. 반대로 다윗이 전쟁터에서 수많은 적을 무찔렀을 때, 인간의 법으로만 본다면 살인은 여전히 죄로 보일 수 있었을 것이네. 그러나 말씀과의 관계 안에서 그것은 신의 뜻에 순종한 것이었지.

그러니 본질은 '살인이냐 아니냐'가 아니네. 본질은 언제나 말씀과의 관계 속에서 그것이 죄로 드러나느냐 하는 것이네. 행위 자체가 문제가 아니라, 그 행위가 말씀과 어떤 관계에 서 있는지가 본질이지. 그것이 말씀의 기준으로 판단한다는 의미네. 오직 말씀의 기준안에서만 죄는 온전히 드러나고, 그 기준에서 벗어나면 모든 판단은 의미 없이 허공을 치는 것과 같네. 그렇기 때문에 '살인' 자체만을 가지고 죄냐 아니냐를 따질 수는 없는 것이지."

리안은 잠시 입술을 깨물었다.

"그렇다면 … 우리가 죄를 안다고 생각했던 많은 것들이 사실은 변하지 않는 기준을 잃은 판단일 수도 있다는 말씀이군요."

프시엘은 고개를 끄덕이며 말을 이었다.

"그렇다네. 따라서 죄를 판단하실 수 있는 분은 오직 창조주이신 하늘의 신뿐이네. 인간이 감정이나 인간의 내면의 법으로 재단하는 것이 아니라, 말씀의 기준에서만 죄가 판명되는 것이지. 경전에도 이렇게 기록되어 있네. '입법자와 재판자는 한 분이시니, 능히 구원하기도 하시며 멸하기도 하시느니라. 그런데 너는 누구이기에 네 이웃을 판단하느냐.' 그러므로 누가 죄를 판별하고 책망할 수 있는 권세를 가졌는지는 분명하네. 죄에 대한 판단은 사람에게 있지 않고, 오직 하늘의 말씀 자신에게 있는 것이지."

리안은 그 말을 곱씹으며 천천히 숨을 내쉬었다.

"입법자와 재판관은 창조주 한 분이시니 … 그렇다면 모든 판단은 결국 하늘의 기준에 따라야 하는 것이군요. 그리고 그 하늘의 기준은 단순한 규칙이 아니라, 결국 그분과의 관계를 통해 판단되는 것이구요"

그는 눈을 들어 프시엘을 바라보며 말을 이었다.

"그러면 결국, 중요한 건 '죄냐 아니냐'를 따지는 게 아니라 … 모든 판단의 기준은 말씀과의 관계 안에 있느냐 없느냐는 말씀이군요. 그것이 곧 말씀의 기준으로 판단한다는 의미구요."

프시엘은 잔잔히 미소 지으며 다시 고개를 끄덕였다.

"그렇네. 그 관계에서 벗어나면 아무리 옳아 보이는 행위라도 죄가 되고, 그 관계 안에 있으면 세상에서 죄라고 판결했던 것이 죄가 아닐 수도 있고, 혹은 죄가 된다 할지라도 그분을 통해 다 용서받을 수도 있는 것이네. 그러니 죄냐 아니냐를 묻는 것이 본질이 아니라, 말씀과의 관계 안에 있느냐 없느냐가 본질이네. 그리고 이 사실을 모른 채 다른 기준으로 죄를 재단한다면, 모든 판단은 결국 빗나가고 말지."

그는 다시 자갈을 집어 들고 리안을 향해 시선을 돌렸다. 처음 들려준 비유를 이제 리안의 삶에 직접 적용해 주려는 듯했다.

"자네가 사용해 온 잣대, 곧 자네의 내면에 세워진 법이 진리의 법과 반대되는 법이었다면, 그 법을 기준 삼아 나온 모든 판단, 특히 감정에 따라 죄라고 여긴 것들은 처음부터 다시 점검되어야 하지 않겠나."

프시엘은 조용히 말을 이었다.

"판단하는 기준이 틀렸다면, 그 판단이 옳았느냐, 그르냐는 아무 의미가 없네. 당연히 그 판단으로 옳다고 여긴 것조차 잘못되었음을 인정해야 하네."

그는 고개를 돌려 리안을 바라보았다. 그 눈빛엔 안타까움과 단호함이 동시에 담겨 있었다.

"자네는 죄를 짓지 않으려고 애썼겠지. 그 죄들에 대해 회개도 했을걸세. 하지만 문제는, 그 죄에 대한 정의를 자네가 정했다는 데 있네."

프시엘은 천천히 걸음을 멈췄고, 앉아서 모래 위에 손가락으로 원을 그리며 말을 이었다.

"자네가 스스로 옳고 그름을 정하고, 그 기준으로 죄를 판단했다면, 그 회개도, 그 자책도 결국 하늘이 아닌 자기 내면을 향한 것일 수밖에 없네. 아무리 진실하게 울었고 뉘우쳤다 해도, 그 죄의 기준이 자네 안에서 나온 것이었다면, 자네는 여전히 자기 안에서만 맴돈 것이지. 결국 그건 하늘의 신과는 아무런 관계가 없는 회개일 뿐이라네."

÷ ÷ ÷ ÷ ÷

리안은 고개를 숙이며 조용히 물었다.

"그렇다면 제가 드린 회개가 참된 것인지, 아니면 제 내면의 법으로 판단한 것인지는 어떻게 알 수 있을까요?"

프시엘은 잠시 눈을 감고 생각하다가 부드럽게 말을 이었다.

"그 차이는 아주 간단하네. 그 회개가 어디를 향해 돌아가는지를 보면 알 수 있지. 자네가 자네의 내면의 법, 곧 자기 기준으로 죄를 판단했다면, 회개라는 이름으로 울고 뉘우쳐도 결국 다시 자기 내면의 법으로 돌아간다네. 그래서 자기 자책과 자기 의에 빠지는 것이지. 죄를 회개한다고 했지만, 사실은 그 회개가 자기 마음의 법을 따라 움직였을 뿐이라네. 그러나 말씀의 법으로 죄를 판단했다면 이야기는 달라지네. 그때의 회개는 자네를 자기 안으로 돌려보내지 않고, 말씀께로 돌아가게 하네. 여기서 '말씀께로 돌아간다'는 것은 단순히 어떤 가르침을 배우는 것이 아니네. 그것은 인격이신 말씀과의 관계로 되돌아간다는 뜻이지. 말씀을 기준으로 볼 때 죄란, 결국 말씀과의 관계가 깨어졌다는 것을 의미하네. 그러니 참된 회개는 그 관계가 다시 회복되는 자리에서만 이루어지네. 이때 흘리는 눈물도 달라지지. 자기 연민으로 끝나는 눈물이 아니라, 말씀을 향해 발걸음을 옮기게 만드는 눈물 말이네. 그것이야말로 참된 회개의 표지라네."

리안은 눈을 감고 생각을 곱씹었다. 회개의 눈물이 자기 안으로만 흐르는 것인지, 아니면 말씀을 향해 흘러가는 것인지, 이제야 그 차이를 조금은 분별할 길이 보이는 듯했다.

프시엘은 리안을 바라보며, 낮은 음성으로, 그러나 깊은 무게를 담아 다시 말을 이었다.

"죄는 자네의 감정이나 경험으로 판단되는 게 아니네. 오직 말씀과의 관계 안에서만 죄의 실체는 정확히 드러나게 되지. 그래서 자네 안에 있는 내면의 법이 말씀의 기준으로 바뀌지 않으면, 자네는 계속해서 잘못된 죄의식을 붙들고, 말씀과의 관계가 아닌 자기 내면의 법을 기준으로 회개하며, 스스로 깨끗해졌다는 느낌만을 붙들고 살아가게 될 걸세. 이것이 바로 말씀에 대한 믿음을 붙드는 것이 아니라 자신의 느낌을 붙드는 것이라네."

리안은 그 말을 들으며 숨을 들이쉬었다. 잠시동안 그의 눈동자는 자신의 지난날의 어리석은 회한에 붙잡힌 듯, 허공을 맴돌았다. 그는 자신이 얼마나 오랫동안 감정의 무게를 '진실함'이라 믿어왔는지를 돌아보았다. 회개했던 수많은 날들, 자책과 눈물, 침묵과 결단들, 그 모든 것이 말씀의 관계에서가 아니라 자신 안에 있는 내면의 법에서 흐르는 감정들을 통해 이뤄졌다는 생각이 가슴을 쳤다.

"그럼 … 제가 지금까지 회개했다고 믿었던 것들이 전부 … 제 내면에서 흘러나온 감정이었다면 … 그건 …참된 회개가 아니었던 거네요."

리안의 목소리는 낮았고, 안개처럼 멍한 혼란 속에서 튀어나온 고백처럼 들렸다.

프시엘은 리안이 체념하듯 던진 고백에 고개를 끄덕이며 조용히 말했다.

"그렇네. 회개는 말씀과의 관계를 통해 죄가 무엇인지 아는 데서 시작되네. 그런데 자네가 죄를 감정으로만 판단했다면, 회개도 감정일 뿐이지. 죄가 잘못 정의되었으니, 회개도 왜곡되었던 것이네. 그러니 자네 안에 있는 그 기준, 곧 내면의 법을 무너뜨리고 말씀으로 다시 세우지 않는다면 회개는 공허한 메아리일 뿐이지. 예전에 이스라엘 백성들이 끊임없이 속죄제를 드렸어도 하늘의 심판을 피하지 못했던 이유가 바로 그것이라네."

리안은 입을 다물고 말없이 프시엘을 따라 걸었다. 자신이 지금껏 회개라 여겼던 많은 순간들이, 사실은 말씀으로 나아가는 길이 아닌 감정의 반응에서 비롯된 자책에 불과했을지도 모른다는 자각이 뼛속까지 파고들었다. 그는 자신이 지금까지 죄라고 생각했던 많은 일들이, 말씀과의 관계로 분별된 것이 아니라 혼란한 감정에 눌려 판단한 것임을 처음으로 깨달았다.

그 깨달음은 곧 또 다른 두려움으로 이어졌다. 만약 죄라고 여겼던 것이 잘못된 판단이었다면, 반대로 옳다고 여겼던 것들조차 말씀 앞에서는 오히려 죄일 수 있지 않은가 하는 의문이 가슴을 파고들었다.

그는 자신이 늘 최선을 다했고, 스스로는 순종하려 했다고 여겼지만, 그 기준이 자신 안에 있었음을 부인할 수 없었다. 한참을 망설이던 리안은 조심스럽게 입을 열었다.

"그럼 ... 지금까지 제가 옳다고 여겼던 판단들도, 모두 말씀과의 관계에서는 죄일 수 있다는 말씀인가요?"

프시엘은 고요한 눈으로 리안을 바라보며 고개를 끄덕였다.

"그럴 수 있네. 자네의 마음가짐이나 행동이 감정적으로 아무리 경건하고 진실해 보여도, 말씀과의 관계를 중심으로 판단하지 않은 판단은 결국 자기의 내면의 법을 중심으로 판단한 죄를 범한 것이네. 앞서 말했듯이 감정은 사람마다 다르고, 상황에 따라 계속 바뀌지. 그렇기에 기준이 될 수 없네. 그 기준이 될 수 없는 법으로 판단한 것이니 그것이 옳은 것일 수는 없지 않겠는가."

프시엘은 잠시 숨을 고르고, 이어 말했다.

"하늘의 아들도 마태복음에서 종교 지도자들을 책망하시며 같은 말씀을 하셨지. 종교 지도자들이 오랫동안 기도하고, 바다와 육지를 다니며 전도하고, 십일조를 철저히 드리고, 자신을 깨끗하게 다듬고, 옛 믿음의 선진들을 높이는 일에 심혈을 기울였어도, 말씀을 중심에 두지 않은 그 길은 결국 하늘의 저주 아래 있게 된다고 말이네. 겉으로 보기엔 그들이 신실하고 거룩해 보일지 몰라도, 말씀이신 하늘의 아들과 관계를 맺고 있지 않았기 때문에, 그 모든 태도나 행위가 죄가 되었던 것이네."

그는 잠시 말을 멈추었다가 리안을 향해 깊은 목소리로 질문을 던지며 말을 이어갔다.

"그늘이 왜 하늘의 아들을 죽음에 넘겨줬겠는가? 그것은 바로 그들의 내면의 법과 하늘의 법이 충돌했기 때문이라네. 그 충돌은 단순한 의견 차이가 아니라, 그 중심이 완전히 다른 데서 비롯된 것이라는 증거네. 그래서 하늘의 아들께서도 제자들에게 미리 말씀하셨네. '사람들이 너희를 회당에서 출교할 뿐 아니라, 때가 이르면 너희를 죽이는 자가 자기가 하늘을 섬기는 일이라 생각하리라.' 그들이 하늘의 자녀들을 죽이면서도 그것을 하늘의 일이라 여겼던 것, 바로 이것이 그들의 내면의 법과 하늘의 법이 정면으로 충돌한 증거라네."

리안은 숨을 고르며 깊은 떨림을 느꼈다. 겉으로 경건한 그들의 열심이 어떻게 말씀과 부딪혀, 오히려 말씀을 전하신 분을 배척하고 죽음에 내어주게 되었는지를 이제야 선명히 알 것 같았다.

리안은 말없이 숨을 내쉬었다. 프시엘의 그 말은 마치 거울처럼 그의 지난 삶을 비추고 있었고, 리안은 자신이 진리를 따르고 있다고 믿어왔지만, 여전히 자신을 중심에 두고 있었다는 사실을 부정할 수 없었다. 말씀이 아닌 감정이 판단의 기준이었고, 말씀과의 관계보다 자기 내면의 법으로부터 흐르는 느낌을 더 신뢰해 왔다는 것을 그는 솔직하게 인정했다.

리안은 잠시 생각에 잠겼다가 조심스레 질문했다.

"말씀이 그 마음의 중심에 없으면, 모든 것이 죄가 될 수 있다는 뜻이네요."

프시엘은 고요한 눈빛으로 리안을 바라보며 천천히 고개를 끄덕였다.

"그렇다네. 감정은 신께서 사람에게 허락하신 선물이지만, 그것이 진리와 분리되면 그것은 언제든 말씀을 대적하는 도구가 되지. 눈물도, 분노도, 연민도 다 소중한 것이지만, 그것들이 말씀으로 통치를 받지 않으면 감정은 자기의 법을 따라 움직이게 되네. 사람의 내면의 법과 하늘의 법은 서로 함께할 수 없는 다른 통치자라네. 그래서 감정은 누가 왕좌에 앉아 통치하느냐에 따라 생명의 도구가 되기도 하고, 파멸의 도구가 되기도 하지."

÷ ÷ ÷ ÷ ÷

리안은 멈춰서서 고개를 들었다.

그는 지금까지 자기 안에서 일어난 모든 감정이 곧 진실이며 진심이라 여겨왔다. 하지만 그 감정들이 말씀을 중심에 두고 움직이지 않았다면, 그것 역시 죄가 될 수 있다는 사실이 그를 멈춰 세웠다.

리안은 프시엘을 재확인하듯 조심스럽게 물었다.

"감정이 신뢰할 수 없는 것이기 때문에, 오직 흔들리지 않는 말씀의 기준으로 모든 것이 판단되어야 한다는 말씀이군요."

프시엘은 리안의 대답에 고개를 끄덕이며 조용히 대답을 이었다.

"그렇다네, 리안. 감정을 다루는 기준은 자네 안에 있는 내면의 법이 아니라, 오직 말씀이네. 말씀은 하늘의 인격이시기에 그분을 통치자로 모실 때 감정도 제자리를 찾게 되지. 감정은 본래 선하거나 악한 것이 아니라 누구의 다스림을 받느냐에 따라 달라지는 도구일 뿐이네. 말씀 안에 있을 때 감정은 진리를 따라 흐르게 되지만 말씀 밖에 있을 때 감정은 자네를 이성의 영역으로 밀어 넣네. 그리고 그 이성은 결국 자네를 타락한 내면의 법에 종속시킨다네. 그리하여 내면의 법은 하늘의 말씀과 충돌하게 되고, 그 충돌 속에서 자네는 스스로 옳다 여기며 진리를 밀어내게 되는 것이네."

프시엘은 잠시 말을 멈추고, 바람결에 잔잔한 파도같이 밀려가는 모래를 바라보았다. 그리고 다시 말을 이었다.

"감정은 결코 스스로 움직일 수 없다네. 반드시 그 감정을 움직이는 동력이 있어야 하지. 그 동력이 바로 법이네. 그 법이 하늘의 말씀일 수도 있고, 타락한 인간의 내면의 법일 수도 있지."

리안은 천천히 숨을 내쉬었다.

그는 자신의 감정이 스스로 움직인다고 생각했지만, 사실은 늘 그 감정을 움직이는 보이지 않는 법이 있다는 사실이 새롭게 마음에 와닿고 있었다.

그제야 리안은 프시엘의 말이 단지 감정에 대한 설명이 아니라, 더 근원에 사람을 움직이는 보이지 않는 질서를 말하고 있었음을 깨달았다. 프시엘의 말은 부드러웠지만, 그 안에는 리안이 처음 듣는 사람을 다스리는 질서가 담겨 있었고, 자신이 평생 따라왔던 감정의 기준이 말씀 앞에서는 어떠한 선한 근거도 될 수 없다는 사실이 그의 가슴안에 깊이 들어왔다.

그동안 그는 감정이 강하면 진실하다고 여겨왔고, 감정이 문제를 일으키지 않으면 옳다고 믿어왔기에, 프시엘의 말은 마치 안개를 뚫고 들어오는 날카로운 빛처럼 그의 내면을 꿰뚫고 지나갔다.

리안은 두려운 마음을 안고 조용히 숨을 들이쉬며 아직 풀리지 않은 의문을 조심스럽게 꺼냈다.

"하지만 감정이라는 게 … 때로는 너무 강하게 느껴지잖아요. 사랑, 의리, 책임감 같은 것들 말이에요. 그런 걸 따랐을 뿐인데, 그게 하늘 앞에서 죄가 될 수 있나요?"

프시엘은 리안을 향해 한 걸음 다가섰다.

"그렇다네, 리안. 감정은 강하네. 사랑도, 의리도, 책임감도 모두 귀한 것이지. 하지만 그것들이 말씀 위에 설 수는 없네. 말씀이 아닌 감정이 기준이 되면, 사람은 결국 자기가 심판자가 되어 선과 악을 판단하게 되지. 그게 바로 처음 아담이 선택했던 길이고, 하늘의 말씀으로 무너지지 않는 모든 사람들이 따르고 있는 길일세."

÷ ÷ ÷ ÷ ÷

리안은 잠시 생각에 잠겼다가 고개를 들었다.

"그렇다면 … 사람들의 판단에 틀린 것처럼 보여도, 말씀과의 관계에서는 죄가 아닐 수도 있다는 말씀인가요? 겉으로는 죄처럼 보여도 말이에요."

프시엘은 고개를 끄덕이며 리안의 질문에 답을 이었다.

"그렇다네. 리안, 자네도 들어보지 않았나. 하늘의 아들의 제자들이 안식일에 밀밭을 지나며 이삭을 잘라 먹었을 때, 바리새인들은 그것을 죄로 보았지. 안식일을 범했고, 남의 것을 허락 없이 취한 것이니 도둑질이라고 여겼을 것이네."

그 말에 리안은 고개를 끄덕였지만, 이내 조심스레 물었다.

"하지만 ... 그게 정말 죄는 아니었던 건가요?"

프시엘은 리안을 바라보며 다시 천천히 입을 열었다.

"바리새인들의 내면의 기준과 그 법에서 흘러나온 감정의 기준으로 보면, 그건 분명 잘못처럼 보이지. 그들은 자기들이 정한 법을 기준으로 그 상황을 판단했고, 그 법에 어긋나는 모든 행위를 그들의 감정적 판단으로 죄라고 선언했다네."

그는 잠시 말을 멈추었다가, 이내 단호히 말했다.

"하지만 진리의 말씀은 그런 감정적 기준을 넘어선다네. 하늘의 아들께서는 제자들을 책망하지 않으셨고, 오히려 바리새인들의 잘못된 기준을 드러내셨지."

리안은 놀란 듯 눈을 조금 크게 떴다.

그는 무언가 말하려다 멈췄고, 프시엘은 이어서 설명했다.

"왜냐하면 바리새인들은 말씀과 관계를 맺고 있지 않았고, 오직 자신들의 법을 기준으로 삼아 감정을 따라 그것을 판단했기 때문이네. 이처럼 감정의 판단은 결국은 자기 법을 따라가게 되지."

리안은 고개를 숙이며 다시 깊은 생각에 잠겼다.

자신이 스스로 분별한다고 믿었던 많은 순간들이 떠올랐고, 그것들이 혹시 바리새인들의 방식과 다르지 않았던 것은 아니었을까 하는 물음이 가슴을 두드렸다.

프시엘은 잠시 말을 멈추었다가, 천천히 입을 열었다.

"왜 그런 줄 아는가, 리안. 그때 제자들은 말씀과 관계를 맺고 있었고, 말씀의 통치를 받는 자들이었지. 그들의 마음에는 말씀을 향한 사랑이 있었고, 그 사랑이 그들의 걸음과 행동을 이끌고 있었네."

리안은 고개를 약간 기울이며 되물었다.

"그러니까 … 그들이 율법의 조항을 거스른 것은 사실이지만, 말씀 안에 있었기 때문에 죄가 아니었던 건가요?"

프시엘은 조용히 고개를 끄덕이며 말을 이었다.

"그렇다네. 그들은 단지 율법을 지키려는 자들이 아니었고, 말씀을 사랑하는 자들이었지. 말씀과의 관계 안에서 신의 뜻을 따르던 사람들이었네. 그들은 신을 섬기며 그분을 위해 일하고 있었고, 신은 그런 자녀들이 일하는 중에 배고파 먹는 것을 죄로 여기지 않으셨던 걸세. 잘 생각해 보게. 하늘께서 법을 만드신 것이지, 법이 하늘을 만든 것이 아니지 않겠는가? 법은 스스로 목적이 될 수 없네. 법은 언제나 하늘과의 관계를 유지시키기 위한 수단일 뿐이네. 율법 역시 마찬가지라네. 하늘께서 율법을 주신 것은 사람이 법에 매이도록 하려는 것이 아니라,

하늘과의 관계가 깨어지는 것을 막기 위함이었지. 그러므로 율법의 본질은 법 그 자체에 있는 것이 아니라, 말씀과의 관계를 보존하는 데 있는 것이네. 결국 율법의 중심은 법이 아니라 말씀, 곧 인격적 관계라네."

리안은 잠시 생각에 잠겼다.

그는 늘 '죄'라는 것을 외적인 규칙을 어긴 것으로만 이해해 왔기에, 지금 프시엘의 말은 전혀 새로운 관점으로 다가왔다.

"그럼 ... 바리새인들이 잘못 본 건, 겉모습만 보고 판단했기 때문인가요?"

프시엘은 고요한 눈빛으로 대답했다.

"그렇지. 바리새인들은 자기 내면의 법에서 흐르는 감정의 기준으로 제자들을 판단했네. 하지만 그들은 말씀이 중심에 없었고, 신과의 관계도 없었기에 말씀과의 관계로 그들을 보지 못했지."

그는 잠시 숨을 고르며 말을 이었다.

"하늘의 아들께서 '안식일이 사람을 위해 있는 것이지, 사람이 안식일을 위해 있는 것이 아니다'라고 말씀하신 것도 그때문이지. 바리새인들은 안식일을 율법의 틀로만 이해했지만,

하늘의 아들은 그 안에 담긴 신의 본심을 말씀하신 것이네. 안식일은 사람이 쉼을 얻고, 신과 함께 교제하기 위해 주어진 시간이네. 그런데 하늘과의 관계를 맺고 있지 않은 율법주의자들은 그날조차 '무엇을 하지 말아야 한다' 라는 규칙으로만 가둬버렸지. 결국 종교에 묶인 사람은 하늘과의 관계의 중요성을 알지 못한채 안식일 날 참 쉼을 얻지 못하고 오히려 안식일을 두려워하게 된 것일세. 그러나 하늘과의 친밀한 관계에 있는 하늘의 자녀들에게 안식일은 참된 쉼의 날이지 억압의 날이 아니라네."

리안은 그제야 천천히 고개를 끄덕였다. 무언가가 마음 안에서 풀려나듯 이해되기 시작했다. 말씀의 인격이 사람의 중심에 없으면 인격이 사라진 종교 규칙이 사람을 억누를 수 있다는 사실이 처음으로 가슴에 와닿았다.

프시엘은 잠시 생각을 가다듬더니 리안을 바라보며 천천히 말을 이었다.

"게다가 이 세상의 모든 것은 본래 신의 것이 아닌가. 하늘과 친밀한 관계를 맺고 살아가는 신의 아들들이 아버지의 밭을 지나가며 배고파 먹는 것을 누가 도둑질이라 하겠나. 신은 그들을 외인처럼 대하지 않으셨고, 자녀로 여기셨기에 그 행위를 죄로 보지 않으셨던 것이네. 그러나 반대로 하늘과 관계를 맺지 않은 자들이 율법을 침범하면 그것은 죄가 되지."

÷ ÷ ÷ ÷ ÷

리안은 고개를 끄덕였지만, 아직 깊이 있게 이해가 된 것은 아니었다. 그래서 그는 고개를 들어 물었다.

"하지만 제자들이 율법을 어긴 것은 죄가 되지 않나요? 그 율법을 주신 분이 하늘의 신이잖아요."

프시엘은 미소를 지으며 대답했다.

"사람이 울타리를 세우는 까닭이 무엇이겠는가? 그 울타리는 주인의 자녀를 막기 위해서가 아니라, 주인과 관계없는 자들이 침범하지 못하도록 하기 위함이 아니겠는가? 그런데 주인의 자녀가 그 울타리 안을 자유롭게 드나든다고 해도, 그 법이 똑같이 적용되지는 않네. 왜냐하면 그 자녀는 주인의 소유 안에 있기 때문이지. 만일 외부 사람들이 그 자녀를 보고 고소한다면 그것이 과연 죄가 되겠는가? 죄가 되지 않네. 율법도 마찬가지라네. 율법은 자녀를 가두기 위한 것이 아니라 하늘의 신과 관계를 맺고 살아가는 하늘의 자녀를 보호하고 외부의 침범을 막을 목적으로 주어진 것이지. 그러나 바리새인들은 그 본질을 알지 못하고, 오히려 하늘과 관계를 맺고 있는 하늘의 자녀들을 향해 고소자의 자리에 섰던 것이네. 그러니 그들은 율법을 붙들고 있었지만, 율법의 주인이신 말씀과의 관계를 놓치고 있었던 것이지."

리안은 숨을 고르며 다시 물었다.

"그렇다면 율법의 목적은 자녀를 얽매는 데 있는 것이 아니라, 자녀가 신과의 관계 안에서 자유롭게 살아가도록 지켜주는 데 있다는 말씀인가요?"

프시엘은 깊은 눈빛으로 리안을 바라보며 고개를 끄덕였다.

"그렇다네. 율법은 결코 목적이 될 수 없네. 율법은 관계를 지키는 수단일 뿐이지. 그러므로 하늘의 아들께서 말씀하시기를 '너희가 진리를 알지니 진리가 너희를 자유케 하리라' 하셨던 것이네. 그 진리를 안다는 것은 단순한 지식이 아니라, 하늘과의 관계 안에 들어와 그분을 인격으로 만나 그분을 인격으로 알고 그분과 교제하는 것을 의미하지. 하늘과의 관계 안에 들어온 자는 더 이상 외인이 아니며, 하늘의 자녀로서 자유를 누리게 되네. 그 자유는 하늘의 법을 무너뜨리는 방종이 아니라, 말씀의 법 안에서 누릴 수 있는 참된 자유라네."

리안은 가만히 숨을 들이쉬었다. 그의 가슴은 무겁게 울렸고, 눈빛은 점점 깊어졌다.

"그러니까 율법은 자녀들을 구속하는 차가운 담장이 아니라, 오히려 아버지 곁에 살아가는 자녀를 보호하기 위한 따뜻한 울타리라는 말씀이군요. 그런데 바리새인들은 그 울타리를 자녀를 고소하고 정죄하는 도구로 삼았던 것이군요…"

프시엘은 고개를 끄덕이며 단호하게 말했다.

"바로 그거라네. 그들이 율법의 조문, 글자 자체를 본질로 붙잡았을 때, 그들은 이미 율법의 본질을 잃어버린 것이네. 율법의 본질이신 하늘의 인격을 떠난 율법의 조문은 결국 고소자의 손에 들린 무기일 뿐이네."

리안은 프시엘의 말을 곱씹으며 깊이 생각에 잠겨 있었다. 그는 지금껏 죄란 어떤 행위 그 자체로 판단되는 것으로 생각해 왔지만, 프시엘의 말 속에서 죄의 본질이 '관계의 부재'라는 것을 처음으로 깨닫고 있었다.

말씀과의 관계가 없다면 사람이 보기에 선해 보이는 행동도 죄가 될 수 있지만, 말씀과 관계를 맺고 있다면 세상이 죄라 여기는 것도 죄가 아닐 수 있다는 그 역설 앞에서 리안은 다시 조용히 고개를 숙였다.

÷ ÷ ÷ ÷ ÷

리안은 잠시 말을 잇지 못한 채 서 있었다. 그는 시선을 바닥에 고정한 채 천천히 중얼거리듯 말했다.

"지금까지 저는, 눈에 보이는 행동과 느낌으로만 옳고 그름을 판단해 왔던 것 같습니다. 말씀을 인격으로 보지 않았고, 그분을 마음에 왕으로 모시지 않은 채 제가 왕이 되어 제 육신적인 감정으로 판단하는 죄를 범했습니다."

프시엘은 조용히 고개를 끄덕이며 리안에게서 눈을 떼지 않은 채 말을 이었다.

"그래서 말씀과 관계를 맺고 말씀의 통치를 받는 것이 매우 중요하네. 말씀이 왕으로 오시지 않으면 감정은 결국 자기 내면의 법에 따라 움직이게 되지. 그렇게 하늘의 다스림을 벗어난 감정은 반드시 다른 사람을 판단하는 자리로 흐르게 되고, 그 판단 속에서 결국 자신까지 속게 되네. 말씀과 관계를 맺고 말씀의 통치를 받던 제자들과는 다르게, 바리새인들은 말씀이 그들의 중심에는 없었지. 그래서 자신들의 내면의 법을 기준으로 감정에 따라 하늘의 제자들의 행동을 죄로 판단했던 걸세. 그들이 아무리 율법을 철저히 지키며 겉으로는 정결하고 깨끗해 보여도, 그 중심에 말씀이 없으니 오히려 그 감정적 판단이 죄가 된 것이네. 그들이 울타리를 침범하지 않는 것이 그들에게 죄가 된 것이 아니라, 울타리 밖에 있으면서 울타리 안에 있는 주인을 판단한 것이 그들에게 죄가 된 것이지. 하늘의 아들도 그들의 판단으로 죽임을 당했고 결국 그 판단이 그들에게 죄가 된다는 것을 기억하게."

리안은 그 말을 듣고 가만히 숨을 골랐다. 자신도 누군가를 향한 판단과 정죄가 순수한 분별이라 여겼던 적이 있었기 때문이었다. 그런데 그 판단들이 말씀과의 관계에서 판단한 것이 아니라 자신의 감정에서 시작되었다는 것을 생각하니 가슴이 조여왔다. 또한 자신이 심판자가 되어 하늘의 신을 판단할 수 있다는 생각이 더욱 무섭게 느껴졌다.

프시엘은 리안이 자신의 말을 따라오는지를 확인하면서 손을 모으고 계속해서 말을 이었다.

"또 다윗이 굶주렸을 때 제사장 외에는 먹을 수 없는 진설병을 먹은 일을 자네도 알걸세. 율법의 기준을 통한 감정적 판단으로 보면, 그것은 분명히 죄처럼 보이네. 그러나 신께서는 다윗을 정죄하지 않으셨지. 왜 그랬을까?"

리안은 지금까지의 모든 말을 이해한 듯 프시엘을 바라보며 중얼거렸다.

"그게, 말씀과의 관계 때문이군요 …"

프시엘은 작게 미소 지으며 고개를 끄덕였다.

"그렇다네. 신은 언제나 말씀과의 관계로 모든 것을 판단하시네. 겉으로 드러난 행동이 크든 작든, 그 중심에 말씀이 있는지를 보시는 분이지."

프시엘은 잠시 숨을 고른 후, 다윗의 이야기를 되짚듯 조용히 말을 이었다.

"다윗이 굶주려서 진설병을 먹은 일은 겉으로 보면 율법을 어긴 것처럼 보이네. 하지만 신께서는 그를 정죄하지 않으셨지. 왜냐하면 그 행동의 중심에는 말씀을 향한 사랑과 신에 대한 신뢰가 있었기 때문이었네."

프시엘은 조용히 리안을 바라보며 덧붙였다.

"말씀과의 관계에서 판단된다는 건 곧 신 중심에서 판단된다는 뜻이네. 사람이 아니라, 신을 기준으로 모든 것을 바라보는 것이지. 다윗은 말씀을 사랑했고, 말씀을 왕으로 모신 사람이었기에 그의 인생은 결국 하늘의 왕을 위한 인생이었네. 그는 실수도 많았지만, 그의 중심에는 항상 '말씀을 향한 사랑'이 있었지. 그렇기에 신께서 그를 자기의 사랑하는 자녀로 여기셨던 걸세."

리안은 그 말에 작게 숨을 들이켰다.

다윗이 하늘의 자녀라고 불리는 이유가 그가 완전한 삶을 살았기 때문이 아니라, 하늘과의 사랑의 관계 때문이라는 사실이 놀랍게 다가왔다.

프시엘은 그 시선을 느끼며 말을 이어갔다.

"그래서 그가 배고팠던 것도 단지 일반 사람의 배고픔이 아니었네. 그것은 하늘의 왕을 섬기고 말씀을 따르던 자녀의 배고픔이었고, 신께서는 그 배고픔을 외면하지 않으신 것이지. 그 안에는 다윗이 신을 향한 사랑이 얼마나 강했는지도 담겨 있지만, 동시에 신께서도 다윗을 얼마나 사랑하셨는지가 함께 담겨 있네. 시편을 읽다 보면 다윗이 하늘의 말씀을 얼마나 사랑했는지 알 수 있지."

리안은 잠시 고개를 끄덕이며 말했다.

"무슨 말씀인지는 알겠습니다. 다윗이 신을 사랑했고 신도 다윗을 사랑하셨다는 사실 말입니다. 그런데, 한 가지가 여전히 이해되지 않습니다. 그렇게 하늘의 말씀을 사랑한 다윗이라면 하늘의 법인 율법을 어기는 일을 두려워해야 하지 않을까요? 제사장의 빵을 먹는 것은 하늘의 법으로 분명 금기된 일인데, 하늘의 법을 사랑한 사람이 어떻게 그것을 두려워하지 않고 행할 수 있었는지 이해가 되지 않습니다."

프시엘은 리안의 물음을 조용히 받아들이며 고개를 끄덕였다.

"좋은 질문이네, 리안. 바로 그 지점에서 다윗의 마음을 살펴볼 필요가 있지. 다윗이 시편에서 '하늘의 법을 사랑한다'고 노래했을 때, 그것은 율법의 조문 하나하나를 사랑한다는 뜻이 아니네. 그는 그 조문을 통해 드러난 본질, 곧 신의 인격과 말씀 자체를 사랑한 것이지. 다시 말해, 율법의 글자를 붙든 것이 아니라 그 율법의 주인이신 분을 사랑한 것이네.

그러니 다윗이 제사장의 빵을 먹을 때도 율법을 가볍게 여긴 것이 아니었네. 오히려 다윗이 사랑한 것은 율법의 조문이 아니라 그 조문 속에 담긴 본질, 곧 신의 인격과 말씀 자체였지. 그렇기 때문에 그의 마음은 언제나 신과의 사랑의 관계에 붙들려 있었고, 율법의 글자에 묶여 두려움에 눌린 것이 아니라 사랑 안에서 자유로울 수 있었던 것이네.

만약 그에게 신과의 사랑의 관계가 없었다면, 하늘의 법을 사랑하는 자가 그 법을 어기는 것이 얼마나 두려운 일이었겠는가. 그러나 다윗은 그것을 두려워하지 않았네. 왜냐하면 그는 이미 신과의 사랑 안에 온전히 거하고 있었기 때문이지.

요한일서에 이런 말씀이 있네. '사랑 안에 두려움이 없고,

온전한 사랑이 두려움을 내쫓나니, 두려움에는 형벌이 있음이라. 두려워하는 자는 사랑 안에서 온전히 이루지 못하였느니라'. 다윗이 보여준 것은 바로 이 말씀의 실체였네.

그는 조문에 얽매이지 않고, 하늘과의 온전한 사랑의 관계 안에서 두려움이 아니라 감사의 마음으로 먹으며 자유로웠던 것이지. 이것은 부모와 친밀한 사랑의 관계로 연결된 자녀가 부모가 준비해 놓은 음식을 두려움이 아니라 감사함으로 먹는 것과 같은 이치라네.

그러므로 법의 조문은 본질을 지키기 위한 울타리에 불과하며, 신과의 사랑의 관계가 유지될 때 그 조문은 결코 무겁고 억압적인 제약이 되지 않는 것이지.

리안은 시선을 아래로 떨구었다.

자신은 늘 죄를 인간 중심의 시선으로 판단했고, 신과의 관계, 신과의 사랑을 기준 삼아 생각한 적이 없었다는 사실이 마음을 아프게 찔렀다. 그리고 '두려워하는 자는 사랑 안에서 온전히 이루지 못하였느니라' 는 말씀이 어떤 의미인지를 마음 깊이 깨달았다. 알지 못했던 그 말씀이 이제야 눈앞에 열려진 듯 깨달아졌다.

프시엘은 잠시 쉬었다가, 조용히 말을 이었다.

"다윗의 이야기에서 보는 것과 같이, 하늘의 신과의 관계에서 떠나 하늘을 대적하는 자들을 심판하는 도구지만, 하늘과의 사랑의 관계 안에서 그 율법은 아무 효력이 없다네. 그래서 바울 사도도 '할례나 무할례가 아무 효력이 없고, 오직 사랑으로 역사하는 믿음뿐이다' 라고 고백했지. 결국 율법이 아니라 말씀과의 관계, 곧 말씀과의 사랑의 관계가 모든 판단의 기준이 되는 걸세."

리안은 다시 천천히 고개를 들었다.

이제 그는 죄가 단순히 보이는 행위의 문제가 아니라, 그 사람의 중심에 말씀이 있는가, 그리고 그 말씀이 그 사람과 관계를 맺고 있는가에 따라 전혀 다르게 판단된다는 사실을 마음 깊이 깨닫고 있었다.

지금까지는 정죄할 것인가 용서할 것인가의 문제를 겉으로 드러난 죄의 크기로 가늠해왔지만, 이제는 그 판단의 기준이 말씀과의 '관계'에 있다는 사실이 분명해졌다. 리안은 말씀에 대한 사랑의 유무, 곧 말씀이 그 사람의 중심에 있는가 하는 질문이야말로, 신 앞에서 죄를 판단하는 기준임을 서서히 받아들이고 있었다.

÷ ÷ ÷ ÷ ÷

그 깨달음이 가슴안에서 조용히 뿌리내리자, 리안은 조심스럽게 지금까지 이해하지 못했던 경전의 내용에 대하여 입을 열었다.

"그러면 … 현장에서 간음하다 붙들린 여인의 죄에 대하여 종교 지도자들과 하늘의 아들이 충돌을 일으킨 것도, 말씀의 관계를 통해 죄가 다르게 판단된 예가 되는 건가요?"

프시엘은 고개를 끄덕이며 차분히 대답했다.

"좋은 질문이네, 리안. 하지만 여인의 사건으로 곧장 들어가기 전에, 지금까지 이야기 했던 제자들과 다윗의 이야기를 먼저 살펴보세. 왜냐하면 모든 죄의 판정은 결국 말씀과의 관계에서 드러나는 것이기 때문이지.

하늘의 아들의 제자들이 안식일에 밀밭을 지나며 이삭을 잘라 먹었을 때, 바리새인들은 그것을 죄라고 단정했지. 안식일을 범했고, 남의 밭에서 허락 없이 먹었다는 이유였지. 하지만 하늘의 아들은 그들을 책망하지 않으셨네. 오히려 그들에게 다윗이 진설병을 먹었던 이야기를 꺼내셨지. 다윗이 굶주렸을 때 제사장 외에는 먹을 수 없는 떡을 먹었지만, 신은 그것을 죄로 여기지 않으셨다고 말씀하셨지."

프시엘은 잠시 말을 멈추고 리안을 바라보았다.

"왜 그렇다고 했지?"

리안은 고개를 들고 조용히 대답했다.

"말씀과의 관계 때문이라고 하셨죠?"

프시엘은 고개를 끄덕이며 만족스럽게 미소 지었다.

"그렇네. 다윗은 말씀을 사랑했던 자였고, 제자들 또한 말씀을 사랑해서 따르는 자들이었지. 그들은 모두 신과의 관계 속에 있었고, 그 관계 안에서 행한 일은 율법의 조문을 넘어서 있었던 것이네."

그는 다시 리안을 바라보며 천천히 덧붙였다.

"이제 똑같은 관점으로, 간음하다 붙들린 여인을 보게. 표면적으로 그녀는 죄인이었고, 율법으로는 분명히 돌에 맞아 죽어야 할 자였네. 그러나 그 사건의 중심에는 단순한 죄가 아니라, 말씀을 향한 대적이 숨겨져 있었지."

리안은 고개를 숙이며, 그 장면을 천천히 떠올렸다.

사람들에게 끌려온 여인.

그리고 하늘의 아들 앞에 서 있던 무리.

그들의 시선과 손에는 분노가 들려 있었지만, 정작 그 분노는 여인이 아닌 하늘의 아들을 향한 것이었다.

프시엘은 부드러운 어조로 계속해서 말했다.

"요한복음은 그들이 하늘의 아들을 시험하기 위해 그녀를 데려왔다고 분명히 기록하지. 그 말은 무슨 뜻일까? 그 여인이 어떤 여인인지, 그들이 알고 있었다는 말 아니겠는가. 그들은 그녀가 하늘의 아들의 말씀을 따르던 여인이라는 걸 알고 있었기에, 하늘의 아들을 시험하려고 '현장에서' 붙잡아 온 것이네."

그는 잠시 말을 멈추고, 바람에 흩날리는 먼지를 바라보다 다시 말을 이었다.

"마치 덫을 놓듯, 그녀의 삶을 추적하고, 죄를 짓는 순간을 기다렸다가 잡아 온 거지. 결국 그 사건은 그 여인의 죄보다도, 그 여인의 존재 자체가 하늘의 아들과 관계되어 있었다는 걸 보여주는 장면이네."

리안은 속으로 중얼거렸다.

" 그녀는 이전부터 하늘의 아들을 따르던 사람이었군요…"

프시엘은 조용히 고개를 끄덕이며 대답했다.

"그렇네. 외적으로 그녀는 죄인처럼 보였지만, 그녀 안에는 말씀이 있었지. 그렇기에 하늘의 아들께서는 '나도 너를 정죄하지 않는다' 라고 하신 것이네."

프시엘은 잠시 숨을 고르더니, 리안을 바라보며 낮은 목소리로 말을 이었다.

"하늘의 아들께서는 그 여인의 사건 이전에 이미 이렇게 말씀하셨네. '그를 믿는 자는 정죄를 받지 아니할 것이요, 믿지 아니하는 자는 벌써 정죄를 받은 것이니'. 자네, 이 말씀을 어떻게 이해하나?"

리안은 망설이다가 대답했다.

"정죄하지 않는다 … 그냥 관용이나 자비처럼 들립니다. 죄를 묵인하신다는 느낌이 드네요."

프시엘은 고개를 저었다.

"많은 이들이 그렇게 이해하지. 그러나 본질은 거기에 있지 않네. '믿는 자는 정죄를 받지 않는다' 라는 말은 곧 말씀과 관계를 맺은 자라는 뜻이네. 말씀과 관계가 없는 자는 이미 정죄 아래에 있지만, 말씀과 관계 안에 있는 자는 정죄에서 벗어나게 되지. 경전에서 말하는 믿음은 하늘의 말씀이 사람의 중심에 세워지는 것을 의미하네. 그래서 믿음은 하늘의 말씀과 관계를 맺고 있는 것을 뜻하지."

프시엘의 말을 들으면서 리안은 말씀과의 관계에 대해 조금씩 더 깊이 눈이 열리는 것 같았다.

"그렇다면 … 간음한 여인의 사건이 그 말씀과 연결되어 있군요."

프시엘은 미소를 지으며 고개를 끄덕였다.

"그렇지. 하늘의 아들께서 그 여인에게 '나도 너를 정죄하지 아니하노라.' 하신 것은 그녀를 향한 단순한 동정이나 연민이 아니었네. 그렇다고 해서 그 여인이 죄가 없다는 뜻도 아니지. 하늘의 아들께서는 분명히 말씀하셨네. '다시는 죄를 범하지 말라.'고 말이네. 그녀가 죄를 지은 것은 사실이었지."

리안은 조심스럽게 물었다.

"결국 그 여인도 말씀과 관계를 맺고 있었기 때문에 정죄를 받지 않은 거군요."

프시엘은 리안의 눈빛을 깊게 읽으며 차분히 이어갔다.

"맞네, 리안. 그 여인은 죄를 지었지만, 말씀과의 관계 안에 있었네. 그래서 용서를 받았던 것이지. '믿는 자는 정죄를 받지 않는다' 라는 말씀이 바로 그 사건 속에서 실제로 드러난 거라네. 믿지 않는 자는 이미 정죄 아래 있지만, 믿는 자는 정죄를 받지 않는다 … 그녀가 믿음 안에 있었기 때문에 그 말씀이 그녀에게 그대로 적용된 것이네."

리안은 어려웠던 난제가 풀린 듯 고개를 끄덕였다.

"그러니까 그 여인의 죄가 단순히 덮인 게 아니라, 하늘과의 관계 안에서 용서받은 것이군요."

프시엘은 고개를 끄덕이며 마지막을 덧붙였다.

"맞네. 그리고 그것은 단순한 용서가 아니었지. 하늘의 아들께서 십자가에 달려 피를 흘리신 것은 바로 그렇게 관계 안에 들어온 자들의 죄 문제를 영원히 해결하기 위함이었네. '나도 너를 정죄하지 아니하노라' 라는 말씀은 공허한 관용이 아니었네. 장차 흘리실 그 피로 자신과 관계를 맺고 있는 모든 자들의 죄를 담당하시겠다는 선언이었지. 자네, 이제 이 말씀이 조금은 마음에 새겨지는가?"

리안은 조용히 숨을 들이쉬며 고개를 끄덕였다. 그의 눈빛에는 여전히 놀라움이 섞여 있었지만, 깊은 안도와 울림이 번져 가고 있었다.

"네 … 이제야 '정죄하지 않는다' 라는 말씀이 무엇을 뜻하는지 조금은 알 것 같습니다. 그것이 사람을 향한 연민이나 동정이 아니라는 사실이 명확해졌습니다."

리안은 눈빛을 떨구었다.

그때까지 죄를 외적 행위의 기준으로만 판단해 왔던 그의 내면에, 하나의 새로운 질서가 자리 잡히기 시작했다. 또한 그는 하늘과의 관계를 무시한 채 자신이 철저히 사는 것으로 자신의 죄 문제를 해결하려고 했던 것이 얼마나 어리석은 생각이었는지도 깊이 있게 깨달았다.

프시엘은 낮은 목소리로 말을 이었다.

"이처럼 신의 심판은 감정의 기준이 아니라, 말씀과의 관계 여부에 따라 작동하네. 간음하다 현장에서 붙들렸던 여인처럼 말씀이 그 중심에 있는 자는 비록 죄를 지었을지라도 정죄를 받지 않기 때문에 책망을 받고 회개하면 살아나지만, 말씀이 없는 자는 도덕적으로 아무리 흠이 없어도 말씀과의 관계가 없으므로 신으로부터의 정죄의 심판을 피할 수 없게 된다네."

리안은 다시 입을 열었다.

"그럼 … 다윗도, 이 여인도, 죄를 지었지만 하늘의 자녀들이었기 때문에 정죄를 받지 않고 용서를 받은 것이군요."

프시엘은 고개를 끄덕이며 대답했다.

"맞네. 다윗도 간통했고, 살인을 교사했지. 그 여인도 죄를 지었네. 하지만 중요한 건, 그들이 죄를 지었느냐가 아니라, 말씀과 관계를 맺고 있었느냐는 것이네. 이와 같이 말씀을 사랑하고, 말씀 안에 있는 사람은 정죄함을 받지 않는다네."

÷ ÷ ÷ ÷ ÷

리안은 곰곰이 생각하다가 다시 물었다.

"그렇다면 … 말씀과 관계가 없는 사람은 하늘의 심판을 피할 수 없는지 더 자세하게 알려주세요."

프시엘의 눈빛이 잠시 어두워졌다.

"사울을 보게. 그는 처음엔 기름 부음을 받았지만, 그 중심에 말씀이 없었기 때문에 사람들의 눈치를 보고, 자기 자리를 지키려는 두려움 속에서 스스로 제사를 드리고, 끝내는 말씀의 사람 다윗을 죽이려 했지. 결국 그의 길은 말씀을 대적하는 길이 되고 말았네."

리안은 숨을 고르며 조심스레 되물었다.

"그렇다면 다윗의 죄와 사울의 죄는 무엇이 다른가요?"

프시엘은 리안의 질문에 대답을 이었다.

"차이는 바로 여기에 있네. 다윗은 하늘 앞에서 죄를 범하고 무너졌을 때도 말씀을 붙들었지. 시편에서 그는 '주의 성신을 내게서 거두지 마옵소서, 주의 말씀을 내게서 떠나지 않게 하소서' 라며 부르짖었네. 그는 죄의 무게보다도 말씀과의 관계가 끊어질까 두려워했지. 그것이 다윗의 길이었네."

리안은 고개를 끄덕였지만, 곧 의문을 품었다.

"그렇다면 사울은요? 그는 무엇이 다윗과 달랐나요?"

프시엘은 잠시 리안을 바라보다가 천천히 입을 열었다.

"사울이 다윗과 다른 것은 이것이었네. 사울은 죄를 짓지 않으려는 모양새는 있었으나, 말씀과의 관계를 붙들지 않았지. 그는 말씀의 뜻을 기다리지 못하고 자기 판단으로 제사를 드렸네. 또 백성의 눈치를 보며 하늘의 말씀보다 사람의 목소리를 앞세웠지. 그는 죄를 범한 후 그의 죄가 드러났을 때에, 말씀께로 돌아가는 것이 아니라 자기 체면을 회복하려는 것으로 끝났네. 다윗은 죄가 드러났을 때, 말씀께 돌아왔지만, 사울은 말씀을 대적하는 죄, 곧 노략물인 짐승을 죽이라는 신의 말씀을 무시하는 죄를 범했을 때, 그 대적한 죄에 대한 회개보다도 자신을 더 의롭게 하겠다고 그 짐승들을 하늘의 신께 바치겠다고 했지."

리안의 눈빛이 흔들렸다.

" …결국 죄의 무게가 아니라, 말씀과의 관계를 얼마나 중요하게 여기느냐가 차이를 만드는 거군요."

프시엘은 고개를 끄덕이며 단호히 답했다.

"그렇네. 말씀과 관계를 중요하게 여기는 자는 말씀을 대적하는 죄에 머물 수 없네. 혹 하늘의 법의 판단에 따른 죄에 넘어져도 결국 말씀께 돌아오게 되지. 그러나 말씀과 관계가 없는 자는 끝내 말씀을 외면하고 자기 내면의 법으로 돌아가 버린다네. 사울이 바로 그런 경우지. 그래서 중요한 것은 죄의 무게가 아니라, 말씀과의 관계라네."

리안은 더 이상 아무 말도 하지 못했다.

간음하다 붙들린 여인의 눈물이 떠올랐고, 다윗이 쏟아낸 회개의 고백이 마음 깊은 곳에서 울려 퍼지는 듯했다. 결국 그들이 돌아간 곳은 자신을 아름답게 꾸미는 의의 자리가 아니라, 깨어진 말씀과의 관계가 회복되는 자리였다.

프시엘은 마지막으로 조용히 덧붙였다.

"말씀은 생명이네. 말씀이 있으면 살아나고, 말씀이 없으면 결국 심판만 남는다네."

그 말을 듣는 순간, 리안은 조용히 고개를 숙였다. 그 침묵 속에서 그는 단순히 머리로 이해하는 것을 넘어, 하나의 진리를 온몸으로 받아들이고 있었다.

정죄는 죄를 지었기 때문이 아니라, 말씀이 중심에 없는 상태, 곧 믿음이 없는 상태 자체가 정죄라는 것이 마음 깊은 곳에 새겨졌다. 그 사실은 마치 오랫동안 마음속에 눌려 있던 돌덩이가 부서지듯, 그의 깊은 곳을 조용히 무너뜨리고 있었다.

그는 이제 말씀이 중심에 없는 삶이 얼마나 무기력하고 무서운 것인지, 온몸으로 깨닫고 있었다.

÷ ÷ ÷ ÷ ÷

한참을 그렇게 침묵하다가, 리안은 조심스레 입을 열었다.

"그렇다면 … 결국 죄냐 의냐를 나누는 것이 중요한 것이 아니라, 말씀과 관계를 맺고 있느냐 없느냐가 중요한 거군요. 같은 행동이라도, 그 안에 말씀이 함께하느냐에 따라 전혀 다른 것이 되겠네요. 말씀과 함께 걷는 걸음은 생명이 되지만, 말씀과 관계없이 자기 뜻대로 걷는 걸음은 그것이 자신이 보기에 선한 걸음일지라도 죄가 되는 거군요."

프시엘은 조용히 웃으며 고개를 끄덕였다.

"그렇지. 측량자가 잘못되었다면, 아무리 똑같은 측정의 행위를 해도 결과는 틀릴 수밖에 없지. 측량하는 행위는 표면적으로는 같아 보여도 그 기준과 출처가 어디에서 나왔느냐가 중요하네. 그 중심이 말씀과의 관계에서 나왔다면 그것은 순종이고 생명이지만, 사람 자신의 기준에서 나왔다면 그것이 비록 선한 것이라고 생각되었다 하더라도 자기 의일 뿐이며, 하늘의 신 앞에서는 죄가 되는 걸세. 사람은 겉모습을 보고 판단하지만, 신은 중심을 보시지. 말씀 중심이라는 말은, 단순한 외적인 행동이 아니라, 하늘의 인격이신 말씀과 어떤 관계를 맺고 있는가, 곧 말씀이 그 중심에 있는가를 의미하네."

그는 조약돌 하나를 손에 쥔 채 잠시 생각에 잠겼다가 다시 말을 이었다.

"예를 들어 보세. 찬장에서 음식을 꺼내 먹는 행위는 같지만, 그 음식을 누가 꺼내 먹느냐에 따라 전혀 다른 의미가 되지. 그 음식을 먹은 사람이 주인과 자녀의 관계 속에 있는 자녀라면 그 행위는 죄가 되지 않지만, 주인과 아무 관계가 없는 사람이 그 음식을 꺼내 먹었다면 그것은 죄가 되네. 이것이 바로 행위 자체를 가지고 판단할 수 없는 이유지."

리안은 고개를 끄덕였다.

"…같은 행동인데도, 주인과 관계가 없으면 결과도 달라지는군요."

프시엘은 조용히 고개를 끄덕이며 이어 말했다.

"그렇지. 중요한 건 어떤 행동을 했느냐가 아니라, 그 행동을 한 사람이 주인과 어떤 관계 안에 있느냐는 것이네. 겉으로 드러난 행위는 같아 보여도, 그의 중심이 하늘의 말씀과 연결되어 있느냐에 따라 전혀 다른 결과가 따라오지. 신과의 관계 안에서 이루어진 행동은 정죄가 되지 않지만, 그 관계 없이 자기 기준에서 비롯된 행위는 결국 심판의 대상이 되네. 그분이 이 세상의 창조주시며, 입법주시며, 심판주이시기 때문이지. 그렇기에 모든 판단은 그분 중심으로 이루어진다네."

프시엘의 말을 들으면서 리안의 눈빛이 깊어졌다.

그 말은 이해를 넘어서 마음을 흔드는 진실로 다가왔고, 그 깨달음은 그에게 한 장면을 떠올리게 했다.

"이제 명확하게 알 것 같아요. 다윗이 제사장의 빵을 먹고 율법을 어겼는데도, 신께서 그에게 죄를 묻지 않으신 이유를요. 그리고 정죄를 하시는 분도 하늘의 신이시고, 정죄를 하지 않으시는 분도 오직 하늘의 신이시라는 의미가 제 마음에 깊이 있게 새겨집니다."

리안은 그것이 단지 배고픔의 문제가 아니라, 관계의 문제였다는 걸 완전하게 알게 된 것 같았다.

프시엘은 그 대답을 기다렸다는 듯 미소 지으며 말했다.

"그렇지. 바로 관계의 문제지. 만일 그 빵을 다윗이 아니라, 신과 아무런 관계도 없는 자가 먹었다면 그는 어떻게 되었겠나? 그자는 율법을 어긴 대가로 죽음을 면치 못했을 것이네. 하지만 다윗은 살았지. 그의 행동이 완전했기 때문이 아니라, 그의 중심이 말씀과 연결되어 있었기 때문이네. 신은 그가 단지 제사장의 빵을 먹었느냐보다, 그의 중심이 어디를 향하고 있었는지, 그의 중심에 누가 있었는지를 보셨던 걸세."

리안은 입술을 살짝 깨물며 되물었다.

" …그러니까, 말씀과 관계되어 있느냐가 생명의 기준이라는 말씀이죠? 말씀이 중심에 있으면 그에게 생명이 있고, 말씀이 그에게 없으면 생명이 없는 거고요."

프시엘은 천천히 고개를 끄덕였다.

"정확하네, 리안. 그러니 결국 중요한 것은 행위가 아니라, 관계라네. 사람들은 언제나 겉으로 드러난 행위를 기준 삼아 판단하지만, 신은 전혀 다른 기준을 보시지. 신께서는 그 사람의 중심이 말씀과 어떤 관계에 있는지를 보시는 분이시네."

그는 잠시 리안을 바라보며, 말의 무게를 실어 조용히 덧붙였다.

"신께서 다윗을 '내 마음에 합한 자'라 부르신 것은, 그의 행위가 완전해서가 아니었네. 다윗도 연약했고, 실제로 무거운 죄를 범한 적도 있었지. 하지만 그 중심은 언제나 하늘의 신을 향해 있었고, 말씀을 왕으로 모셨기에 죄를 범할 때마다 죄를 통회하고 말씀 앞으로 돌아올 수 있었던 거네."

리안은 조용히 고개를 끄덕였다.

다윗의 삶은 어릴 적부터 알고 있었지만, 지금 들리는 이 말은 이전과 전혀 다른 깊이로 마음에 다가오고 있었다.

프시엘은 조용히 리안의 눈을 바라보며 말을 이었다.

"이처럼 말씀을 왕으로 모신 사람은, 하늘께서 기뻐하지 않는 죄가 드러났을 때, 그 죄에 대하여 변명하지 않고 말씀 앞으로 나아와 통회하네. 그리고 그 통회는 그를 다시 말씀의 통치안으로 이끌지. 결국 그는 자신의 죄를 통해 말씀의 빛을 더 깊이 사모하게 되고, 마침내 그 삶은 다시 말씀 중심으로 돌아오게 되네."

리안은 프시엘의 말을 이해한 듯 고개를 끄덕이며 입을 열었다.

"반대로, 말씀을 왕으로 모시지 않은 사람은, 죄가 드러났을 때 말씀으로 돌이키기보다는 사울처럼 자신의 의로운 삶으로 돌아가는군요."

프시엘은 조용히 숨을 들이킨 후 답을 이었다.

"그렇다네. 그들은 죄를 통회하더라도, 그 통회가 말씀으로 돌아가는 통회가 아니네. 말씀 없이 죄를 다루는 자는 결국 자기 기준, 자기 감정, 자기 판단으로 죄를 처리하려 하지. 회개의 자리에 나아간다 해도, 그 회개는 말씀의 통치를 받아들이는 것이 아니라 자기 삶을 더 나아지게 만들려는 방식으로 흘리가게 되지."

그는 잠시 말을 멈추었다가, 다시 낮은 목소리로 덧붙였다.

"결국 그 회개는 참된 회개가 아니네. 말씀으로 돌아가는 것이 아니라, 자기 내면의 법을 더 정결하게 다듬는 데 그치고, 자기 삶을 더 도덕적으로 꾸미는 데 멈추게 되지. 그 마음에는 생명이 없고, 대신 자기를 더 강화하는 법만 남는 것이네. 이것을 바로 자기 의라고 하지."

프시엘의 눈빛이 깊어졌다.

"다윗의 회개를 보게. 다윗은 이렇게 고백했지. '내가 주께만 범죄하였나이다.' 이 고백은 자신이 사람에게 잘못한 것을 부정한다는 뜻이 아니네. 오히려 그 모든 죄의 뿌리가 말씀을 떠났다는 데 있음을 인정한 고백이지."

그는 계속해서 말을 이었다.

"이처럼 다윗은 죄를 사람과의 관계 안에서 보지 않았네. 그는 자신의 죄가 말씀, 곧 하늘의 신과의 관계의 깨어짐에서 비롯되었다는 걸 알았고, 그래서 그 고백이 가능했던 거네. 그 고백은 단순한 감정의 표현이 아니라, 말씀의 통치를 다시 받아들이는 철저한 무너짐이었지."

리안은 깊은 숨을 내쉬며 고개를 숙였다.

그리고 말없이 자신을 돌아보는 시간을 가졌다. 자신도 스스로 죄를 인식한 적이 많았고, 통회한 적도 많았다. 하지만 그 회개의 끝이 과연 어디를 향했는지, 이제야 진지하게 묻기 시작했다.

" …저도 회개를 많이 했지만, 말씀 앞으로 돌아갔던 건 … 없었던 것 같아요. 스스로 죄를 깨달은 뒤에도 결국은 제 삶을 스스로 고쳐보려는 쪽으로 갔던 것 같아요. 말씀께 무릎 꿇은 것이 아니라, 제 안의 기준에 무릎 꿇고 더 나은 사람이 되려고 했던 것 같아요 …"

프시엘은 리안의 진실한 고백에 고개를 끄덕이며 조용히 말했다.

"그래서 중심에 누가 왕으로 있느냐가 중요한 것이네. 회개의 눈물보다도, 그 눈물이 누구를 향하고 있는가가 신의 눈에는 더 중요하지. 말씀이 왕이 된 자는 그 눈물이 말씀을 향해 있고, 그 눈물 속에서 말씀의 다스리심을 구하지만, 말씀이 그 중심에 왕으로 좌정하지 않는 자는 그 눈물로 스스로를 더 의롭게 세우려 하지."

리안은 천천히 고개를 들었다.

그의 눈엔 지금껏 보지 못했던 또 하나의 진리가 보여졌다.

"말씀을 왕으로 모시지 않는 자의 회개는, 결국 자기 의로 흘러가 버리는 거군요. 진짜 회개는, 말씀 앞으로 돌아가 깨어진 말씀과의 관계를 회복하는 것이고요."

프시엘은 아무 말 없이 고개를 끄덕였다. 리안은 말씀이 왕이 된 자만이, 죄를 범하더라도 말씀 앞으로 돌아갈 수 있음을 마음 깊이 새기고 있었다. 그리고 자신의 내면의 법이 무너짐이 없이는 결코 그분이 자신의 중심에서 왕으로 통치할 수 없음을 분명히 깨달았다.

÷ ÷ ÷ ÷ ÷

프시엘은 천천히 숨을 쉬며 말을 이어갔다.

"신께서 보시는 건 외적인 행동보다 더 깊은 곳이라네. 바로 그 마음의 중심이며 방향이지. 결국 중심이 누구를 향해 있었느냐, 그 사실이 모든 것을 결정짓는다네."

리안은 조용히 숨을 들이마시며 입을 열었다.

" …그러면 제가 지금까지 말씀을 듣고도 그 말씀이 제 안에 뿌리내리지 못했던 이유는, 제 내면에 이미 다른 법이 자리 잡고 있었기 때문이겠네요."

프시엘은 부드럽게 미소 지으며 고개를 끄덕였다.

"그렇다네. 그래서 사도들은 하나같이 말씀과 연합한 것을 믿음이라 부른다네. 믿음은 단순한 생각이나 결심이 아닐세.

그것은 곧 신과 연합하여 아들이 된 자의 관계를 뜻하네. 바울 사도도 '내 지체 속에 또 다른 법이 나를 사로잡는다' 라고 고백하지 않았는가. 그 법이 무너지지 않는다면 하늘과의 관계, 곧 믿음은 결코 사람의 중심에 들어올 수 없네. 그 관계 안에서는 율법의 조문을 억지로 지키려 애쓰는 것이 아니라, 말씀을 사랑하기 때문에 자연스럽게 그 말씀의 본질이신 그분의 인격을 중심으로 살아가게 된다네."

리안의 눈동자가 조금씩 젖어 들었다. 그리고 그는 천천히 고개를 숙였다.

" …신과 관계가 없으면, 아무리 종교적인 철저한 삶을 살아도 결국 죄에서 벗어날 수 없다는 말씀이군요. 그러나 신과 관계가 회복되면, 그가 어떤 죄를 지었든 모든 죄는 사함을 받게 되는 것이네요."

프시엘은 조용히 고개를 끄덕였다.

"그렇지. 말씀과 관계없는 신앙은 결국 자기 법에 따라 살아가는 것이고, 그것이 죄의 구조라네. 그러나 그 구조가 무너지고 말씀이 왕으로 자리 잡을 때, 비로소 생명이 시작되지."

÷ ÷ ÷ ÷ ÷

프시엘이 말은 리안의 가슴속 깊은 곳에 오래 머물렀다. 리안은 한참을 생각하다가 다시 문득 떠오르는 의문을 억누르지 못하고 입을 열었다.

"그러나 프시엘 선생님, 제가 여전히 이해되지 않는 것이 있습니다. 신과 아들의 관계를 맺은 자라도 다윗이나 간음했던 여인처럼 때때로 죄에 넘어지는 경우가 있잖아요. 그런데 그들은 정죄를 받지 않는다고 말씀하셨는데, 그들의 죄는 어떤 방식으로 처리되는 것인지, 그 이유를 더 깊이 설명해 주세요."

프시엘은 조용히 고개를 끄덕이며 대답했다.

"자네 말대로 그들도 죄를 짓지. 그러나 앞서 말했듯이 그들의 죄가 정죄를 받지 않는 것은 그들이 신과 사랑의 관계 안에 있는 자들이기 때문이라네. 신께서는 바로 그들을 위해 자신의 아들을 이 땅에 보내셨고, 그들의 죗값을 위하여 십자가에서 피를 흘리게 하셨네. 그 피는 바로 그 죗값을 온전히 치렀다는 증거일세."

그는 잠시 숨을 골랐다가 덧붙였다.

"하지만 중요한 것은, 그 십자가의 피가 아무에게나 적용되는 것이 아니라는 사실이네. 그 피는 반드시 신과 관계를 맺고 있는 자들, 곧 말씀을 왕으로 모시고 말씀을 중심으로 살아가는 자들에게만 유효하지. 말씀을 거부하고, 자기 법 곧 타락할 때 선악을 알게 하는 나무의 열매를 먹음으로 내면에 새겨진 법을 따라 사는 자들에게는 그 피가 아무 효력도 없다네. 결국 십자가는 단순한 사랑의 표시가 아니라, 하늘의 통치를 거부하고 하늘의 진리를 대적하는 자들에게 신의 의가 드러난 심판의 자리이며, 동시에 하늘과 관계를 맺는 자들에게 자비가 머무는 자리라네. 자네가 말씀을 왕으로 모신다면, 그 피가 자네 위에도 덮이게 되는 것이지."

프시엘은 이어서 조용한 목소리로 하나의 예를 들었다.

"자네가 이해하기 쉽게 예를 들어보세. 어떤 부모가 땀을 흘리며 돈을 벌어 자녀를 위해 맛있는 음식을 준비했다면, 그 땀의 이유는 분명하지 않겠나? 그 음식은 부모와 사랑의 관계를 맺고 있는 자녀를 위한 것이지. 부모를 무시하고 대적하며, 아무런 관계도 맺고 있지 않은 자를 위해 그 수고를 감당한 것은 아니지 않겠는가.

마찬가지로, 십자가에서 흘리신 피도 모든 사람을 향해 열려 있지만, 실제 효력은 그분과의 관계 안에서 드러나는 은혜라네. 만약 그 피가 하늘의 진리를 대적하는 자들에게까지 무조건 효력을 발휘한다면, 사단도, 그를 따르는 타락한 천사들도, 그리고 그들과 함께하는 모든 자들도 결국 구원을 받지 않겠는가?

그러나 하늘의 아들께서 염소와 같은 자들에게 분명히 말씀하지 않았는가. '마귀와 그의 천사들을 위해 준비된 영원한 불에 들어가라' 라고 말일세. 그러니 그 피는 하늘과의 관계 안에 있는 모든 자에게 값없이 주어지지만, 그분을 거부한 자들에게는 결코 효력을 미칠 수 없네."

프시엘의 말을 들은 리안의 눈이 흔들렸다. 그리고 이내 그의 마음속 깊은 곳에서 오래 붙잡아왔던 생각이 무너져 내렸다.

"그렇다면 … 제가 지금껏 믿어온 방식이 잘못된 것이군요. 저는 하늘의 법과 제 안에 있는 내면의 법이 부딪히고 있다는 사실조차 알지 못했습니다. 그래서 그 충돌이 구원의 문제와 연결된다는 것도 전혀 생각하지 않았습니다. 저는 그저 종교적으로 선하다고 여겨지는 것을 행하며 열심히 살아가면, 언젠가는 당연히 구원받을 거라고 막연히 여겼습니다. 그러나 이제 알겠습니다. 진리를 거부한 자, 곧 하늘의 아들의 인격이신 말씀을 받아들이지 않은 자에게는 그 어떤 종교적 행위도 결코 구원을 보장하지 못한다는 사실을 말입니다."

프시엘은 고개를 끄덕이며 단호하게 덧붙였다.

"그렇네. 또한 하늘의 아들께서 종교 지도자들을 향해 '너희는 나 있는 곳에 오지 못하리라' 라고 선포하지 않았는가. 그러니 아무리 종교적으로 완벽해 보이고, 종교적 의무를 다하며, 사람들로부터 존경을 받는 자라는 이유로는 구원을 받을 수 없네. 오직 그분을 인격으로 받아들이고 사랑하는 자들만이 그 피로부터 오는 생명을 누리게 되는 것이지."

그 말은 리안의 마음을 깊이 찔렀다. 그는 고개를 떨군 채 천천히 숨을 내쉬며 중얼거렸다.

" …그렇다면 지금까지 저는 말씀을 들었지만, 제 안의 법이 여전히 작동하고 있었기에, 그 피가 실제로 제 안에서 역사하지 않았던 것이군요."

프시엘은 조용히 고개를 끄덕였다.

"그렇다네. 하지만 이제 자네가 그 사실을 깨달았다면, 이제는 말씀을 왕으로 모시고, 그분과 진짜 관계를 맺으면 되네. 그때 그 피는 자네 안에서 진짜 생명이 되고, 자네의 죄를 정결케 할 것이네."

리안은 그 말 앞에서 깊이 고개를 숙였다.

그제야 그는 십자가가 얼마나 두렵고도 은혜로운 것인지, 말씀 중심의 삶이 얼마나 엄숙하고도 실제적인 것인지 깨달았다.

프시엘은 리안의 눈빛을 지켜보다가 잔잔히 덧붙였다.

"하늘의 아들은 언제나 '말씀을 왕으로 모신 자'에게 자비를 베푸시네. 반대로, 말씀을 거절한 채 자기 감정이나 종교적 기준으로 남을 판단하고 정죄하는 자를 기뻐하지 않으시지. 그래서 하늘의 신께서는 '제사를 원하지 않는다'라는 말씀을 하신 것이네. 하늘의 신께서 원하시는 것은 종교 행위를 통한 철저한 제사가 아니라, 그분과의 인격적인 관계이며, 말씀의 통치 아래 사는 삶이지. 곧 하늘의 신께서 베푸신 긍휼 안으로 들어와 하늘의 말씀과 관계를 맺고 살아가는 삶이라네."

리안은 다시 고개를 숙였다.

하늘의 은혜는 종교적 삶을 철저하게 살아가는 종교인들에게 입히는 것이 아니라 자신의 내면의 법이 무너진 상태에서 말씀을 왕으로 모신 자에게 부어진다는 의미가 조금씩 그의 마음속에서 자리를 잡아가고 있었다.

÷ ÷ ÷ ÷ ÷

프시엘은 다시 리안을 바라보며 조용히 말을 이었다.

"결국 죄는 단순한 행위의 문제가 아니라, 누가 기준이냐, 누가 왕이냐의 문제라네. 자네 안에 '누가 왕인가'에 따라 모든 것이 달라지는 것이지. 죄를 자신의 감정으로 판단하게 되면 죄가 그의 통치자가 되고, 말씀이 중심이 되어 말씀의 관계로 판단하게 되면 신께서 통치자가 되시네. 그리고 하늘의 신은 바로 그 '왕'이 누구냐는 기준으로 자네를 판단하신다네."

그 말은 리안의 마음 깊은 곳을 꿰뚫었다. 그는 천천히 숨을 길게 내쉬며 고개를 끄덕였다.

"지금껏 저는 말씀이 아닌 제 감정을 기준 삼아 죄를 판단했고, 신앙의 옳고 그름도 감정으로 가늠했던 것 같아요. 그런데 지금은 분명히 알겠습니다. 말씀이 왕이신 분 앞에서는, 그분과의 관계를 떠난 어떤 기준도 의미 없다는 것을요."

프시엘은 부드럽게 미소 지으며 고개를 끄덕였다.

"맞네, 리안. 자네가 인격이신 말씀을 왕으로 모셔야만, 비로소 모든 판단이 말씀의 관계 안에서 이뤄지게 된다네. 말씀의 관계로 거짓 삼위 체계와 참 삼위일체를 구분하며, 거짓 선지자와 참 선지자를 분별하고, 말씀의 관계로 선과 악을 구분하며, 말씀의 관계로 인생의 우선순위까지 결정되는 것이지."

리안은 눈을 감았다가 조용히 떴다. 가슴 한가운데 무언가가 스치고 지나간 듯한 침묵이 흘렀다. 그는 낮은 숨을 내쉬며 천천히 입을 열었다.

"지금까지 제가 왕이 되어 선과 악을 구분하고, 제가 옳다 여기는 것을 따르며 살아왔던 삶 … 그것이 하늘의 심판자 앞에서 죄였음을 이제야 알 것 같아요."

프시엘은 리안의 반응을 받아들이듯 조용히 고개를 끄덕이며 말을 이었다.

"그래서 중요한 게 바로 중심이라네. 누가 왕이냐는 질문이지. 사람은 언제나 뭔가를 기준 삼아 판단하지. 그런데 그 기준이 감정이나 양심, 자기 경험일 경우에는, 그 사람 안엔 이미 '말씀 아닌 것'이 왕이 되어 있는 상태인 것이네. 감정으로 판단한다는 건 자기 내면의 법에 영향을 받아 감정에 따라 죄를 결정하는 것이네. 결국 말씀을 위에 두는 게 아니라 자기 아래에 두고, 자기 감정이 옳다고 느끼면 받아들이고, 불편하면 거절하게 되지. 그것이 바로 말씀이 아닌 자기 자신이 왕이 된 상태이며, 신께서는 그것을 죄로 보시는 거라네."

÷ ÷ ÷ ÷ ÷

프시엘의 말은 단호했지만, 따뜻함이 배어 있었다. 그가 지금껏 강조한 것은 '행위의 옳고 그름'이 아니라 '누가 판단의 왕좌에 앉아 있는가?'였다. 그리고 리안은 지금, 자기 마음의 왕좌에 앉아 있던 것이 '말씀'이 아니라, 늘 흔들리는 '자기 자신'이었다는 사실을 뼈저리게 자각하고 있었다.

그는 처음으로 자신이 평생 붙잡고 살아온 죄책감이 진리를 통해 오지 않았다는 사실을 정면으로 마주하게 되었다. 자신이 판단하는 감정이 진리라고 믿어왔던 그 모든 시간이, 이제는 말씀 앞에서 다시 검토되기를 갈망했다. 그 감정들이 얼마나 자주 흔들렸고, 얼마나 자주 자신을 속였는지 떠올리자, 마음속 깊은 곳에서 조용한 탄식이 흘러나왔다.

죄를 깨달았을 때 그는 말씀 앞으로 나아가 그분의 통치를 구해야 했다. 그러나 그러기보다 자신의 삶을 더 깨끗하게 만들고, 더 의롭게 보이려는 쪽으로 방향을 잡았다.

그것은 회개가 아니었다. 말씀의 통치로 돌이킨 것이 아니라, 자기 의를 더 다듬으려는 시도였다. 그는 자신의 죄를 말씀과의 관계로 드러난 죄로 보지 않았고, 그 결과 스스로 죄라고 생각하는 죄를 버리면서도 말씀으로 돌아오지는 않았다. 그는 스스로 죄라고 생각하는 죄를 미워했지만, 말씀을 왕으로 모시지는 않았다. 그의 내면에는 여전히 자신이 중심에 있었고, 회개의 방향조차 자기 내면의 법을 강화하는 쪽으로 움직였다.

이제야 그는 죄를 회개한 것처럼 보여도, 말씀과의 관계로 죄를 바라보지 않는 한, 진짜 회개는 시작되지 않는다는 사실을 알게 되었다. 그리고 자신의 감성과 이성적 노력으로 하늘의 신 앞에 설 수 있으리라 는 것은 착각이었고, 그것은 결국 말씀과의 관계를 대체한 또 하나의 자기 의였다는 것을 이제야 뼈저리게 깨달았다.

÷ ÷ ÷ ÷ ÷

이러한 깨달음을 리안은 프시엘에게 고백했고, 프시엘은 리안의 고백을 듣고 그에게 죄의 근원부터 자세하게 설명하기 시작했다.

"죄는 단순히 나쁜 행동이 아니네. 죄는 '왕이 없는 상태' 에서 시작되는 구조라네. 창세기에서 인간은 말씀의 왕권을 무시하고 스스로 선과 악을 판단하려 했지. 그것이 바로 죄였네."

그러면서 그는 조용히 한 구절을 인용했다.

" '너희가 그것을 먹는 날에는 너희 눈이 열리며 하늘의 신과 같이 되어 선악을 알 줄을 하늘의 신이 아심이니라.' 이 말씀을 기억하는가?"

리안은 가만히 고개를 끄덕였다. 어릴 적부터 익숙히 들었던 구절이었지만, 그 의미는 제대로 생각해 본 적이 없었다. 그저 '죄를 지으면 벌을 받는다' 라는 교훈으로만 받아들였지, 왜 그것이 죄가 되는지는 깊이 고민하지 않았다.

프시엘은 리안의 눈빛을 읽고 조용히 말을 이었다.

"많은 이들이 이 구절을 듣고도 놓치는 것이 있지. 죄는 신을 떠나 도망치는 행위가 아니라, 신의 자리를 대신 차지하려는 마음이네. 하늘의 신과 같이 되어, 스스로 선과 악을 판단하려는 마음. 그게 바로 죄였지."

그의 말은 단호했지만 무겁지 않았다. 오히려 리안의 내면을 조용히 파고드는 맑은 빛처럼 스며들었다.

"말씀의 왕권을 무시한 채, 내가 판단의 중심이 되면 그때부터 죄가 시작되는 것이네. 그러니 죄는 단지 행위의 문제가 아니라 통치의 문제라네. 누가 나의 왕이냐, 누구의 기준으로 내가 옳고 그름을 판단하느냐, 바로 그것이 죄의 뿌리지."

리안은 더 이상 말하지 못한 채, 가슴속 어딘가에서 무너지는 소리를 들었다.

그동안 죄란 단순히 규칙을 어기는 것이라 여겼지만, 자신이 왕으로 살아가는 것, 그것이 죄 자체라는 것을 더 확실하게 깨닫기 시작했다. 그리고 그는 마침내 왜 이 죄의 구조가 무너지지 않고서는, 아무리 착하게 살아도 구원을 받을 수 없는지를 깨달았다. 죄는 어떤 나쁜 행동을 하는 것이 아니라, 내가 스스로 왕이 된 상태 자체였기 때문이었다.

그러므로 죄는 결과가 아니라 근원이며, 행동이 아니라 존재 자체였다. 아무리 선하게 보여도, 그 중심에 내가 신의 자리를 차지하고 있다면, 나는 여전히 죄 아래 있는 것이었다. 그 죄는, 내가 왕이 되어 말씀을 대신하는 자리였기에, 반드시 무너져야만 했다.

그 깨달음은 단순한 후회나 감정의 동요가 아니었다. 그것은 '기준의 무너짐'이었고, 왕좌의 주인이 바뀌어야 한다는 절대적인 요구였다. 리안은 지금까지 자신이 해온 수많은 판단과 결정을 하나하나 되짚기 시작했다.

그는 말씀과의 관계가 아닌 자기의 내면의 법을 기준으로 선과 악을 나누었고, 말씀과의 관계가 아니라 자기 감정과 양심을 따라 판단해 왔다. 그 모든 판단이 '옳다'고 여겼던 순간들조차, 지금에 와서 보니 그 중심엔 자신이 왕이 되어 있었다.

그는 조용히 눈을 감고 고개를 떨궜다.

나름대로 선하다고 여겼던 양심조차 부패했음을 그는 비로소 실감했다.

이제껏 옳다고 확신했던 것들, 선하다고 믿었던 것들마저도 말씀과의 관계로 다시 돌아봐야 한다는 사실이, 그의 심장을 무겁게 짓눌렀다. 진리는 감정이 아닌 말씀으로 분별 되어야 하며, 말씀과의 관계가 아닌 모든 선함은 결국 자기 의에 불과하다는 것. 그 사실을 리안은 마음 깊이 받아들이기 시작했다.

프시엘은 리안의 마음을 읽듯이 입을 열었다.

"선악의 기준을 신과의 관계가 아닌 자기 자신에게 둔 것, 그것이 바로 마음에 말씀을 왕으로 모시지 않은 아담과 하와의 반역이었네. 그 순간, 그들의 마음에서 왕이 사라졌지. 그리고 그 자리에 자신이 왕이 되어 말씀이 아닌 타락한 법으로 통치하는 것, 그것이 바로 죄였네. 그때부터 사람은 신과의 관계에서 끊어진 자가 되었지. 이것이 바로 타락의 본질이네. 이와 같이 죄는 말씀과의 관계가 끊어진 바로 그 상태를 말하는 것일세. 이것이 창세기에서 시작된 죄의 뿌리요, 지금도 모든 사람 안에 계속되는 내면의 구조라네."

리안은 조용히 눈을 감았다. 그는 스스로에게 되물었.

'나는 진리를 따른다고 했지만, 여전히 내 안에 타락한 내면의 법이 있었구나. 그리고 그 법의 흐름에 따라 육신의 감정으로 죄를 판단하고 있었어 … 나는 나름대로 열심히 신앙생활을 한다고 여기며 살았지만, 타락한 내면의 법을 그대로 유지한 채 종교의 행위들로 나를 아름답게 포장하고 있었어.'

프시엘은 마치 그의 마음을 읽듯 다시 조용히 말을 이었다.

"죄는 어떤 행위 이전에 그 씨앗이라네. 죄의 행위가 죄인 것은 맞지만, 그것은 씨앗으로부터 맺은 열매일세. 그보다 더 깊은 뿌리는 마음에 말씀이 왕으로 계시지 않는 상태일세. 말씀을 내 마음에서 왕으로 인정하지 않고, 내가 옳고 그름을 판단할 수 있다고 생각한 그 마음, 그것이 죄가 되는 것이지. 좋은 나무는 결코 나쁜 열매를 맺을 수 없고, 나쁜 나무는 결코 좋은 열매를 맺을 수 없다네. 이것은 곧 씨앗이 바뀌지 않으면 선한 열매를 맺을 수 없다는 의미일세."

프시엘은 잠시 말을 멈추었다가, 묵직한 어조로 다시 입을 열었다.

" '선악을 알게 하는 나무의 열매를 먹으면 너희가 반드시 죽으리라.' 자네 이 말씀도 기억할 것이네. 그 죽음은 단순히 육신의 죽음을 말하는 것이 아니었네. 그것은 곧, 하늘의 생명이신 말씀과의 연결이 끊어진 것을 의미하지."

그의 목소리는 낮았지만 깊고 단단했다. 리안은 그 말에 이끌리듯 숨을 고르며 귀를 기울였다.

프시엘은 천천히 말을 이어갔다.

"그 순간부터 사람은 겉으로는 살아 있었지만, 더 이상 생명의 말씀 안에 거하지 않았네. 생명의 말씀 없이 살아가는 것,

그것이 바로 죽음이라네. 자네도 알다시피, 나무와 뿌리가 분리되면 그 나무는 어느 정도의 기간까지 살아 있지만, 결국 죽어버리고 말지. 타락한 인간이 바로 이러한 상태라네. 하늘의 신께서 말씀하신 죽음은 생명의 말씀의 뿌리와 단절된 상태를 의미하지."

프시엘의 말을 듣고 있던 리안은 조심스럽게 물었다.

"그렇다면 … 아담 이후의 모든 사람도 그런 죽음의 상태로 살아간다는 말씀이신가요?"

프시엘은 고개를 끄덕이며 답했다.

"그렇다네. 말씀과 단절된 생명은 본질적으로 죽은 생명이지. 그렇게 된 사람은 더 이상 말씀과의 관계로 판단의 기준을 삼지 않고, 자기 내면의 법을 기준으로 삼게 되네. 이 죄의 통치 구조가 바로 죄의 법의 구조라네. 이것은 아담 이후로 끊임없이 유전되어 내려온다네."

리안은 천천히 고개를 끄덕였다. 그는 지금까지의 삶 속에서 '이건 죄 같다', '이건 괜찮은 것 같다' 라고 판단했던 수많은 순간을 떠올렸다. 그 판단의 근거가 언제나 자신의 감정과 느낌이었다는 사실이 선명해졌다.

프시엘은 그의 시선을 마주하며 말을 이었다.

"이 죄의 법은 지금도 사람 안에 살아 있으며, 여전히 마음 깊은 곳을 지배하고 있네. 그 법은 하늘의 말씀이 들어오지 못하도록 단단히 막고 있지. 그래서 아무리 말씀을 들어도, 그 말씀이 마음 깊은 자리까지 들어오지 못하게 되는 것이네."

프시엘은 말을 멈추었다가, 더욱 분명한 목소리로 덧붙였다.

"왜냐하면 이미 그 자리를 차지하고 있는 죄의 체제가 극렬하게 저항하고 있기 때문이지. 이 죄의 체제는 처음엔 육신의 감정을 자극하고, 이어서 이성적인 생각을 동원하며, 마지막에는 죄의 법과 하늘의 법이 충돌하도록 만들지."

리안은 순간, 자신의 지난날들을 떠올렸다. 어떤 말씀은 받아들이기 힘들어 외면했고, 어떤 말씀은 불편하게 느껴져 자신을 합리화하며 피했던 기억들이 스쳐 갔다. 그 모든 순간이 단순한 기분이 아니라, 자신 안에 유전되어 내려온 내면의 체제, 곧 그 죄의 법 때문이었다는 것을 그는 점점 이해해 갔다.

÷ ÷ ÷ ÷ ÷

프시엘은 리안을 바라보며 말을 이었다.

"그 죄의 법이 무너지지 않으면, 결코 생명의 법이 들어올 수 없네. 그 타락한 법의 중심이 무너져야만, 비로소 하늘의 생명의 법이 그 자리를 차지하게 되지. 바로 그때부터야말로 사람은 진정으로 살아 있는 자가 되는 것이고, 신의 아들이 되며, 모든 것을 말씀의 관계 안에서 분별할 수 있는 자가 되는 것이네. 이것이 바로 바울 사도가 고백한바 '생명의 하늘의 영의 법이 죄와 사망의 법에서 너를 해방하였다' 라는 것의 의미지."

프시엘의 말은 리안의 내면 깊은 곳에 정확히 닿아 있었다. 그의 가르침은 단순한 가르침이 아니라, 지금 리안이 직면한 진실 그 자체였다. 리안은 아무 말도 하지 못한 채 조용히 고개를 떨궜다. 그의 내면에서는 말씀이 칼처럼 작동하고 있었고, 단순한 깨달음을 넘어, 자신의 존재를 해부하듯 깊이 파고들고 있었다. 지금까지 그는 자신의 죄를 정죄당하지 않기 위해 애쓰며 살아왔지만, 정작 그 죄의 뿌리는 결코 다루어진 적이 없었다는 것을 깨달았다.

그의 내면에는 여전히 '자기 자신'이 왕으로 앉아 있었고, 말씀을 듣고도 말씀을 왕으로 모시지 못했던 이유는, 결국 그 왕좌를 지키려는 타락한 죄의 법이 끊임없이 작동하고 있었기 때문이었다. 그는 그 사실을 부정할 수 없었고, 오히려 그것이 너무도 분명하게 느껴졌다. 그리고 그 왕좌는 반드시 무너져야만 했다.

÷ ÷ ÷ ÷ ÷

프시엘은 조용히 리안을 바라보며, 그의 마음속에서 일어나고 있는 싸움을 아는 듯 다시 입을 열었다.

"리안, 내가 자네에게 말했듯이 죄의 시작은 자네 안에 자리 잡은 그 내면의 법이라네. 신의 자리를 스스로 차지한 그 기준, 그것이 바로 죄의 본질이지."

프시엘은 손가락으로 바닥을 천천히 그으며 말을 이었다. 그 손끝은 마치 오래된 진리를 다시 기록하듯, 조심스럽고 단호했다.

"죄는 계속해서 자기 법의 체제를 견고하게 다져갔네. 그러나 신께서는 사람 안에 있는 타락한 내면의 법을 무너뜨리고 내면의 법을 따라 판단하는 죄에서 돌이키게 하시려고 수많은 말씀을 보내셨지. 그 말씀들은 경전에 등장하는 선지자들이었고, 그들은 말씀의 인격을 전하는 자들이었네. 그들은 말씀을 거절하는 죄를 책망하고, 말씀으로 돌이키라고 외쳤지만, 사람들은 그 말씀을 듣지 않았지."

리안의 눈동자가 떨렸다. 그 말씀들이 외쳐졌다는 사실은, 이제껏 그가 외면했던 모든 진리가 실제로 자신에게 다가왔었다는 뜻이었기 때문이었다. 그는 그 순간, 자신이 그 말씀들을 들을 귀가 없었던 이유가 단순한 무관심이 아니었음을 직감했다.

프시엘은 그의 미세한 반응을 놓치지 않고, 조금 더 높은 목소리로 덧붙였다.

"사람들은 하늘의 말씀을 귀로 듣는 것처럼 보였지만, 자기들의 내면의 법과 부딪힌다는 이유로 하늘의 말씀을 마음으로는 거부했지. 왜냐하면 그들의 마음에는 이미 그들이 섬기는 다른 왕이 앉아 있었기 때문이라네. 그 왕이 무너지지 않는 한, 어떤 말씀이 와도 받아들일 수 없지. 그래서 아브라함이 지옥에 간 부자의 요청에 '모세와 선지자들의 말을 듣지 아니하면 비록 어떤 사람이 죽은 자들로부터 일어날지라도 그들이 설득되지 아니하리라'고 했던 것이 바로 이것을 가리키네. 아브라함의 이 말은 참된 회개는 감정적으로 받아들이는 것이 아니라 자기 내면의 법이 무너져야 한다는 의미지."

프시엘의 그 말은 단순한 설명이 아니었다. 지금 리안의 상태를 그대로 비추는 거울과 같았다.

리안은 마음 깊은 곳에서 무언가가 금이 가는 소리를 들었다. 그것은 갑작스러운 감정의 폭발도, 억지스러운 자책도 아니었다. 그저 조용하고 분명하게, '진리가 다가올 때 그의 내면의 구조는 반드시 무너져야 한다'라는 사실이 그의 내면에 금이 가면서 새겨지고 있었다.

÷ ÷ ÷ ÷ ÷

프시엘의 눈빛은 더욱 깊어졌다.

"말씀이 사람들에게 오지 않아서 사람들이 말씀을 받지 못한 것이 아니네. 하늘의 신께서는 아침마다 일찍 말씀을 보내셨다네. 그러나 자네도 알다시피, 사람들은 듣지 않았지. 오히려 그 말씀을 전한 자들을 미워하고, 죽이기까지 했네."

그 말은 리안의 가슴을 조용히 찔러왔다. 말씀은 외면당했고, 외면은 거절이 되었으며, 거절은 결국 하늘을 향한 반역으로 이어졌다는 사실이 그의 내면을 깊이 흔들었다.

프시엘은 계속해서 말을 이었다.

"그 이유는 사람이 자신의 보좌에 앉아 스스로 왕이 되어 있었기 때문이지. 하늘의 말씀은 밖에서 온 것이고, 그들은 이미 자기 안에 말씀 이전에 다른 한 법을 갖고 있었기에, 그들의 법을 무너뜨리려는 말씀을 받아들이지 못했던 것이네. 하늘의 신의 말씀이 왔을 때, 사람들은 그 말씀을 신의 인격으로 받지 않고, 자기 안의 기준으로 판단하여 그 말씀을 개념과 규범으로 만들어 통제하기 시작했네. 이 말씀이 옳은가 그른가, 이 말씀이 나에게 편한가 불편한가, 이 말씀이 나의 법과 맞는가 맞지 않는가. 그렇게 말씀을 판단하는 순간, 이미 죄는 사람의 중심에서 작동하고 있었던 것이네."

프시엘은 잠시 눈을 감았다가 다시 천천히 떴다.

프시엘의 눈빛은 어느새 더 깊어졌고, 리안은 그 눈을 바라보며 조용히 프시엘을 향해 귀를 기울였다. 프시엘이 다시 말을 이었다.

"예언자들이 이스라엘 백성들에게 지적한 죄는 단순히 그들의 나쁜 행동이 아니었네. 그들은 하늘의 진리와 충돌을 일으키는 이스라엘 백성들의 내면의 법을 문제 삼았지. 하늘의 신의 말씀을 받아들이지 않고, 오히려 그분의 말씀을 그들의 내면의 법으로 판단한 것. 그것을 바로 죄라고 선포했네. 자네도 알다시피 하늘의 신을 섬긴다고 하던 이스라엘 백성들은 하늘의 말씀을 선포하던 예언자들을 죄인이라고 판단하고 핍박하지 않았는가. 그들의 판단이 어디에서 왔겠는가? 그 판단은 그들의 내면의 법으로부터였지. 그들이 하늘의 말씀을 받아들이지 않았다는 것은 그들의 내면의 법이 하늘의 진리와 충돌을 일으켰다는 것을 증거한다네."

그의 목소리는 단호했지만, 그 안에 무거운 슬픔이 드리워 있었다.

"이스라엘 백성들은 겉으로 하늘의 신을 따르는 듯 보였지만, 실제로는 자기 안에 있는 법을 따라 살았지. 신의 말씀은 그들에게 왕이 아니었고, 오히려 자신의 법을 기준으로 판단하는 대상이 되어버렸네."

리안은 그 말을 듣자 문득 가슴 깊은 곳에서 무언가 뜨끔하며 올라오는 것을 느꼈다. 자신도 모르게 눈을 감았다가 조심스럽게 고개를 끄덕이며 중얼거렸다.

"자신의 법으로 … 자신의 법을 무너뜨리려는 말씀을 판단하기 시작한 거군요 …"

그 말은 깨달음처럼 나왔고, 동시에 부끄러운 고백처럼 흘러나왔다.

프시엘은 조용히 고개를 끄덕였다.

"맞네. 사람들은 말씀을 들었지만, 그 말씀을 통해 자신의 법을 무너뜨리는 것은 거부한 채, 자기 안에 이미 내재하고 있는 타락한 법으로 그 말씀을 재단했지. 이 말씀이 맞는지, 자기 생각에 옳은지를 먼저 따지며 들었네. 예언자들이 말한 죄는 바로 그거였지. 말씀을 받아들이지 않고, 자기 안에서 하늘의 말씀을 판단해 버리는 구조. 그것이 그들의 죄였네."

리안은 마음 한쪽이 저릿했다. 그는 프시엘의 말을 이해한 듯 다시 조심스럽게 물었다.

"예언자들은, 그들이 율법이나 종교법을 어겼다고 책망한 게 아니라 … 말씀 자체를 거절한 걸 책망했군요."

프시엘은 작은 미소를 지었다. 마치 그 대답을 기다렸다는 듯이 고개를 끄덕였다.

"정확히 봤네. 선지자들은 단순히 사람들이 율법의 조문들을 어겼다고 꾸짖으려 온 것이 아니었네. 그들은 사람들 안에 깊이 자리 잡은 구조를 드러내고 무너뜨리려 했지. 그런데 율법의 조문들을 철저하게 지킨다고 자부하던 사람들은 겉으로는 신을 섬긴다고 말하면서도, 실제로는 자기 기준으로 말씀을 판단하며 하늘을 대적했네. 그래서 말씀을 전하는 자들을 미워하고 죽이기까지 했지. 왜냐하면 그 말씀이 그들의 내면의 법을 건드렸고, 그들 스스로 옹위하던 그들의 왕좌를 흔들었기 때문이네."

÷ ÷ ÷ ÷ ÷

프시엘은 잠시 눈을 감았다가 천천히 말을 이었다.

"예레미아에게 주어진 사명이 바로 그것이었네. '보라 내가 오늘 너를 여러 민족과 나라들 위에 세워 뽑고, 파괴하고, 멸하고, 무너뜨리며, 건설하고, 심게 하였느니라.' 하늘의 신이 선지자의 입술에 말씀을 두신 것은 단순히 윤리적 행위나 도덕적 계율을 가르치게 하려는 것이 아니었네. 오히려 사람들의 견고한 구조를 파괴하고 무너뜨려, 다시 말씀을 그들의 중심에 세우도록 보내신 것이지. 그러나 이스라엘은 그 무너뜨리려는 말씀을 끝내 받아들이지 않았네. 그래서 그들의 반응은 언제나 격렬했고, 결국 새롭게 세워질 기회를 스스로 잃어버린 것이지."

리안은 사르그에서의 자신의 모습을 떠올리며 자신을 자책하듯 중얼거렸다.

"무너뜨림을 거부한 것이 죄라 … 단순히 율법의 조문들을 어기는 것이 죄가 아니라 말씀을 거절한 것이 죄군요. 진리를 거절하기 전에 이미 진리를 거절하는 구조 자체가 죄의 근원이고요."

프시엘은 고개를 끄덕이며 목소리를 낮췄다.

"그렇네. 죄는 단순히 율법의 조문들을 어기는 규칙 위반이 아니네. 신이 말씀으로 그들의 내면을 무너뜨리려 하실 때 그것을 거절하는 것이 바로 죄였지. 그 죄의 근원이 바로 타락한 내면의 법일세. 그러나 이스라엘은 자신의 타락을 인정하지 않고 자기 안의 법을 끝까지 붙들었고, 결국 하늘의 말씀을 거절했네. 그러니 예언자들은 그들에게 미움을 받을 수밖에 없었지.

결국 그들의 말은 두터운 돌벽에 부딪히듯 거절당했네."

리안은 그 말을 곱씹다가 천천히 고개를 들었다.

"…선지자들이 배척당한 이유가 바로 그것이었군요. 하늘의 말씀으로 사람들의 타락한 내면의 왕좌를 무너뜨리려 했기 때문에 말이에요."

프시엘은 리안의 깨달음을 확인하듯 잠시 그를 바라보더니 조용히 답했다.

"맞네. 역사 속에서 늘 반복된 일이 바로 그것이었네. 신은 말씀을 보내셨고, 사람들은 그 말씀을 거부했지. 그 말씀이 곧 선지자들이었고, 그들의 외침은 하나였네. 사람의 내면의 법이 타락했다는 것을 인정하고 '말씀으로 돌이키라.' 선포했지만, 사람들은 자신의 중심이 전적으로 타락했다는 것을 인정하지 않았네. 그리고 그 말씀이 자기 생각과 맞지 않는다는 이유로 거부했고, 오히려 그 말씀을 전한 자들을 죽였지."

그는 잠시 숨을 고른 뒤, 조용히 예레미야의 말씀을 읊조렸다.

"'여호와께서 아침마다 일찍 일어나서 너희에게 선지자를 보내시되, 그들이 너희에게 경고하며 내 말로 돌이키라 하셨거늘, 너희가 듣지 아니하고 귀를 기울이지 아니하였느니라.'"

이어 프시엘은 마태복음에 기록된 하늘의 아들의 말씀도 덧붙였다.

" '그들이 선지자를 죽이고, 돌로 쳐서 보낸 자들을 죽였도다.' "

리안은 한동안 말없이 서서 프시엘이 인용한 말씀을 묵상했다. 이윽고 천천히 입을 열었다.

"결국 사람들의 죄는 단순히 율법의 조문을 어기는 행위가 아니었군요. 죄란 잘못을 저지른 행위가 아니라, 하늘의 말씀을 거절하고 또 거절하여 마음이 굳어져 버린 상태 자체였던 거네요."

프시엘은 고개를 끄덕였다.

"그렇네. 죄는 어떤 행동보다 더 깊은 것이네. 사람이 자기 내면의 법을 기준으로 말씀을 듣지 않겠다고 선택하고, 그 선택이 반복되면서 마음이 강퍅하게 된 것이네. 그 반복이 죄를 견고한 체계로 만들었지. 종교 지도자들이 하늘의 아들을 죽인 이유도 바로 하늘의 진리와 그들의 내면의 법 사이의 충돌 때문이네. 그들은 이미 자신의 기준을 절대화했고, 그 기준으로 세운 종교적 전통을 법처럼 붙잡고 있었네. 그러나 하늘의 아들은 하늘의 법을 가지고 오셨고, 그분의 말씀은 타락한 사람 중심의 기준과 질서를 무너뜨렸네. 이 정면충돌 앞에서 그들은 자신들의 종교적 권위를 잃을 것을 두려워했고, 결국 분노하여 진리를 배척하고 죽이는 길을 택했네."

리안은 무겁게 숨을 고르며 고개를 숙였다. 단순히 악한 행동이 문제가 아니라 자기 안의 깊은 법이 문제라는 말이 가슴을 파고들었다. 그는 사르그에서 보았던 광경을 떠올렸다. 사람들은 겉으로는 경건을 말했지만, 누군가 그들의 내면을 건드리면 곧바로 적개심으로 반응했다. 진리를 전하는 이들을 향해 손가락질하며 "전통을 무시하는 자, 교리를 무너뜨리는 자"라 외치던 군중의 얼굴이 눈앞에 선명히 떠올랐다.

프시엘은 리안의 표정을 잠시 지켜보다가 다시 말을 이었다.

"한번 생각해 보게. 만약 하늘의 아들께서 단지 사람들에게 친절을 베풀고, 도덕적인 선이나 윤리적인 규범만을 가르치셨다면 누가 그분을 배척하고 죽이려 했겠는가? 지금까지 복음의 사역자들이 단지 선한 삶, 윤리적인 삶, 혹은 종교적 가르침만을 전했다면 그들은 결코 핍박받지 않았을 것이네. 그런 사람을 누가 미워하겠는가? 선을 행하고 사람을 돕는 이들을 핍박할 이유는 없지 않겠나."

리안은 고개를 천천히 끄덕였다. 사르그에서도 자선을 행하던 자들은 존경받았지만, 사람의 내면이 타락했다고 외치며 그 법을 무너뜨리려 했던 이들은 모두 미움과 조롱을 받고 광야로 내쳐졌다는 것을 알고 있기 때문이었다. 이제야 비로소 그것이 단순한 우연이 아니라, 깊은 원리에서 비롯된 것임을 그는 깨달았다.

프시엘은 더욱 단호한 목소리로 이어갔다.

"하늘의 아들은 사람들의 타락한 내면의 법을 드러내셨고, 그것이 무너져야 한다고 선포하셨네. 그리고 예언자들과 제자들도 동일하게 그 길을 걸었네. 바로 그 지점에서 갈등이 일어난 것이지. 사람들은 외적으로는 선과 종교적 의로움을 말했지만, 자기 안의 법이 무너지는 것을 원하지 않았네. 그래서 결국 하늘의 아들을 배척했고, 마침내 그분을 십자가에 못 박았으며, 그분을 따르던 자들도 같은 이유로 핍박을 했던 것이네."

÷ ÷ ÷ ÷ ÷

리안은 속삭이듯 말했다.

"저는 그동안 죄를 단순히 나쁜 행동이나 말, 혹은 나쁜 마음 정도로만 생각해 왔어요. 그런데 지금 보니 진짜 문제는 제가 하늘의 말씀을 중심에 두지 않으려는 데 있었어요. 저는 저 자신의 내면의 법을 무너뜨리고 말씀을 받아들이기보다 오히려 저의 내면의 법을 기준으로 판단했어요. 그렇다면 저 역시 종교 지도자들과 다를 것이 없었네요. 하늘의 아들이 오셔도 그분을 알아보지 못하고, 제 마음속 판단의 법을 따라 그분의 진리를 배척하며 결국 그분을 죽이는 일에 동참했을 거라는 무서운 생각이 듭니다."

프시엘은 조용히 미소를 지었다.

"리안, 그 고백이 진리를 향한 첫걸음이네. 죄는 잘못된 행동보다 먼저, 잘못된 반응에서 시작되었지. 하늘의 말씀이 올 때, 그 말씀 앞에 무릎 꿇지 않고 내 기준으로 듣고, 내가 해석하고, 내가 판단한 것, 곧 그게 잘못된 반응이며, 죄라네."

리안은 고개를 들며 조심스럽게 물었다.

"그렇다면 … 말씀 앞에서 내가 할 수 있는 유일한 반응은, 해석하거나 판단하는 게 아니라 … 듣고 순종하는 것뿐인가요?"

프시엘은 단호한 어조로 고개를 끄덕였다.

"그렇지. 말씀은 개념이 아니기 때문에 사람이 해석하거나 비평할 대상이 아니네. 말씀은 왕이시고, 우리는 그 왕 앞에 엎드리는 자들이어야 하지. 죄는 그 왕을 거절하는 마음에서 시작되고, 그 거절이 반복될수록, 왕을 대적하는 구조가 더 단단해지게 되는 것이네. 말씀이 하늘의 인격이시라면 우리가 거룩한 말씀을 해체하는 것이 아니라 말씀으로부터 우리의 타락한 구조가 해체되어야 하지 않겠는가."

리안은 천천히 고개를 끄덕이며 말했다.

"저는 … 지금까지 말씀을 들어도, 내 방식대로 받아들이고 해석하고 판단했어요. 그게 죄였어요."

프시엘은 리안의 말에 고개를 끄덕이며 조용히 덧붙였다.

"말씀이 왔을 때 사람은 그 말씀 앞에 서서 단순히 받아들이는 것이 아니라, 스스로 판단하려는 마음을 먼저 일으킨다네. '이건 맞고, 이건 틀리다' 하고 말씀을 재단하는 순간, 이미 자신을 말씀 위에 두는 것이지. 그것은 곧 사람이 신처럼 군림하려는 태도이며, 죄의 본질이 그 자리에서 시작되는 것이네.

결국 죄는 잘못된 행동 하나에서 비롯되는 것이 아니라, 내면 깊은 곳에서 말씀을 심판하려는 마음, 곧 자기 법을 절대화하는 자리에서 생겨나는 것이지. 그러니 내면의 구조가 무너지지 않는 한, 죄는 결코 사라질 수 없네. 죄는 단순히 겉으로 드러나는 행위가 아니라, 말씀을 대하는 태도에서 비롯된 뿌리이기 때문이라네."

리안은 가만히 숨을 몰아쉬었다. 방금 들은 말이 그의 내면 깊은 곳을 파고들며 오래 붙잡아 왔던 견고한 무언가를 흔들어

놓았다. 그는 자신도 모르게 두 손을 무릎 위에서 움켜쥐었다. 단순히 행동이 아니라, 말씀을 대하는 태도에서 죄가 시작된다는 사실이 뼈아프게 다가왔다. 마음 한구석에서 오래도록 감춰 왔던 교만이 서서히 드러나는 듯했고, 그 무게가 가슴을 짓눌렀다.

÷ ÷ ÷ ÷ ÷

이후 한참을 길을 걷던 두 사람은 길가에 서 있던 큰 나무 한 그루가 그늘을 드리우고 있는 것을 발견하고 그 그늘 아래 앉았다. 그늘 속으로 들어서자 시원한 바람이 땀에 젖은 그들의 몸을 스며들 듯 감싸며 긴장했던 몸을 풀어 주었다.

프시엘은 조용히 자루를 열어 말린 빵과 말린 과일, 그리고 물병을 꺼냈다. 그는 그것을 리안에게 건네며 잔잔히 미소 지었다. 두 사람은 나란히 앉아 빵을 나누어 먹고 물을 마셨다. 거친 길 위에서 나누는 짧은 식사였지만, 그것은 단순히 허기를 채우는 것이 아니었다. 오랫동안 기다려 온 위로처럼 마음을 적셨고, 다시 걸을 힘을 채워 주었다. 메마른 목은 시원해졌고, 무거웠던 가슴은 서서히 풀려 갔다.

리안은 천천히 숨을 고르며 그 순간을 받아들였다. 조금 전 말씀 앞에서 내면이 무너져야 한다는 사실을 깨달았기에, 지금

이 빵과 물은 단순한 음식이 아니었다. 그것은 길 위에서 그를 붙드는 또 하나의 은혜였고, 앞으로의 걸음을 이어가게 할 새로운 힘이었다.

프시엘은 잠시 리안의 표정을 지켜보다가 고개를 들었다. 그의 눈빛은 한층 깊어졌고, 목소리는 더욱 단단해졌다. 시원한 그늘에서 그는 이제 리안에게 죄와 말씀, 그리고 내면의 법에 대해 더욱 분명하고 자세히 풀어내려 하고 있었다.

"리안, 이제 중요한 걸 하나 말해주고 싶네. 사람들은 죄를 바깥에서 오는 유혹으로 생각하지. 하지만 실상은, 죄는 사람 안에 이미 법으로 존재하고 있다네. 환경이 죄를 짓게 하는 것이 아니라 죄가 환경을 파괴하는 것이라네."

프시엘은 계속해서 말을 이었다.

"바울이 이렇게 고백했지. '내 속, 곧 내 육신 안에 선한 것이 거하지 아니하는 줄을 아노니 … 내가 원하는 바 선은 행하지 아니하고 도리어 원하지 아니하는 바 악을 행하는도다.'"

그는 구절을 조심스레 천천히 읊으며, 마치 리안의 내면 깊은 곳을 두드리듯 말했다.

"이 말씀은, 죄가 외부에서 오는 감정이나 충동이 아니라는 걸 보여주네. 죄는 사람 안에서 '왕처럼' 작동한다네. 명령하고 지시하고, 통제하는 하나의 법으로 말일세."

그의 눈빛이 더욱 진지해졌다.

"그리고 그 법은 그냥 생겨난 것이 아니네. 아담이 말씀의 통치를 버리고 스스로 판단하려 했던 그 순간, 그 안에 새로운 법이 자리 잡은 것이지. 사람들은 그 유전된 법 위에 또 다른 기준과 질서를 세우며, 자기 안의 법을 점점 더 견고하게 만들어버리지."

프시엘은 계속해서 말을 이으며, 바울의 절규를 덧붙였다.

"'오호라 나는 곤고한 사람이로다! 이 사망의 몸에서 누가 나를 건져내랴!' 바울은 자기 안에 있는 '또 하나의 법'과 싸웠던 거네. 죄는 그냥 감정이 아니라, 구조고, 법이고, 통치지. 자네가 말씀을 아무리 좋아해도, 이 법은 자네 안에서 자네를 끌어내린다네."

÷ ÷ ÷ ÷ ÷

프시엘의 음성이 잠시 멈췄고, 리안은 조용히 고개를 들었다. 그의 눈동자엔 이전보다 선명한 긴장감이 서려 있었다.

"그렇다면 … 이 죄의 법에서 어떻게 해방될 수 있죠? 말씀을 받아들여야 한다는 건 알겠지만 … 그 구조 자체가 너무 깊어요. 제가 그것을 넘어설 수 없을 것만 같아요."

프시엘은 부드러운 눈빛으로 리안을 바라보았다. 그리고 조용히 말했다.

"그 해답은 하나일세. 더 강한 법이 와야 하지. 바로 '생명으로 사역하시는 하늘의 영의 법'이라네. 그 법이 자네를 이 죄의 법에서 해방할 수 있다네."

리안은 천천히 숨을 들이쉬었다. '생명으로 사역하시는 영의 법'이라는 말이 그의 마음 깊숙한 곳까지 울렸다. 그러나 동시에 또 다른 질문이 떠올랐다.

"그 법은 … 어떻게 오는 건가요? 그냥 기다리면 되는 건가요? 아니면 제가 뭘 해야 하나요?"

프시엘은 고개를 천천히 저었다가, 미소를 띠며 말을 이었다.

"그 법은 인격이네, 리안. 그분은 살아 계시고, 그분은 인격으로 오시는 분이지. 자네가 '진리'를 사모하고, 그분을 간절히 찾을 때 그 인격이 자네에게로 온다네. 그분은 말씀으로 오시고, 하늘의 영으로 오시고, 생명으로 오시는 분이라네."

그 말에 리안의 눈동자가 조금 흔들렸다. 그는 자신도 모르게 속삭이듯 말했다.

"그럼 … 지금 이 길도 … 그분이 오셔서 내 안을 무너뜨리고 계신 건가요?"

프시엘은 고개를 끄덕였다.

"그렇네. 바로 자네가 '진리의 향기'를 맡고, 그 진리를 갈망하기 때문에, 자네는 이 길에 나올 수 있었던 것일세. 자네의 의지가 아니라, 그분을 찾고자 하는 간절함이 자네를 이 좁은 길로 이끄는 것이라네."

그는 조용히 리안의 가슴을 손끝으로 가리켰다.

"신께서는 지금도 하늘의 말씀을 보내셔서 자네의 내면 깊은 구조를 무너뜨리고 계시는 중이네. 이 길은 자네 안의 옛 구조가 무너지는 길일세. 그래서 좁은 길이지. 환경이 어려워서 좁은 길이 아니라, 자네의 내면의 법이 무너지는 길이기 때문에 좁은 길이라네."

리안은 마치 그 말을 기다려왔던 사람처럼 천천히 눈을 감았다. 오랜 시간 품고 있던 기준, 수많은 종교적 경험들, 자기 안에 옳다고 여겼던 수많은 법들. 그 모든 것들이 지금 말씀 앞에서 흔들림과 동시에, 기쁨이 그의 영혼을 감싸며 차오르는 것을 느꼈다.

프시엘은 마지막으로 조용히 덧붙였다.

"이건 자네의 힘으로는 되지 않네. 이 은혜는 받는 것이지 스스로 만드는 것이 아니네. 말씀은 인격이시고, 하늘의 영은 생명이시네. 그분이 자네를 찾아오시고, 자네가 그분을 찾을 때, 그 만남에서 죄의 구조가 무너지는 것이지. 자네는 지금, 하늘의 말씀으로 무너지는 중이라네."

리안은 눈을 떴다. 그의 얼굴엔 결심과 경외가 동시에 떠올랐다. 말씀이 이제 그와 함께하고 있었다.

÷ ÷ ÷ ÷ ÷

프시엘과 리안은 쉬던 곳에서 다시 일어나 산을 따라 이어진 좁은 길을 걸었다. 길을 걷던 리안의 마음에는 또 하나의 질문이 떠올랐다. 리안은 잠시 깊은 숨을 내쉰 뒤, 마음속에 오래 품어왔던 질문을 조심스럽게 꺼냈다. 그 목소리에는 조심스러움과 동시에 갈급함이 담겨 있었다.

"제가 좁은 문으로 들어온 뒤, 조금 더 걸어 들어갔을 때 길가의 표지판에 이런 말씀이 적혀 있었어요. '죄에 대하여 책망하시리라.' 그 말씀이 마음에 남아 있었는데, 지금 프시엘 선생님께서 말씀하신 것을 들으니 그 표지판의 뜻이 조금은 보이는 것 같습니다. 그렇다면 … 하늘의 영께서 오셔서 죄에 대하여 책망하신다는 말씀, 그게 바로 이런 구조를 말하는 것이군요. 그 표지판의 다음 구절이 '죄에 대하여라 함은 저희가 나를 믿지 아니함이요' 라고 되어 있잖아요. 그 말씀의 뜻은 단순히 '믿음을 가지라' 는 권유가 아니라, 말씀을 받아들이지 않고 거절한 그 상태 자체가 이미 죄라는 말씀이군요."

프시엘은 미소를 지으며 고개를 끄덕였다. 그의 눈빛은 단호했지만 따뜻했다.

"맞네, 리안. 정확히 보고 있네. 하늘의 영께서 오시면 세상의 죄에 대해 책망하시지. 세상은 죄를 단순히 나쁜 행동이나 도덕적 실패, 혹은 양심의 가책 같은 감정적인 죄책감으로만 이해하네. 하지만 하늘의 영은 그런 잘못된 죄의 개념 자체를 책망하시고 무너뜨리시네."

리안은 프시엘의 말을 들으면서 늘 어떤 행동이 잘못되었는지, 얼마나 양심의 가책을 느끼는지를 가지고 죄를 판단했던 기억들이 스쳤다.

프시엘은 그의 시선을 놓치지 않고 천천히 말을 이어갔다.

"하늘의 영은 죄가 무엇인지 온전히 다시 가르쳐 주시네. 참된 죄는 '하늘의 아들을 믿지 않는 것', 곧 말씀이 왕으로 오실 때 그분을 받아들이지 않는 것일세. 그래서 하늘의 영께서 오시면, 가장 먼저 사람의 내면의 법에서 흘러나오는 감정의 판단을 깨뜨리고, 하늘께서 보시는 죄가 무엇인지 밝히 드러내시는 것이네. 죄는 행위나 태도의 문제가 아니네. 말씀이 통치하시려 할 때 자기 내면의 법에서 흐르는 감정적 판단으로 그것을 거절하는 것, 그것이 바로 죄이지. 그리고 바로 이 사실을 깨닫도록 책망하시는 분이 하늘의 영이시네."

리안은 그 말 앞에서 가만히 숨을 고르며 가슴을 움켜쥐었다. 그는 자신이 붙잡고 있던 기준이 흔들리는 것을 느꼈다.

÷ ÷ ÷ ÷ ÷

프시엘은 잠시 눈을 감았다가 다시 입을 열었다.

"리안, 고린도후서에 믿음의 실제에 대해 이런 말씀이 있지. '하늘의 아들께서 너희 안에 계신 줄을 너희가 알지 못하느냐, 그렇지 않으면 너희가 버리운 자라.' 이 말씀은 단순한 경고가 아니네. 이 말씀은 하늘의 아들의 인격이신 말씀께서 그 사람의 중심에 왕으로 계신지를 점검하라는 말씀이네. 왕이신 말씀이 그 중심에 없다면, 그 신앙은 빈 껍데기일 수밖에 없는 것이지. 그것은 경전에서 말하는 믿음이 아니라네."

그 말은 리안의 가슴을 깊게 찔렀다. 그는 고개를 떨구며 천천히 숨을 내쉬었다. 자신의 신앙이 과연 껍데기 뿐이었는지에 대한 생각이 몰려왔다.

프시엘은 리안의 떨림을 알았는지 이어서 조용히 말했다.

"또 로마서에서는 이렇게 말하지. '하늘의 아들의 영이 없으면 하늘의 사람이 아니라.' 이 말씀은 만일 하늘의 아들이신 말씀이 그 중심에 없다면, 어떤 종교적 열심도, 어떤 선한 행위도 구원을 가져올 수 없다는 말씀이네. 곧 말씀의 영, 하늘의 아들의 영이 사람의 중심에 계셔야만 참된 생명이 그 안에 거한다는 말씀이지."

리안은 두 손을 모아 움켜쥐며 입술을 떨었다.

" …그렇다면 내가 사르그에서 붙잡아 온 신앙의 모든 모양은, 생명이 아니었을 수도 있겠네요."

프시엘은 고개를 끄덕이며 마지막 구절을 들려주었다.

"자네의 중심에 말씀이 없었다면 자네의 신앙 안에는 생명이 없었다네. 말씀이 곧 생명이니 말일세. 요한일서에서도 이렇게 분명히 말하지. '아들이 있는 자에게는 생명이 있고, 하늘의 아들이 없는 자에게는 생명이 없느니라.' 이 말씀 또한 단순한 이론이 아니네. 아들이 있다는 것은 곧 말씀이 사람 안에 왕으로 계신다는 뜻이지. 만일 그 보좌에 말씀이 아니라 다른 것이 앉아 있다면, 그것이 바로 죄의 구조일세."

그 말에 리안은 손끝이 떨리는 것을 느꼈다. 눈빛은 점점 깊어졌고, 목소리는 갈라졌다.

" …그렇다면, 지금까지 내가 하늘의 말씀을 왕으로 모시지 않은 채 신앙생활을 한다고 착각했던 그 모든 시간들이, 결국 죄였던 것이네요. 결국 믿음은 하늘의 아들께서 제 중심에 들어와 왕으로 통치하는 상태를 말하는 것이었네요."

프시엘은 부드럽지만, 단호한 어조로 덧붙였다.

"그렇네. 하늘의 아들이 왕으로 오시지 않는 모든 구조는 죄 아래 있는 것이네. 그래서 하늘의 영은 그 죄를 드러내시고, 사람의 중심에 있는 타락한 왕권을 부수시며, 말씀이 주가 되게 하시는 분이시지. 이것이 곧 생명으로 사역하시는 하늘의 영의 법이 역사하는 방식이라네."

÷ ÷ ÷ ÷ ÷

리안은 한동안 말없이 서 있었다. 그러나 곧 눈빛이 흔들리며 조심스럽게 입을 열었다.

"그렇다면 … '왕이 중심에 계신다' 라는 건 구체적으로 무슨 뜻인가요? 말씀께서 제 중심에 계신다는 걸 어떻게 알 수 있죠? 그것이 무엇을 의미하는 건가요?"

프시엘은 미소를 지으며 리안을 바라보았다. 그리고 마치 그 질문을 기다렸다는 듯, 차분하게 리안의 질문에 대답했다.

"좋은 질문일세, 리안. 말씀이 중심에 있다는 것은 단순한 말이 아니라 실제를 의미하네. 그것은 곧 '가장 사랑하는 것'이라는 뜻이지. 사람이 무엇을 가장 사랑하는지, 그것이 바로 그 사람의 중심에 있는 것일세."

리안은 그 말을 곱씹으며 시선을 떨구었다. 자신이 지금까지 무엇을 사랑해 왔는지, 무엇을 붙들고 살아왔는지가 머릿속을 스쳐 지나갔다.

프시엘은 그의 마음을 읽은 듯, 이어서 설명을 이었다.

"그래서 말씀께서 자네 중심에 계신지 아닌지를 아는 것은 어렵지 않네. 자네가 자네의 삶을 누구 위주로 살아가고 있는지를 보면 알 수 있지. 사람은 언제나 자신이 중심에 둔 것을 위해 인생을 살아가네. 모든 비용도, 모든 시간도, 모든 마음도 결국 그 중심을 위해 쓰게 되지. 그러니 중심에 무엇이 있는지는 그 사람의 삶의 방향을 보면 분명히 드러나네."

리안은 조용히 숨을 들이쉬며 고개를 끄덕였다. 가슴 깊은 곳에서 묵직한 울림이 일어났다.

프시엘은 마지막으로 덧붙였다.

"종교적인 사람들은 그 중심에 늘 자기 내면의 법을 두고 종교적인 삶을 살아가네. 그래서 자신이 섬기는 종교 안에서 그 법의 기준으로 옳고 그름을 해석하지. 겉으로는 누구보다도 철저하게 살아가며, 자신을 정결하게 다듬고, 사람들 앞에서 흠 잡히지 않는 자로 보이려 애쓰지. 늘 단정하고 깨끗한 모습으로 종교의 의무를 빠짐없이 행하고, 사람들로부터 '참 거룩한 자'라는 인정을 받으려 하지."

리안은 고개를 숙이며 깊은 숨을 내쉬었다. 그의 눈앞에는 자신의 모습뿐만 아니라, 사르그의 종교인들의 모습이 떠올랐다. 새벽마다 길게 기도하는 모습, 반듯하게 정돈된 옷차림, 금식과 봉사로 존경을 받던 사람들, 그리고 성전 앞에서 서로의 행위를 자랑하며 칭찬을 주고받던 장면이 스쳤다. 그러나 그 경건한 외형 뒤에는 항상 타인을 평가하고 정죄하는 날 선 눈빛이 숨어 있었다. 리안은 문득 깨달았다. 그들의 열심은 말씀을 향한 것이 아니라, 사람들 앞에서 흠 잡히지 않고 존경받기 위한 종교인의 삶이었던 것이다.

프시엘은 리안의 표정을 잠시 바라보더니 다시 고개를 들어 말을 이었다.

"그들은 결국 종교의 틀 안에서 자신을 아름답게 포장하며, 존경받고 칭찬받는 삶을 위해 모든 수고를 기울이는 것이네. 그러나 그 모든 행위의 중심에는 진리가 아니라 자기 의와 자기만족이 자리하고 있지. 결국 종교의 틀 안에서 자신을 위해 살고, 자신을 드러내며, 자기 의를 세우는 데 삶을 쓰게 되는 것이지.

그러나 중심이 참된 왕이신 말씀으로 바뀐 사람은 인생을 오직 그분을 위해 살아가게 되네. 그래서 하늘의 아들께서 말씀하시기를 '자기 십자가를 지지 않고 나를 따르는 자는 내게 합당하지 아니하니라' 하셨지. 이 말씀은 단순히 인생의 고난을 견디라는 뜻이 아니네. 하늘의 아들께서 죄인을 위해 십자가를 지셨듯, 그분께 은혜를 입어 그분을 따르는 자도 말씀이신 하늘의 아들 때문에 십자가를 져야 한다는 말씀이네. 그 십자가는 말씀을 사랑하기 때문에 감당하는 헌신이지. 그러므로 자신의 시간과 물질과 모든 것을 말씀을 위해 쓰는 삶, 그것이야말로 말씀이 중심에 있기 때문에 나타나는 증거라네."

리안의 눈가가 붉어졌다. 그는 낮게 중얼거렸다.

" …그렇다면 제 삶이 무엇을 중심으로 흘러왔는지, 이제야 선명하게 보이는 것 같습니다."

그 고백은 그의 마음을 깊이 흔들었다. 그는 자신이 붙들고 있던 종교적인 모습이 무너지는 것을 느꼈고, 무너진 자리에 무엇이 서야 하는지를 점점 더 분명히 깨달아갔다.

그는 조용히 고개를 숙였다. 이제 리안에게 말씀은 단순한 교훈이 아니었다. 그것은 살아 계신 분이었고, 그분이 주가 되지 않은 모든 자리마다 하늘의 영께서는 죄라 말씀하고 계셨다. 리안은 그 사실 앞에서 더 이상 변명할 수 없었다.

그 순간, 그의 마음에는 프시엘이 인용했던 하나의 말씀이 깊이 들어왔다.

"아들이 있는 자에게는 생명이 있고, 아들이 없는 자에게는 생명이 없느니라."

그는 그 말씀이 단순한 선언이 아니라, 생명이 있느냐 없느냐를 결정한다는 사실을 깨달았다. 그는 그제야 비로소 알게 되었다.

'아, 이것이 바로 경전에서 말씀하시는 믿음이었구나 …'

믿음은 단지 어떤 사실을 인정하는 것도 아니며, 막연히 긍정하는 감정도 아니었다. 하늘의 아들께서 친히 오셔서 요한을 통해 말씀하신 그 말씀, "영접하는 자 곧 그 이름을 믿는 자들에게는 …" 이라는 말씀이 그의 안에 깊이 들어왔다.

믿음이란 곧, 하늘의 아들이신 말씀을 자기 삶의 중심에 받아들이고, 그분을 왕으로 모시는 것이며, 그것이 진정한 생명의 시작이라는 사실을 깨달았다.

그리고 그는 하늘의 신께서 말씀하신 죄는 단순한 도덕적,

혹은 율법적 실패가 아니라, 하늘의 아들을 믿지 않는 것, 곧 하늘의 말씀을 받아들이지 않는 것이며, 그 말씀을 거절하고 그분을 왕으로 모시지 않는 상태라는 것을 깨달았다.

그는 경전의 말씀을 다시 한번 떠올렸다.

"죄에 대하여라 함은 곧 나를 믿지 아니함이요."

하늘의 아들을 믿지 않는 것이 죄라는 이 단순한 말씀이, 이제야 마음에 깊이 새겨졌다. 그동안 죄를 도덕이나 행동의 문제로만 보았던 자신이, 진짜 죄가 무엇인지 몰랐다는 것을 인정하게 되었다.

그리고 리안은 하늘의 영께서 오셔서 죄에 대하여 세상을 책망하신다는 말씀의 의미임을 알게 되었다. 이제 그는 하늘의 말씀을 더 이상 문자로 여기지 않고, 그분을 인격으로 받아들이기를 원했다.

그는 그분과의 관계만이 생명의 근원임을 믿었고, 그 생명은 오직 말씀과의 관계 안에서 주어진다는 사실을 확신했다.

÷ ÷ ÷ ÷ ÷

그 확신을 안고 그는 앞으로 계속해서 길을 걸었다.

길은 고요했고, 하늘은 푸르렀으며, 공기는 이상하리만큼 깨끗한 기운이 감돌았다. 그의 발걸음은 가벼웠고, 마음에는 설명할 수 없는 기쁨이 솟구쳤다.

얼마 지나지 않아 좌편 언덕 너머로 무언가가 모습을 드러내기 시작했다. 그것은 더 이상 환상도 아니고, 상상도 아니었다. 실제로 존재하는, 단단하고 무거운 돌로 지어진 하나의 성이었다.

리안은 걸음을 멈추고 그곳을 바라보았다. 그것은 지금까지 그가 보았던 어떤 건물보다 조용하고 무거워 보였고, 마치 땅속 깊은 곳에 뿌리를 박은 것처럼 너무나 단단해 보였다. 사람의 손으로 지은 것이라기보다, 그 성은 오래전 말씀의 무게로 세워진 성처럼 느껴졌다. 그리고 그는 그 성이 첫 번째 성, 율법의 성이라는 것을 직감적으로 알 수 있었다.

그는 주저 없이 걸음을 옮겼고, 그 성을 향해 더욱 빨리 다가가기 시작했다. 발밑의 흙은 점점 거칠어졌고, 바람은 고요해졌다. 그의 안에는 설명할 수 없는 떨림과 감격이 밀려들었다. 그 성은 지금껏 그가 갈망해 왔던 말씀의 실제였고, 이제 그 안으로 들어가야 할 시간이 온 것이었다.

그러나 바로 그때였다. 리안은 그의 곁에 지금까지 함께 걷고 있었던 프시엘이 사라진 것을 깨달았다. 리안은 멈춰 섰고, 곁을 둘러보며 프시엘을 소리쳐 불렀다. 아무런 대답도 없었고,

어디에서도 그의 모습은 보이지 않았다. 그는 다시 한번 주위를 돌아보았지만, 프시엘은 온데간데없이 사라지고 없었다.

그 순간, 리안은 숨을 깊이 들이마시며, 한 걸음 뒤로 물러섰다. 그는 천천히 고개를 숙였고, 그 안에 있던 무언가가 무너지듯 흐트러졌다.

이제서야 그는 알게 되었다. 프시엘은 단순한 길동무가 아니었고, 하나의 지혜로운 인물도 아니었다. 그는 바로 하늘의 영이셨으며 말씀의 영이셨다. 말씀이 아닌 것으로 죄를 판단하던 자신을 책망하기 위해, 감정의 기준으로 세워진 죄의 구조를 무너뜨리기 위해, 말씀이 사람의 몸을 입고 자신과 함께 걸어주신 하늘의 영이셨던 것이다.

그는 눈을 감았고, 속으로 되뇌었다.

"믿지 않는 것이 죄라 하셨지 … 그분이셨구나 …"

리안은 한참 동안 말없이 앉아 있었다. 프시엘이 한 말들이 하나씩 떠오르며 마음 깊은 곳을 흔들었다. 그 말들을 따라가다 보니, 자신의 안에서 무언가 또렷하게 무너지고 있다는 것을 느꼈다.

그것은 다름 아닌, 감정을 기준으로 삼아 죄를 판단해 왔던 자기 자신의 구조였다. 지금껏 그는 죄에 대해 생각할 때마다 죄책감이라는 감정을 가장 앞세웠고, 그 감정에 반응해 죄를 정의했으며, 거리낌이 느껴질 때마다 스스로를 돌아보고 회개했다.

하지만 이제 그는 깨달았다. 자신이 했던 모든 감정적 판단은 말씀과의 관계 안에서 이뤄진 것이 아니었고, 오히려 자신 안에 자리한 내면의 법에서 흐르는 감정과 느낌에 따라 움직인 것이었다.

죄란 단순히 나쁜 기분이나 양심의 찔림으로 알 수 있는 것이 아니라, 말씀과의 관계를 중심으로만 바르게 판단될 수 있는 것이며, 그는 그 기준 없이 자신의 감정으로 죄를 다루어 왔다는 사실을 이제 정직하게 인정하게 되었다.

이제 그는, 그 구조가 무너졌다는 것을 알았다.

그는 비로소 트루드가 설명해 준 600, 60, 6의 구조를 떠올렸다. 600은 아담의 타락 이후 사람 안에 들어온 내면의 법이었고, 60은 그 법을 기반으로 이성을 따라 세운 도덕과 질서였으며, 6은 그 구조 속에서 감정을 따라 죄를 판단하는 방식이었다. 그리고 지금, 자신에게 무너진 것은 바로 가장 밖에 위치한 '6'의 구조였다. 자신이 느끼는 감정으로 죄를 정의하고, 죄책감을 느낀 뒤 스스로를 정죄하고, 다시 고치고 다듬고 노력했던 삶의 방식이 무너졌고, 그것이 죄를 해결하는 길이 아니었음을 그는 깨닫게 되었다.

말씀과의 관계를 떠난 죄의 판단은 결국 자기 기준이었고, 스스로 왕이 되어 죄를 측정하고 스스로를 고치려 했던 종교적 구조에 불과했다. 그는 이제야 알게 되었다. 죄란 하늘의 아들을 믿지 않는 것이며, 말씀을 왕으로 모시지 않는 상태라는 것을 확실히 깨달았다.

그는 다시 지금까지 걸어오던 길 위에서 프시엘로부터 받은 책망을 떠올렸다. "죄에 대하여라 함은 나를 믿지 아니함이요." 하늘의 아들을 믿지 않는 것, 말씀과 관계 맺지 않는 것, 말씀을 중심에 두지 않는 것이 곧 죄였고, 자기 감정을 따라 죄를 정의하고 행동했던 그 모든 구조가 말씀 앞에서 무너졌음을 느꼈다. 지금껏 리안이 생각했던 회개는 삶을 더 어렵게 만드는 것이었고, 더 고결해 보이게 하는 것이었으며, 더 종교적으로 보이게 하는 것이었다. 결국 그것은 말씀께 나아간 것이 아니라 자기 의를 쌓아 올린 일이었음을 그는 고백하게 되었다. 그것은 회개가 아니라, 내면의 왕권을 지키기 위한 또 다른 형태의 자기 통치였음을 그는 인정하게 되었다. 이 깨달음 속에서 리안은 왜 바울 사도가 자신이 이룬 모든 업적을 배설물로 여긴다고 했는지, 또 왜 율법의 의로는 흠이 없었다고 자부했던 자신이 죄인 중의 괴수라고 고백했는지를 깊이 생각하게 되었다.

이제 그는 하늘의 말씀을 더 이상 문자로 여기지 않았다. 그는 그 말씀을 인격으로 받아들이기를 원했고, 자신의 왕으로 받아들이길 진심으로 원하고 있었다.

그는 다시 고개를 들었고, 눈앞에 선 율법의 성을 향해 걸음을 옮겼다.

이제 그는 혼자가 아니었으며, 무엇인가 눈에 보이지 않아도 말씀과 함께 있는 존재가 되었음을 확신했다. 그 길은 단단했고, 앞에 보이는 성은 정겨웠고, 그의 걸음은 더 이상 두려움이 아닌 사랑으로 채워져 있었다.

다음 이야기 …

이름 없는 왕
율법의 성

마침내 그는 첫 번째 성, 율법의 성에 도착한다. 성문 위에는 "너는 마음을 다하고 혼을 다하고 힘을 다하여 네 하늘의 신을 사랑하라"는 말씀이 새겨져 있었고, 리안은 그 문을 지나며 말씀의 무게를 다시 느낀다. 성안에서 그는 성주를 만나는데, 성주는 이름으로 불리지 않고 오직 말씀에 대한 고백으로 자신을 드러내는 인물이었다. 그 만남을 통해 리안은 새로운 질서를 배운다. 사람의 이름이나 업적이 아니라, 말씀을 어떻게 고백하느냐가 곧 그 사람의 정체를 드러낸다는 사실이었다.

율법의 성에서 리안은 경전의 율법서를 배우며 율법의 본질을 섭하게 된다. 율법은 원래 사람을 억누르기 위한 것이 아니라 사랑의 법이었으나, 사람들이 말씀의 인격을 거부하고 껍데기만 붙잡으면서 종교적 체계로 변질된 것이었다. 그러나 성주는 리안에게 율법의 중심은 여전히 사랑이며, 그것은 말씀을 사랑하는 자가 기꺼이 붙드는 생명의 법임을 알려 준다.

그 과정에서 리안은 십계명을 통해 선포되는 복음을 배우게 된다. 리안은 성주를 통해 십계명은 흩어진 규칙이 아니라, 하늘의 신 외에 다른 것을 중심에 두지 말라는 첫 계명에서 흘러나온 가지들이었으며, 나머지 세세한 계명들은 결국 그 중심에서 비롯된 삶의 열매라는 사실을 깨닫게 된다.

리안은 며칠 동안, 이 성에 머무르며 무너짐과 회개의 눈물을 흘리지만, 차츰 그 눈물은 평안으로 바뀌어 갔다. 그는 율법이 짐이 아니라 사랑 때문에 지키고 싶은 생명임을 알게 되고, 십계명조차도 억압이 아니라 말씀과 연합한 자가 맺는 열매임을 마음으로 받아들이게 된다.

이후 리안은 율법의 성을 떠나 좁은 산길을 따라 걷다가 '의의 길'에 들어선다. 걸음을 옮기며 그는 지금까지 자신이 쌓아온 경건과 선행, 종교적 의무들을 되짚어 보면서, 왜 말씀은 의에 대하여 책망하신다고 했는지 깊은 의문을 품는다. 그러나 리안은 곧 '의의 강'이라 불리는 강물에 빠지게 되고, 죽음 같은 절망 속에서 아무것도 붙잡을 수 없음을 경험한다.

그 순간 그는 자신이 의지해 온 모든 자신의 선행과 종교적 열심이 구원의 조건이 되지 못한다는 사실을 절실히 깨닫는다. 바로 그때 사라엘이 나타나 그를 강물에서 건져낸다.

사라엘은 이 강이 순례자들의 자기 의가 무너지는 자리임을 알려 주며, 참된 의는 인간의 선행이나 종교적 열심에서 나오는 것이 아니라 오직 부활하신 진리의 인격으로부터 주어지는 것임을 일깨운다. 리안은 자기 의의 한계를 철저히 체험한 후에야 비로소 진리가 주시는 의를 사모하게 되고, 사라엘과의 동행을 통해 그 참된 의가 무엇인지 배우게 된다. 이 과정을 지나며 그의 종교적인 의는 무너지고, 결국 부활하신 진리를 통하여 오는 하늘의 의가 무엇인지를 알게 되는 은혜를 누리게 된다.